中华文化大博览丛书

中华文化大博览

至善至美的崇高道德

鹿军士 编著

中国出版集团 现代出版社

图书在版编目（CIP）数据

至善至美的崇高道德 / 鹿军士编著. -- 北京：现
代出版社，2017.8
ISBN 978-7-5143-6497-2

Ⅰ．①至… Ⅱ．①鹿… Ⅲ．①历史人物－生平事迹－
中国－古代 Ⅳ．①K820.2

中国版本图书馆CIP数据核字(2017)第224922号

至善至美的崇高道德

作　　者：鹿军士
责任编辑：李　鹏
出版发行：现代出版社
通讯地址：北京市定安门外安华里504号
邮政编码：100011
电　　话：010-64267325 64245264（传真）
网　　址：www.1980xd.com
电子邮箱：xiandai@vip.sina.com
印　　刷：天津兴湘印务有限公司
字　　数：380千字
开　　本：710mm×1000mm　1/16
印　　张：30
版　　次：2018年5月第1版　　2018年5月第1次印刷
书　　号：ISBN 978-7-5143-6497-2
定　　价：128.00元

习近平总书记在党的十九大报告中指出："深入挖掘中华优秀传统文化蕴含的思想观念、人文精神、道德规范，结合时代要求继承创新，让中华文化展现出永久魅力和时代风采。"同时习总书记指出："中国特色社会主义文化，源自于中华民族五千多年文明历史所孕育的中华优秀传统文化，熔铸于党领导人民在革命、建设、改革中创造的革命文化和社会主义先进文化，植根于中国特色社会主义伟大实践。"

我国经过改革开放的历程，推进了民族振兴、国家富强、人民幸福的"中国梦"，推进了伟大复兴的历史进程。文化是立国之根，实现"中国梦"也是我国文化实现伟大复兴的过程，并最终体现在文化的发展繁荣。博大精深的中国优秀传统文化是我们在世界文化激荡中站稳脚跟的根基。中华文化源远流长，积淀着中华民族最深层的精神追求，代表着中华民族独特的精神标识，为中华民族生生不息、发展壮大提供了丰厚滋养。我们要认识中华文化的独特创造、价值理念、鲜明特色，增强文化自信和价值自信。

如今，我们正处在改革开放攻坚和经济发展的转型时期，面对世界各国形形色色的文化现象，面对各种眼花缭乱的现代传媒，我们要坚持文化自信，古为今用、洋为中用、推陈出新，有鉴别地加以对待，有扬弃地予以继承，传承和升华中华优秀传统文化，发展中国特色社会主义文化，增强国家文化软实力。

浩浩历史长河，熊熊文明薪火，中华文化源远流长，滚滚黄河、滔滔长江，是最直接的源头，这两大文化浪涛经过千百年冲刷洗礼和不断交流、融合以及沉淀，最终形成了求同存异、兼收并蓄的辉煌灿烂的中华文明，也是世界上唯一绵延不绝的古老文化，并始终充满生机与活力。

中华文化曾是东方文化摇篮，也是推动世界文明不断前行的动力之一。早在五百年前，中华文化的四大发明催生了欧洲文艺复兴运动和地理大发现。中国四大发明先后传到西方，对于促进西方工业社会发展和形成，起到了重要作用。

中华文化的力量，已经深深熔铸到我们的生命力、创造力和凝聚力中，是我们民族的基因。中华民族的精神，业已深深植根于绵延数千年的优秀文化传统之中，是我们的精神家园。

总之，中国文化博大精深，是中华各族人民五千年来创造、传承下来的物质文明和精神文明的总和，其内容包罗万象，浩若星汉，具有很强的文化纵深，蕴含着丰富的宝藏。我们要实现中华文化的伟大复兴，首先要站在传统文化前沿，薪火相传，一脉相承，弘扬和发展五千年来优秀的、光明的、先进的、科学的、文明的和自豪的文化现象，融合古今中外一切文化精华，构建具有中国特色的现代民族文化，向世界和未来展示中华民族的文化力量、文化价值、文化形态与文化风采。

为此，在有关专家指导下，我们收集整理了大量古今资料和最新研究成果，特别编撰了本套大型书系。主要包括巧夺天工的古建杰作、承载历史的文化遗迹、人杰地灵的物华天宝、千年奇观的名胜古迹、天地精华的自然美景、淳朴浓郁的民风习俗、独具特色的语言文字、异彩纷呈的文学艺术、欢乐祥和的歌舞娱乐、生动感人的戏剧表演、辉煌灿烂的科技教育、修身养性的传统保健、至善至美的伦理道德、意蕴深邃的古老哲学、文明悠久的历史形态、群星闪耀的杰出人物等，充分显示了中华民族厚重的文化底蕴和强大的民族凝聚力，具有极强的系统性、广博性和规模性。

本套书系的特点是全景展现，纵横捭阖，内容采取讲故事的方式进行叙述，语言通俗，明白晓畅，图文并茂，形象直观，古风古韵，格调高雅，具有很强的可读性、欣赏性、知识性和延伸性，能够让广大读者全面触摸和感受中国文化的丰富内涵，增强中华儿女民族自尊心和文化自豪感，并能很好地继承和弘扬中国文化，创造具有中国特色的先进民族文化。

尽忠报国

爱国精神的巨大力量

爱国先贤

　　从大禹建立了中国古代的第一个奴隶制政权夏王朝开始，中华民族就有了国家的概念，而大禹的功绩恰恰体现了对国家的忠诚。至春秋战国时期，不但有孔子对"仁治""礼治"的论述与实践，表现出忧国忧民的爱国情怀，而且也不乏晏子、屈原这样报国、兴国的伟大人物。

　　在中国的历史上，历朝历代都有许多爱国报国的人，他们关心人民疾苦，致力于国计民生，为国家、民族做了许多好事。这种精神传承下来，成为中华民族尽忠报国精神的源泉。

大禹的爱国爱民精神

大禹画像

古代报国思想准确说应该始于夏代，因为从禹建立了夏王朝以后，人们才有了"国家"的概念。禹在建国过程中所体现出来的爱国爱民精神，成为中华民族的尽忠报国思想的源头。

在帝尧时期，中原洪水为灾，百姓愁苦不堪。鲧受命治理水患，他用堵截的办法治水，用了9年时间，结果洪水未平。舜巡视天下，发现一点成绩也没有，就命鲧的儿子禹接管治水之事。

禹接受任务后，立即与百官商议对策。他亲自翻山越岭，蹚河过川，拿着绳墨标杆等工具，进行实

■ 大禹治水

地勘察，测度地形的高低，规划疏洪水道。

禹穿着破烂的衣服，吃粗劣的食物，住简陋的席篷，每天亲自手持耒锸，带头干最苦最累的活。几年下来，他的腿上和胳膊上的汗毛都脱光了，手掌和脚掌结了厚厚的老茧，躯体干枯，脸庞黧黑。老百姓见了无不心痛流泪。至今嵩山一带还流传着许多大禹治水时的动人故事。

传说，禹治水时，要在介于太室山和少室山之间的轩辕山打出一条疏洪泄流的通道。为了加快挖山的速度，他化为一头神力无比的大黑熊，连推带扒，很快就把山挖掉了大半。尽管民间传说具有神话色彩，但也可见禹为治水患而付出的艰辛和牺牲。

禹为了治水，费尽脑筋，不怕劳苦，从来不敢休息。他路过家门口，听到妻子生产，儿子呱呱坠地的声音，都咬着牙没有进家门。第三次经过的时候，他的儿子启正依偎在母亲怀里，已经懂得叫父亲，挥动小手，和禹打招呼。禹只是向妻儿挥了挥手，表示自己

鲧 上古时期的历史人物，黄帝的后裔、玄帝颛顼的玄孙，是夏朝开国君主大禹的父亲。鲧禹治水是中国最著名的洪水神话，其所隐含的史实对我们有着极其重要的意义，很可能就是由于这场洪水，导致了中国历史上第一个国家政权的建立。

■ 大禹三过家门而不入

禅让 指古代帝王让位给不同姓的人，如伊祁姓的尧让位给妫姓的舜，舜让位给姒姓的禹。这是一种"拟父子相继、兄终弟及"的王位继承制度，是对正统王位继承制的模拟，是上古时期政治舞台上部族政治激烈角力的结果，目的是让各大部族的代表人物有机会分享最高权力。

看到他们了，还是没有停下来。

禹鉴于前辈治水无功主要是没有根据水流规律因势利导，而只采用筑堤截堵的办法，一旦洪水冲垮堤坝便前功尽弃的教训，大胆改用疏导和堰塞相结合的新办法。这就是顺天地自然，高的培土，低的疏浚，成沟河，除壅塞，开山凿渠，疏通水道。

经过13年的努力，禹带领人们开辟了无数的山，疏浚了无数的河，修筑了无数的堤坝，使天下的河川都流向大海，终于成功，根治了水患。

洪水刚刚退去，一块块平原露出水面，他带领人们在田间修起条条沟渠，引水灌溉，种植粟、黍、豆、麻等农作物，还教人们在地势低洼的地方种植水稻，使农业生产也取得了进步。

禹勤奋地为万民谋利，在天下的威望达到顶点。万民称颂说："如果没有禹，我们早就变成鱼鳖了，也早就饿死了！"

帝舜称赞禹，正式禅位于禹。禹在诸侯的拥戴下，以安邑为都城，国号夏。当了部落联盟首领的禹更加热爱自己的国家，为夏王朝的长远发展制定了许多新措施。

禹曾在治水的过程中走遍天下，对各地的地形、习俗、物产都了如指掌。于是，他把全国分为9个州，即冀州、兖州、青州、徐州、扬州、荆州、豫州、梁州和雍州。

禹还规定了五服制：帝畿以外五百里的地区叫"甸服"，再外五百里叫"侯服"，再外五百里叫"绥服"，再外五百里叫"要服"，最外五百里叫"荒服"。甸、侯、绥三服，进纳不同的物品或负担不同的劳务。要服，不纳物服役，只要求接受管教，遵守法制政令。荒服，则根据其习俗进行管理，不强制推行政教。

禹为了管理国家还到南方巡视，在涂山约请诸侯相会。涂山位于现在的安徽蚌埠市西。为纪念这次涂山盛会，把各方诸侯部落酋长们送来的青铜铸成九鼎，象征统一天下九州，成为夏王朝之象征。

禹还在视察少数民族地区时，沿途向当地人询问习俗，鼓励农耕，告其农时，播种五谷，教育部族酋长们讲礼仪，知法度，不以强凌弱，和睦相处。同时

九鼎 夏王朝初年，夏王大禹划分天下为9州，令九州州牧贡献青铜，铸造九鼎，将全国9州的名山大川、奇异之物镌刻于九鼎之身，以一鼎象征一州，并将九鼎集中于夏王朝都城。这样，九州就成为中国的代名词。九鼎成了王权至高无上、国家统一昌盛的象征。

■ 大禹铸九鼎

又宣布，若有不听教化者，要以兵征讨，决不客气。

禹关心百姓的疾苦。他看见穷人把孩子卖了，就把孩子赎了回来；见到有的百姓没有吃的，就让随从把仅有的粮食分给百姓。

有一次，他出门看见一个罪人，竟下车问候并哭了起来。随从说："罪人干了坏事，你何必可怜他！"

禹说："尧舜的时候，人们都和尧舜同心同德。现在我当天子，人心却各不相同，我怎能不痛心？"

禹成功治水，建立夏王朝，热爱自己的国家，爱戴天下万民。对于大禹的爱国爱民精神，后人总结出以下几个方面：

一是公而忘私、勤政为民的奉献精神。大禹受命负责全国治水事务，始终以为民造福为己任。大禹13年在外，三过家门而不入，是公而忘私执政为民的代名词。

二是革故鼎新、务实求真的科学精神。禹认真总结前人治水教训，组织了全国性的大地测量，精研山水地理，虚心学习各地治水经验，终于提出了改革古道、因势利导的治水方略。

三是艰苦奋斗、坚韧不拔的创业精神。大禹为了治水伟业，吃粗茶淡饭，穿破旧衣服，住简陋房屋。正是他这种身先士卒、艰苦奋斗、坚韧不拔

大禹陵壁画

■大禹陵壁画

的创业精神，成就了中国历史上第一个人类战胜自然的典范。

四是和谐发展、依法治国的民本精神。大禹在带领人民治理洪患的艰苦历程中，最广泛地接触了人民，最深切地了解了民情，最真切地感受到了人民群众的伟大力量，形成了以"敬民、养民、教民、护民"为主要内容的"民本"思想。

五是谦虚谨慎、廉洁奉公的自律精神。舜评价大禹说："成治水之功，行声教之言，成就最大。勤劳于国，尽力沟洫；节俭于家，卑宫菲食。谦恭而不自满，可谓贤才之最。备受赞美而不骄，天下无人敢与之争能；不尚征伐而战绩斐然，天下无人能与争功。"

大禹的爱国爱民精神是中华民族的宝贵财富，几千年来，不断被炎黄子孙发扬光大，使大禹精神超越了时代的界限，升华为整个中华民族的精神。

阅读链接

据说，大禹来到涂山时爱上了一位姑娘，但没来得及成婚，就又到南方去治水了。

姑娘一直等着大禹，经常吟唱思念的歌，这就是南方民歌的起源。后来大禹终于回来，娶了这位名叫女娇的姑娘。但新婚后的大禹在家只待了4天，又出发去治水了。女娇在家等呀等，常站在黄河之滨眺望，最后化成一座"望夫石"。

伊尹的济难报国之志

大禹建立的夏王朝到了桀期间，由于夏桀昏庸傲慢，不得民心，那些受尽欺压的平民百姓指着太阳咒骂他："你几时灭亡，我们情愿跟你一道灭亡！"桀的大臣们也都盼望夏朝早点灭亡。

这些都被汤看在眼里。汤又叫"太乙"，他是夏王朝在黄河下游的一个属国商国的首领。汤见夏桀腐败残暴，就决心与他争夺天下。

■ 伊尹 名伊，曾辅佐商汤王建立商朝，被后人尊为中国历史上的贤相，奉祀为"商元圣"，是历史上第一个以负鼎俎调五味而佐天子治理国家的杰出庖人。他创立的"五味调和说"与"火候论"，至今仍是中国烹饪的不变之规。因其母亲在伊水河附近居住，故以伊为氏。尹为官名，甲骨卜辞中称他为伊，金文则称为伊小臣。伊尹对中国古代的政治、军事、文化、教育等多方面都做出过卓越贡献，是杰出的思想家、政治家、军事家，中国历史上第一个贤能相国、帝王之师、中华厨祖。

■ 商汤（？—约前1588年），子姓，名履，庙号太祖，为商太祖，河南商丘人。商朝的创建者，前1617—前1588年在位，在位30年，其中17年为夏朝商国诸侯，13年为商朝国王。今人多称商汤，又称武汤、天乙、成汤、成唐，甲骨文称唐、大乙，又称高祖乙，商人部落首领。

汤一天到晚总考虑怎样推翻桀的计划，一日三餐，马马虎虎，并不留心饭菜质量怎么样。这种情况，早被细心的厨师伊尹看到了。

伊尹出身低微，养父是有莘国厨师。伊尹聪明好学，很有才干，终于学得一身好手艺成为一位名厨。伊尹的烹饪技术十分高超，尤其是擅长精制味美的汤，达到了出神入化的境界，名传四方。

喜爱喝汤的商汤听说后，就派人向伊尹的主人莘氏索要伊尹，遭到了拒绝。商汤不死心，为得到伊尹，不惜向莘国公主求婚，以迎娶不美貌的公主为代价。莘氏答应了，而且让伊尹做女儿的陪嫁物。

伊尹佩服有大志的人，他听说汤有远大志向，高兴坏了，立刻背着烹调用的"玉鼎"和"砧板"跟着去了。从这时起，伊尹就已经不再满足于为国君做可口的饭菜与酒肴，他更有一颗政治上的忠君报国之心。

事实上，在伊尹的心目中，经常考虑的是整个国家的人民的生存状况及命运问题，他认为在商汤管理的范围内，只要还有一个男子或是妇女，没有受到尧

有莘国 夏启封支子于莘，简称"莘国"，上属雍州。商代因之。西周时期，有莘国改属畿内地。公元前770年，周平王迁都洛阳后，废有莘国，并入晋国，称"莘地""梁"或"羁马"。

名相伊尹塑像

至善至美的崇高道德

舜之道的恩泽的话，就如自己把他们推进沟壑中一样。他把天下个别人的疾苦，视为整个国家人民的疾苦，把天下人民的灾难，视为自己没有尽到拯救的责任。

正因为伊尹有如此广阔的胸襟、强烈的济天下之难的责任心，所以才建议汤踏上了伐夏救民，灭夏兴商的革命大道，而他本人也投身于这项壮丽的事业中。

伊尹知道汤总是惦记着推翻桀的大事。他看在眼里，急在心上，总想找个机会和汤谈一谈自己对这事的看法。于是想出了一个办法来吸引汤的注意，这一次故意把饭菜做得特别咸，下一次又故意不放盐。

汤感到饭菜不合口，不对味，就叫过伊尹说："你最近做的菜，不是咸，就是淡，是为什么呢？"

伊尹说："大王，这是我在试探您还知道滋味不知道。从今天起，我一定把饭菜做好。不然，大王杀我的头！"

从那以后，伊尹做的饭菜咸淡适度香甜可口，很合汤的胃口。汤非常满意，又把伊尹找来说："看来，你的进步很大，做菜的本事果然不凡。"

伊尹连忙借题发挥，有所指地说："大王，这并没有什么值得夸奖的。菜不能太咸，也不能太淡，只要把作料搭配好，吃起来自然有味。这和您治理国家是一个道理，既不能无所作为，也不能急于求成。只有掌握好分寸，才能把事情办好。"

汤听了连连点头，心想："谁能知道，在我的厨房里竟有这样一位难得的人才！"于是，汤立即宣布解除伊尹的奴隶身份，让他做了大臣。

伊尹心怀感激地对汤说："大丈夫生于天地之间，济世安民，忠君报国，才是男儿所为。"

从此以后，伊尹尽心尽力地为汤出谋划策，逐渐成为了汤的主要助手。有一天，伊尹向汤建议，鉴于夏桀昏庸残暴，不要再向夏送贡品了。同时，他还建议汤控制一些小国，使他们归附汤。汤采纳了这一计划。

桀不甘心自己的势力范围缩小，就以商国没有进贡为借口，联合起九夷族的力量，气势汹汹地讨伐商国。汤听到这个消息，对伊尹说："现在桀找上门来打仗，我们打还是不打呢？"

伊尹沉思了片刻，然后说："桀这次集中了九夷族的兵力，说明他还有一些战斗力，我看不如避其锋芒，先恢复向夏进贡，等以后有机会再说。"

汤立刻派人把贡品送到桀的军营。

桀见了堆积如山的财宝，十分得意，笑着对手下人说："看来汤还是怕我的呀！"于是，桀带着贡品收兵回国了。

第二年，商国又不向夏

■ 商汤雕塑

■商汤画像

昆吾国 在夏王朝受封夏侯伯，称"昆吾氏"，封地立国于今山西运城一带，后又迁到祝融之墟旧许，即今许昌。夏王朝属国商国的首领汤率兵讨伐昆吾，经数年战争，昆吾败于汤，随后汤灭夏，建立殷商帝国。昆吾部族后来曾与周族联合灭商。

进贡了。桀暴跳如雷，发号施令，集合本国一些军队，觉得不一定能打败商汤，于是想再次召集九夷族一起去讨伐商国。可是，九夷族也逐渐看到了夏桀的种种昏庸表现，已经不愿意为夏朝出兵卖命了。

这时，在夏桀的附属国中，真正能听桀调遣的只剩下昆吾国这一个了。伊尹与商汤分析了这一形势。汤对大臣们说："服从桀的人越来越少，我们只要打败他的最后一个帮手昆吾国，夏亡的日子就不远了。"于是，汤和伊尹率领商国军队北上，迅速打败了昆吾国，消灭了桀的最后一支外围力量。

桀恼羞成怒，带兵倾巢出动与汤决战。商军以逸待劳，早已等候在鸣条这个地方。

伊尹和汤鼓励将士们奋勇杀敌，振奋精神。汤传下法令说："桀做尽了坏事，我们要去讨伐他，大家要听从命令。对杀敌立功的，我要给予重赏，决不食言；对不服从命令的，我也绝不客气！"

将士们下定死战的决心。交战这一天，天刚亮商军就冲了过去，势不可当，将士们非常勇猛。夏桀的队伍一部分赶紧逃命，大多数则投降了商军。汤乘胜追击，把夏桀赶进安徽南巢山中。夏桀困于山中，由于没有援兵，当地的百姓也痛恨他，最后饿死在南巢山里。

汤率领军队攻入了夏朝的国都，夏灭亡了，汤建立了商王朝，并定都于亳，成为中国历史上第二个王朝。商汤废除了夏的政令，并作《汤诰》告诫诸侯要敬畏上天，修行德政，为民谋利。

伊尹画像

伊尹作战勇敢，智慧超群，为汤开国创业立下不少功劳（他由一名当厨师的奴隶成为辅助国君的大臣，后来当上了右丞相）。因此，伊尹深受商王的赏识和人民的爱戴。

胸怀报国之心的伊尹不仅辅佐成汤开创了商王朝，后来又辅佐成汤的儿子大丁、外丙、仲壬和成汤之孙太甲，为三朝功臣，他主持建造了偃师商城，规范了甲骨文，提出"以德治国""任人唯贤"等立国大计，被历代尊为贤相，称"中华第一名相"。

阅读链接

相传伊尹与商汤谈话，被后人整理成《吕氏春秋》中的《本味篇》，因托名伊尹，又名《伊尹书》。据记载，伊尹总结了前人的烹调经验，论述了美味的食物如何制作，这就是中国也是世界上最古老的烹饪理论。该书为后世烹调学和"五味调和"的理论奠定了基础。伊尹在劝说商汤时，从烹调美味的诸多技术要领引发出治国平天下的道理。

伊尹去世时，太甲之子沃丁以天子之礼厚葬伊尹，表达商王室对伊尹尽忠尽责商朝的丰功伟绩，给予充分肯定。

孔子爱国思想的实践

■孔子画像

如果说伊尹具有强烈的济天下之难的责任心，那么生活于春秋时期的鲁国的孔子，则在以仁义为灵魂，以天下为己任，济世救民的价值观支配下，在治国方面提出了自己的"仁治""礼治"主张。他的这一思想主张，成为当时及后世知识分子报国捐躯的行为准则。

在鲁昭公管理国家的时候，鲁国发生了内乱，鲁昭公被迫出逃。孔子也离开鲁国来到齐国，做了齐国执政大夫高昭子的家臣。

有一次，高昭子把孔子推荐给齐景公。齐景公问孔子国君应该如何施行国家政事，孔子回答说："国君在施行国

孔子圣迹图

家政事时，首先是做国君的要像个国君，做臣子的要像个臣子；做父亲的要像个父亲，做儿子的要像个儿子。"

齐景公又问施政原则是什么，孔子回答说："施政最重要的是控制支出，节省财力。"

从此以后，齐景公常常与孔子一起谈论政事，时常约孔子同去郊外打猎，感觉和孔子在一起如沐春风。由于相处日久，教益日深，还给孔子提高了待遇。

有一年春夏两季，齐国滴雨未下，农作物颗粒无收。孔子日夜牵挂灾民，但自己身居客地，也没有办法救济他们。齐景公更是为此心急如焚，便前来向先生请教解救的良方。

孔子说："您如此怜惜百姓，仲尼实为敬服，这也是齐国百姓有福，能遇上您这样一位仁德的君主。民为立国之本，一个国君能爱惜百姓，这个国家必能兴盛，就是遇到再大的困难，也是能战胜的。"

齐景公又问用什么办法来赈济灾民为好，孔子说："过去尧帝时发生过9年水灾，商汤有7年旱灾。水旱灾荒，古代圣明帝王在位时，也是无法避免的。尧舜时代，常常遭遇水灾，后来经过大禹治水13年，水灾才慢慢减少了。丘认为最好的赈济办法首先就是免除百姓的苦役，开仓放粮，赈济灾民，然后向丰收的邻国买粮食，并半价转卖给饥民，这叫平粜。最重要的是水旱灾荒必须常年预防，不可临渴掘井。"

齐景公担心杯水车薪解决不了问题，孔子说："请国君劝导那些富足的官家，每户拿出数十石，就可以救活一批灾民。"

齐景公于是决定召集大夫出粮赈灾，孔子又说："开仓放赈，容易被一些昧着良心的人从中作弊，即使国君拿出了粮食，饥民所得无几，因此必须选派贤德的大夫去做才是！"

就这样，齐国上下都投入到赈济灾民的热潮之中。孔子因此在齐国百姓中享有盛誉。

孔了主张用"仁爱"的方式治理天下，在齐国施教的影响越来越大，但一些大臣嫉妒孔子之心也日渐强烈，一次又一次地在齐景公面前贬低孔子。由于坏话说得太多，齐景公的态度也慢慢转变了。

孔子圣迹图·去鲁图

这一天，孔子的弟子南宫适差人送来书信，信中介绍了鲁国政治已趋稳定的情况。孔子阅信后，更有归国之意，就对弟子子路说："我离开鲁国已是数年，鲁国毕竟是父母之邦啊！"

■ 孔子画像

于是，孔子启程归国，时年38岁。当时的鲁国，政权实际掌握在大夫的家臣手中，被称为"陪臣执国命"，因此孔子虽有过两次从政机会，却都放弃了。直至公元前501年，孔子被任命为中都宰，此时的孔子已经51岁了。

在中都宰的位上，孔子与他的弟子们做了很多事情，卓有成效。有一次，鲁定公问孔子，能不能用治理中都的办法治理鲁国，孔子回答："用我的方法治理天下都可以，何况只是一个鲁国呢？"

于是，一年之后，孔子便被另任为司空，接着再任为大司寇。这样，孔子参与政治的抱负终于实现了。

孔子在任司寇时，强调"仁治""礼治"的教化作用，反对滥施刑罚。比如，有一次在处理父子诉讼案时，面对父亲告儿子不孝、儿子告父亲打人的控告，问清情况的孔子并没有立即判谁的罪，而是把他们监管起来让他们各自反省。等到都想通了并且各自找到了自己的不对之处，孔子竟然把他们全部释放，结果是自此父慈子孝，连个口角也不再发生。

当时的当政者季桓子对此提出批评，认为孔子背

司空 古代官名。西周时期始置，位次三公，与六卿相当，与司马、司寇、司士、司徒并称五官，掌水利、营建之事，金文皆作司工。春秋战国时期沿置。春秋时期的孔子曾任鲁国的司空。此外，司空也为中国姓氏之一。

离以孝治民的道路。但是孔子仍然坚持自己的做法，认为为政者要做表率，反对不教而诛，主张不杀无辜、不滥施刑罚。

还是在孔子的司寇任上，有一次从衙署下班回家，路上听到了马厩失火的消息。他首先关心和问及的，是人有没有受伤，而没有问及马匹及财产的损失情况。虽然这只是一件不大被人注意的小事，却反映了孔子内心深处的"仁爱"的思想，体现了对于人的重视，而且危急时刻，更能够看出人的根底的善恶。

作为全权负责公检法的官员，处理案件，审判官司，当然是他的首要任务。在完成这一任务的时候，他一改以往由贵族官吏根据惯例专断判决的习惯，而是从"仁"的精神出发，将民主的东西引进诉讼。将凡与案件有关的人员找来谈话，一一问询他们的意见，然后他再根据大家的意见做出分析，做出正确的判断。

孔子也注重诚信。据《论语·颜渊》记载，有一次孔子弟子子贡问老师："如果迫不得已必须要从粮食、军队与武器、百姓的信任三项中去掉一项，那么去掉哪项合适呢？"孔子坚定地回答："去掉军队与武器。"

"在粮食与百姓的信任两者中去掉一项，去掉哪一项？"孔子回答：

孔子讲学图

"去掉粮食。"

孔子的这个回答很经典，以至成为了后世朝廷共同标榜的原则：没有粮食不过饿死，但如果人民对朝廷失去了信心，国家是立不起来的，也就会完了。

在为官方面，孔子为古代的知识分子带了一个好头，那就是有原则、有思想，真做官、做好官，而且是认真做官。

公元前500年夏天，孔子陪同鲁定公参加了齐鲁两国夹谷之会。这是他政治生涯中最为光彩的一页，集中体现了他的"礼治"思想的精髓。

在盟会上，齐国大夫犁弥鼓动齐景公用武力劫持鲁定公。孔子带着鲁定公往后退，并命令随从道："士兵们，快拿起武器冲上去！"

孔子转头对齐景公说："两国国君友好会见，而华夏之地以外的夷人俘虏却用武力来捣乱，这不是齐国国君命令诸侯会合的本意。华夏以外的人不得图谋中原，夷人不得触犯盟会，武力不能逼迫友好。

■孔子夹谷会齐图

相国 春秋时期齐景公设左、右相，相成为齐国卿大夫的世袭官职。以后其他诸侯国也有设置，或称"相国"，或称"相邦"，或称"丞相"。

这样做对神灵是不吉祥的，对德行也是伤害，对人也是丧失礼仪，国君一定不会这样做。"

齐景公听了孔子这番话后，急忙叫劫持鲁定公的人避开。

即将举行盟誓时，齐国人在盟书上加上了这样的话："一旦齐国军队出境作战，鲁国如果不派300辆兵车跟随我们，就按此盟誓惩罚。"

孔子作揖回答说："如果你们不归还我们汶水北岸的土地，却要让我们供给齐国的所需，也要按盟约惩罚。"

齐景公准备设享礼款待鲁定公。享礼是当时使臣向朝聘国的君主进献礼物的仪式。

孔子对齐国大夫梁丘据说："齐国和鲁国从前的典礼制度，您怎么没听说过呢？盟会的事已经结束了，而又没有设享礼款待，这是让办事人辛苦了。再说牺尊和象尊不出国门，钟磬不能野外合奏设享礼而全部具备牺象钟磬，这是抛弃了礼仪；如果这些东西不备齐，那就像用秕稗来款待，是国君的耻辱；抛弃礼仪则名声不好。您为什么不好好考虑一下呢？享礼是用来发扬光大德行的。不能发扬光大，还不如不举行。"

最后，齐景公只好打消举行享礼的想法。夹谷之会以后，鲁国的地位有所提高，孔子的影响也有所扩大。

孔子56岁那年，又由大司寇代理相国职务。他参与国政仅仅3个

至善至美的崇高道德

■ 孔子周游列国图

大同 是古代对理想社会的一种称谓。这种思想，源远流长，产生于先秦时期。儒家的大同理想比农家、道家的理想更详尽，更完整，也更美好，更具有诱人的力量。因此，它在中国思想史上也有更大、更深远的影响。

月，鲁国的风俗就大大变了样。孔子的事业和影响力越来越大。

孔子的成就使齐景公感到害怕，齐景公特地挑了80名美貌的女子，让她们穿上华丽的衣服，教她们学会舞蹈，加上120匹骏马，一起送给鲁定公，以腐蚀他的意志。这一计果然奏效，鲁定公沉湎于娱乐之中，不再过问政事了。

孔子的学生子路见到这种情况，便对孔子说："老师，我们可以离开这里了吧！"

孔子一直对自己国家有着深深的爱，即使是在"礼崩乐坏"的现实面前他心里也还抱有最后一线希望。于是回答说："鲁国现在就要在郊外祭祀，如果能按照礼法把典礼后的烤肉分给大夫们，那我还可以留下不走。"

结果，鲁定公违背常礼，没把烤肉分给大夫们。

孔子深感在这种"礼崩乐坏"的情况下，政治抱负难以实现，于是辞去职务，带领一批弟子，踏上了周游列国的旅途。

孔子和他的弟子们先后到过卫、宋、郑、陈、蔡、楚等国，本想宣传自己的政治主张，说服各诸侯国的当政者实行"礼治""仁治"，然而终无一国肯接受，最后孔子返回鲁国。

孔子返回鲁国后不再求仕，而把自己的全部心血用在了文化教育上。他努力搜集整理国家历史上的文化典籍，删《诗》《书》，定《礼》《乐》，修《春秋》，作《易传》。这些文献，不仅在中国，而且在世界上都是十分难得的文化瑰宝。

孔子晚年时期的最高理想称为"大同"。在大同的世界里，天下没有欺诈，没有盗贼，路不拾遗，夜不闭户，人人讲信修睦，选贤举能，大道之行，天下为公。老有所终，壮有所用，孩子们都能获得温暖与关怀，孤独的人与残疾者都有所依靠，男人各自有各自的事情，女人有满意的归宿。

孔子"仁治""礼治"的思想与其实践，在历史上占有重要地位，并对后世产生了深远的影响。它与"大禹精神"一起，成为了中华民族尽忠报国精神的源泉，激励着一代又一代中华民族的优秀儿女为人民的福祉、国家的强盛而努力奋斗。

阅读链接

孔子爱国思想的核心是"礼"与"仁"，在治国的方略上，他主张"为政以德"，用道德和礼教来治理国家是最高尚的治国之道。这种治国方略也叫"德治"或"礼治"。

孔子的礼说，则体现了礼制精神，即现代意义上的秩序和制度。孔子的仁说，体现了人道精神。人道主义是人类永恒的主题，而秩序和制度社会则是建立人类文明社会的基本要求。孔子的这种人道主义和秩序精神，是中国古代社会政治思想的精华。

晏子维护国家的尊严

春秋时期，正经历着中国历史上的第一次重大变革，不仅出现了孔子那样的思想大家，也有像晏子这样维护国家尊严的政治家和外交家。

晏子，是春秋时期齐国的相国。当时的齐国早已不是管仲为相时的齐桓公时代，中原霸主的地位早已易位，国势日渐衰微。在这种情况下，齐国

■ 晏子 （前578年—前500年），本名晏婴，字平仲，春秋时夷维，即山东高密人。春秋后期一位重要的政治家、思想家、外交家，以生活节俭，谦恭下士著称。他爱国忧民，敢于直谏，在诸侯和百姓中享有极高的声誉。他头脑机灵，能言善辩，使楚时曾舌战楚王，维护了国家尊严。

外交就显得更加艰难，同时也变得更为重要了。

晏子不仅德行出众，而且头脑机敏，能言善辩。作为国王的主要助手，他曾经多次出使他国，在外交过程中，有理有节，进退有度，每次都出色地完成了使命，充分表现出了维护国家尊严的忠诚与能力。

有一次，晏子奉命出使楚国，楚王听说后，就对左右的人说："晏子是齐国最能言善辩之人，现在他要来，寡人欲羞辱他一番，该如何做呢？"

于是，左右之人献计种种。

待到晏子如期出使楚国，到了城门口时，楚人想要嘲笑他身材矮小，因此故意不开正门，而是在正门旁开了个小门来迎接他。

在古时，家居院落等建筑会在正门旁的墙根开个小门或留一小洞，方便狗儿出入。

晏子若从小门进的话，正中楚人之奸计，无疑是受辱；若从城门进，必须找到一个理由，否则便显得无能，也是受辱。楚人就这样给

■《晏子春秋》壁画

至善至美的崇高道德

姜公封国 姜公，即姜尚，字子牙，也称"吕尚"。先后辅佐了6位周王，因是齐国始祖而称"太公望"，俗称"姜太公"。周武王平天下后，封姜尚于齐地的营丘。姜尚治国，煮盐垦田，富甲一方，产生了巨大的影响，传主齐桓公时，齐国成为春秋五霸之首。

晏子出了一个两难之题。晏子一眼就看出了楚人的意图，毅然拒绝从小门入，并机智地抛出了这样一个推论，一下就解开了两难之题。

晏子对着迎接的官员说道："只有出使狗国者，才从狗门而入；而今我晏子出使楚国，不当由此门而入。"

晏子这一推论明确告诉楚人：从小门入，我晏子一人受辱，可楚人你则要付出整个楚国受侮辱的代价；你楚人不愿付出受辱的代价，则我晏子就当从城门入。你楚人就看着办吧！

迎宾官员一听，脸色发红，却无言以对，只得打开城门，请晏子从大门堂堂正正进入。在第一个回合中，晏子取得了胜利。

晏子进入朝门，楚国几十员大臣等候着。楚国治理城郊的郊尹斗成然首先发话："听说齐国在姜公封国时，强于秦、楚，货通鲁、卫，而自从桓公之后，屡遭宋、晋侵犯，朝晋暮楚，齐君臣四处奔波臣服于诸侯。但凭景公之志、晏子之贤，并不比桓公、管仲差呀，这是为什么？"

晏子说："兴败强衰，乃国之规律，自楚庄王后，楚国不是也屡次遭到晋吴两国的打击吗？我们的国君识时务，与诸侯平等交往，怎么是臣服呢。你的父辈作为楚国的名臣，不也是这么做的吗，难道你不是他们的后代？"斗成然羞愧而退。

楚大臣阳丐上前一步说："听说你很善于随机应变，左右逢源，然而，齐国遭遇崔庆之难，齐多少忠臣志士为讨伐两人而献出生命，你作为老臣，既不能讨贼，又不能退位，更不能以死相拼，你留在朝廷还有何用？"

晏子说："抱大志者，不拘小节；庄公之死有他自身的错误。我之所以留身于朝中，是因为要扶助新君立国、强国，而非贪图个人的性命。如果老臣们都死了，谁来辅佐君王呢？"

阳丐自知无趣，退下。

楚右尹郑丹上前逼问："你说得太夸耀，崔庆之难的重大事件，你只是隔岸观火，并不见你有什么奇谋。"

■济南晏子祠

■ 济南晏公祠

晏子答："你只知其一，不知其二，崔庆结盟，我未干预；四族之难，我正在保全君王，这正是宜柔宜刚，怎么说是旁观呢？"郑无话可答。

楚太宰启疆闪出发问："你贵为相国，理当美服饰、盛车马，以彰显齐国的荣盛。你怎么骑着瘦弱的马、穿着破旧的狐裘来呢，还听说你这件狐裘，已经穿了30年了，你是不是太吝啬了？"

晏子笑答："你太见小了，我自从居相位来，父辈有衣裘、母辈有肉食、妻族无饥荒，同时，依靠我救助的还有70多家。我个人虽然节俭，而富于三族、解除群士之难，这不是更显示出君王的德政吗？"

启疆叹服。

楚王车右囊瓦指问："我听说君王将相，都是魁梧俊美之相，因而能立功当代、留名后人。而你身不满5尺，力不能胜一鸡，你不觉得羞愧？"

晏子坦然自若地回答："秤砣虽小，能压千斤；舟桨空长，终为水役。侨如长身而被鲁国所杀，南宫万绝力却死于宋国，你自以为高大，还不是只能为楚王驭马吗？我虽然不才，但能独当一面，忠心为国效犬马之力。"

囊瓦羞愧难当。

楚大夫伍举见大家难为晏子，忙解围说："晏子天下奇才，你们怎么能跟他较劲呢？算了算了，楚王等着召见呢！"

晏子觐见楚王后，却又面临着"话难听"这一关。楚王为之设宴赐酒。坐定后，楚王故意问晏子："难道齐国没有人了吗？怎么派你当使者呢？"

楚王仗着"势"大气粗，完全不把晏子放在眼里，更不把晏子当人看。明明活生生的人一个出现在楚王面前，可楚王他口出难言"齐国没有人了"，简直是目中无"晏子"！

晏子作礼答道："齐国的临淄城有75000户，人人张袖可成荫，挥汗可成雨，行人来往川流不息，站立时必须并肩接踵，怎么会没有人呢？"

晏子有意误解楚王之意，而楚王仍不善罢甘休，又再次质问晏子："那为什么要派你出使呢？"意欲置晏子于难堪之中而后快。

面对质问，晏子机智地予以了反击。他答道："齐

太宰 西周时期设置太宰，即家宰的首领。太宰的职责是"掌管国家的6种典籍，用来辅佐国王治理国家。"其中6种典籍是治典、教典、礼典、政典、刑典、事典，可见当时的太宰是百官之首，相当于后来的宰相或丞相。不同的朝代职责和地位不同。

■ 晏婴画像

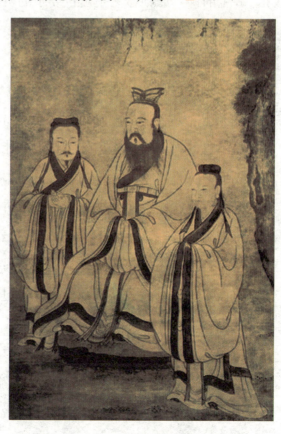

国派遣使者，各有所出使的对象，贤者出使于贤君，不贤者出使于不贤之君。晏子最为不肖，故最适合出使楚国。"

晏子由果溯因，先说齐王选派使臣的原则是各有所用，人尽其才。齐王的这一原则显然是出自晏子的机智假设。然后，他再说自己是最不肖者，有意贬低自己，说不肖的晏子我就只配出使到最不肖的君王的楚国了。

晏子的这番回答，其实是接连套用了这样的逻辑：大前提是，凡是无才无能之人，就只配出使无才能的君王的国家；小前提是，我晏子是最不肖的人，故只配出使到最无才能的君王的国家；结论是，既然我晏子出使的是楚国，那楚国的君王就是最无才能的君王了。

晏子就是这样轻而易举地把楚王贬折了一番，使得楚王哑巴吃黄连，有苦说不出。楚王无言以对，于是笑着赐晏子酒。

这时，楚王还不善罢甘休，他还有另外的计策。待饮酒尽兴时，恰好有两个小臣绑一人从殿前经过，经过楚王面前，楚王问道："绑住的人怎么了？所犯何罪？"

臣子答道："是齐国人，所犯是盗窃之罪。"

楚王又看着晏子，说道："难道齐人生性喜欢偷窃的吗？"

晏子离席而起回答楚王："晏子听说，橘子生在淮南为橘，其味甜美，若生长在淮北就变成枳，酸小涩苦，其叶虽似，但果实味道却不相同。为何会如此呢？实是水土不同的缘故啊。如今人民生活在齐国不偷窃，来到楚国却偷窃，这难道是楚国的水土使他发生了变化吗？"

楚王见无论如何都羞辱不到晏子，反让自己感到羞愧，于是笑着说道："圣人真是不可加以戏弄的啊，寡人欲让您受辱，反而自取其辱了。"

楚王依据事先的谋划，与"两个小臣"同唱双簧戏，暗中将晏子推入他们预计的陷阱中。殊不知，晏子灵机闪现，一个犀利的橘枳类比，反将楚王推进了他们自设的陷阱中。楚王又一次聪明反被聪明误，落得自我难堪的境地。

晏子出使楚国，楚王却想借机羞辱晏子，面对这种种困境，晏子竟能游刃有余，不仅自身不受辱，也保护了齐国的国威，还巧妙地使对方自感羞愧，有力地维护了国家的尊严，真可谓是不辱使命。

晏子就是这样聪明机智，既不辱使命，又使楚国和齐国的百姓、大臣、诸侯、君王都敬重他的人品和才华。

阅读链接

关于晏子还有个小故事，有一天，齐景公心爱的小狗死了。他十分伤心，打算做一副上等的棺木厚葬爱犬，还决定让大臣们给狗举行隆重的葬礼。

晏子郑重其事地说："大王，百姓听了这件事，必定不拥护您做国君，各国诸侯听说了，必定看不起齐国。内有不满的百姓，外被诸侯小看，再加上大臣们跟您学开心取乐，齐国危亡不远了，这难道是小事吗？"

齐景公吓得出了一身冷汗，说："对呀！多亏您提醒了我。狗还是送厨房，炖了吃肉吧！"

屈原悲吟为国捐躯

　　屈原，战国时期楚国人，他青年时学识渊博，才华横溢，胸怀大志，准备报效国家。可是，他生活的年代正是楚国由盛转衰的时期。当时，称雄的秦、楚、齐、燕、赵、韩、魏国连年不断混战。屈原是楚怀王的左徒官，他见百姓受到战争灾难，十分痛心，就以报国为己任，劝楚怀王要任用贤能，爱护百姓，于是很得楚怀王的信任。

　　那时的秦国最强大，时常攻击其他国。因此，屈原亲自到各国去联络，要用联合的力量对付秦国。通过屈原出色的外交，楚、齐、燕、赵、韩、魏国君王齐集楚国的京城郢都，结成联盟，楚怀王成了联盟的领袖。

　　六国联盟的力量，有力地制止了强秦的扩张。屈原更加得到了楚怀王的重用，很多内政、外交大事，都凭屈原做主。

　　看到屈原出色的政治才干，楚国以子兰为首的一班贵族非常嫉妒和忌恨，常在楚怀王面前说屈原的坏话，说他独断专权，根本不把楚怀王放在眼里。挑拨的人多了，楚怀王对屈原渐渐不满起来。

秦国的间谍把这一情况报告秦王。秦王早想进攻齐国，只碍着六国联盟不敢动手，听到这个消息，忙把相国张仪召进宫来商量。

张仪认为在六国之中，齐楚两国最有力量，只要离间这两国，联盟也就散了。他愿意趁楚国内部不和的机会亲自去拆散六国联盟。

秦王大喜。张仪带着金银财宝来到楚国郢都，先来拜访屈原，说起了秦国的强大和秦楚联合对双方的好处，遭到了屈原的断然拒绝。

张仪又用财宝买通了子兰，子兰就引张仪拜见了楚怀王最宠爱的王后郑袖。张仪把一双价值万金的白璧献给了郑袖。那白璧的宝光把楚国王后的眼睛都照花了。郑袖欣然表示，愿意帮助他们促成秦楚联盟。

子兰想了一条计策，"我们就说屈原向张仪索取贿赂，由郑袖在楚怀王面前透出这个风声"。

张仪大喜。张仪布置停当，就托子兰引见楚怀王。他劝楚怀王绝齐联秦，列举了很多好处。最后道："只要大王愿意，秦王已经准备了秦的600里土地献给楚国。"

楚怀王听说不费一兵一卒，就可白得600里土地，心中大喜。他回到宫中，高兴地告诉了郑袖。

郑袖向他道喜，随即又皱起眉头说："听说屈原

勤政爱民

爱国先贤

■ 屈原画像

左徒官 楚国特有的官名。史载春申君与屈原曾任左徒。左徒官位在楚国是较高的，是楚国内政外交的一个主要负责人。左徒官是楚国特有的，或者说是专为屈原特设的官职。因此，后人以"左徒"作为屈原的别称。

至善至美的崇高道德

《屈原卜居图》
局部

《离骚》屈原的代表作，是古代诗歌史上最长的一首浪漫主义的政治抒情诗。诗人从自叙身世、品德、理想写起，抒发了自己遭谗言被害的苦闷与矛盾，斥责了楚王昏庸、群小猖獗与朝政日非，表现了诗人不与邪恶势力同流合污的斗争精神和至死不渝的爱国热情。

向张仪要一双白璧未成，怕要反对这事呢！"

楚怀王听了，半信半疑。

第二天，楚怀王摆下酒席招待张仪。席间讨论起秦楚友好，屈原果然猛烈反对，与子兰等人进行了激烈争论。他认为，放弃了六国联盟，就给秦国以可乘之机，这是楚国生死存亡的事情！他走到楚怀王面前大声说："大王，您不能相信呀！张仪是秦国派来拆散联盟、孤立楚国的，万万相信不得！"

楚怀王想起郑袖所说，果然屈原竭力反对秦楚和好。他贪图秦国的土地，不禁怒道："难道楚国的600里土地抵不上你一双白璧！"说完不听屈原辩解，就令武士把他拉出宫门。

屈原痛心极了，站在宫门外面不忍离开，盼着楚怀王能醒悟过来，改变主意，以免给国家带来灾难。

他从早站到晚，看见张仪、子兰等人高高兴兴地走出宫门，叹着气绝望地说："楚国啊，你又要受难啦！"

屈原认为楚怀王会醒悟，定会分清是非的。只要楚怀王回心转意，楚国就有办法了。但是楚怀王不再召见他，他越来越忧愁，常常整夜不眠，就写出《离骚》这首长诗，把对楚国的忧愁和自己的怨愤都写了进去。"离骚"就是"离忧"的意思，表示人在遭遇忧愁的时候，抒发自己的怨愤。

这首长诗传到宫中，子兰等人又有了新的攻击材料，就说屈原把楚怀王比作桀纣。楚怀王一怒，撤掉了屈原的官职。

郢都的空气快把屈原逼疯了，他只好搬出了郢都，准备住到汉北去。他走几步，停一停，恋恋不舍地回望这座雄伟的郢都城。屈原挂念着国事，到一处就歇几天，打听一下消息。

有一天，他看到一座古庙里的墙壁上，画的是天地神灵和古代圣贤的故事。圣君贤王的事迹触动了他的心事，他想不通楚怀王为什么

至善至美的崇高道德

这样糊涂。他对神灵大声喝问："这世界究竟有没有是非？！"因此写成了《天问》这篇长诗。

神灵没有回答屈原，可事实却对他作了回答。当楚怀王和齐国断绝了邦交，拆散了联盟以后，就派人跟张仪到秦国去接收土地。结果自然是一场空。

就在这时，秦王改变了攻齐的计划，索性联合齐国，分两路迎击楚军。楚军挡不住两国的夹攻，连打几个败仗，秦兵占领了楚国的汉中。

消息传到汉北，把屈原急坏了。他愤怒、叹气，最后决定赶回郢都设法去抵抗秦国。半路上，他接到了楚怀王的命令，派他出使齐国恢复联盟。屈原高兴地想：大王到底回心了！就立刻奔赴齐国。

由于楚怀王违背联盟，齐国十分愤恨。但屈原是齐王敬重的人，经过一番谈判，就答应撤回助秦攻楚的齐兵。就在屈原尚未返国时，他得到秦楚议和的消息。他怕楚怀王再受欺骗，连忙赶回楚国。

■ 屈原奉命出使齐国

屈原走了几天，忽听传说：张仪又到郢都来了。于是他日夜兼程，向郢都赶去。子兰等人看见屈原回来了，连忙报告王后郑袖。他们都怕屈原再回郢都，让他留在楚怀王面前，日久总是大患。

这天夜里，郑袖就向楚怀王哭诉："屈原在云梦地方对百姓说，那些阵亡的人都是因我向大王进言而冤死的。他回来，要替冤死的申冤报仇。"

楚怀王听了大怒："他敢这样？简直是疯了！"

郑袖趁机进谗："是疯了，不是疯了怎会对百姓说这样放肆的话？我怕见他，他要在郢都，就让我到江南去。"

第二天，楚怀王下了一道命令：任屈原为三闾大夫，不必进宫，立刻赴任。他派子兰把命令送给屈原。子兰奸笑着向他道喜。屈原惊呆了，他仰天长叹："大王，你再不能糊涂哟，楚国的江山，楚国的百姓，全在你的身上啊！"

屈原走了，此后的10多年中，楚国满朝文武都投入郑袖、子兰一党，齐楚联盟不久又散了。楚国国势一天不如一天，失去了对抗秦兵的力量。秦国占领了楚国北部的8座城池。

楚怀王正在愁闷，忽然接到秦王的来信，请他到秦国武关这个地方，商谈秦楚永世友好的办法。楚怀王左思右想，拿不定主意：不去，只怕秦军向南进攻；去呢？又怕秦国心怀叵测。

子兰首先劝楚怀王："秦王愿意和好，这机会可失不得。"子兰一党的楚国大夫靳尚也说："走一遭，至少会有几年的太平。"

楚怀王回到后宫，又听了郑袖一番劝说，这才打定主意，马上写了回信，同意去武关会谈。准备了几天，他和靳尚带了500人马动身。

楚怀王才离郢都，就见途中有一匹马飞奔而来。奔到跟前，马上的人跳下，伏在车前，大声恸哭。楚怀王一看，原来是屈原。

屈原听到了楚怀王要去武关的消息，连夜飞马而来。只听他悲声说道："大王啊，秦国如虎口，这危险冒不得哟！你要想想楚国的祖宗和百姓，不能单听小人的话啊！"

10多年不见，楚怀王见了他，想起这10多年来国势，一天天走下坡，心里也涌起了一阵感伤。楚怀王正在沉思，靳尚站出来狠狠地对屈原说："今天是大王出门的好日子，你说这些丧气话什么意思？"

屈原气得嘴唇发抖，颤声说道："你是楚国人，也该替楚国想想，不能把大王送进虎口啊！"

靳尚大怒，迭声叫让开。屈原攀住了车辕不肯放手。靳尚令人把屈原推倒在地，扬鞭催马，簇拥楚怀王而去。屈原爬起来，一边追，一边叫。靳尚只怕楚怀王心里动摇，加快一鞭，那车飞一般去了。

屈原喘着气站住了，眼睁睁地望着向西而去的人马，等到不见了影子，还呆呆立在那儿。

果不出屈原所料，不到半个月，靳尚一人一马逃回郢都。原来，楚怀王和500人马一到武关，就被秦国扣留，已经送往咸阳了。

消息震惊了全国。郑袖为了安定人心，立太子熊横为顷襄王，她自己掌握国政；任命子兰做管理全国军政的令尹。

这一天，屈原忽然接到楚怀王的死讯。原来，楚怀王被扣押后，

至善至美的崇高道德

屈原天问雕塑

几次逃出，又几次被秦兵捉住，最终在顷襄王即位的第三年气死了。秦国把他的枯骨送还楚国。灵柩到达郢都时，楚国百姓个个感到奇耻大辱，沿路都有人失声痛哭。

这件事把屈原的心击碎了，他本来把复兴楚国的希望寄托在楚怀王的醒悟上，现在觉得什么都完了。他在楚怀王灵柩面前哭昏了过去。他要求顷襄王趁各国都在怨恨秦国的机会，

■《屈原天问图》

设法联络各国，一同对付秦国。然而，顷襄王在子兰等人的操纵下全然不听。

屈原日夜在宫门前痛哭，期望打动顷襄王。这可惹恼了郑袖，她立刻叫顷襄王革掉屈原的三闾大夫职位，叫人押送，流放到江南陵阳去，永远不准过江。

屈原到了流放地陵阳，日夜心烦意乱。他的马悲哀地嘶叫着，马夫也回头望着楚国叹气。屈原不禁激动地说："对，我们是楚国人、楚国马，死也要死在楚国的土地上！"

屈原在陵阳住了9年，既没有回郢都的希望，又听到楚国的局面越来越坏的消息，每个传来的消息都使他坐立不安。他想起楚怀王是因为拒绝割让黔中才死在秦国的，决意到这块地方去看看。于是，他来到黔中郡溆浦，在这个地方住了下来。

屈原心里爱国的火焰还在燃烧，可自己又无能为力，就只好每天在山边湖旁踱步。他把满腹的忧愁愤恨，都写成了诗篇。他越来越老了，但是想要复兴楚国的希望，却一天也没有熄灭过。

三闾大夫 楚国特设的官职，是主持宗庙祭祀，兼管王族屈、景、昭三大姓子弟教育的闲差事。可见三闾大夫是一种掌管三大姓的宗族事务之官。屈原贬后任此职。屈原被流放之前，他的最后官职就是"三闾大夫"。

令尹 是楚国的最高官衔，是掌握政治事务，发号施令的最高官，其执掌一国之国柄，身处上位，以率下民，对内主持国事，对外主持争战，总揽军政大权于一身。令尹主要由楚国贵族当中贤能者来担任，也有少数外姓之人为令尹，但实不多见。

公元前278年的一天，一个晴天霹雳的消息把屈原击昏了：秦将白起进攻楚国，占领郢都，楚国的宗庙和陵墓都被毁了。

"楚国要亡了！"屈原喃喃地说。他决定回到郢都去，死在出生的土地上。他头也不梳，脸也不洗，昏昏沉沉地走了几天，恍惚中来到了汨罗江边。

站在汨罗江畔，屈原在清澈的江水里看见了自己的满头白发，他心里像波浪一样翻腾起来：联盟被小人破坏了，楚国受到了危险，百姓遭到了灾殃……他决心用自己的生命去警告卖国的小人，激发全国百姓的爱国赤诚。

公元前278年农历五月初五这天，屈原抱着一块石头，跳入了汨罗江。翻腾的江水卷起浪花，拥抱着一个伟大的灵魂。

屈原为国捐躯，他的诗歌对后世产生了深远的影响，而他的爱国人格和报国之心，使他成为了一颗光耀历史天空的巨星。

至善至美的崇高道德

阅读链接

屈原抱石投江后，汨罗江附近的庄稼人得到这个消息，都划着小船去救屈原。可是一片汪洋，哪儿有屈原的影儿。大伙儿在汨罗江上捞了半天，也没有找到屈原的遗体。

人们都怀念屈原，每年五月初五这一天，当地的百姓想起这是屈原投江的日子，就划了船把竹筒子盛了米撒到水里去祭祀他。后来，他们又把盛着米饭的竹筒子改为粽子，划小船改为赛龙船。这种纪念屈原的活动渐渐成为一种风俗。人们把每年农历五月初五称为"端午节"。

秦代的扶苏、汉代的武将李广、忠臣苏武、巾帼英雄王昭君，及汉末三国时的诸葛亮，他们作为中国历史上大一统王朝初建时的历史人物，其保家卫国行为，表现出了忧国忧民的精英情怀，丰富和发展了传统的报国思想，对后世具有深远影响。

赤胆忠心

报国志士

扶苏至死报国

■扶苏石刻

长子扶苏

扶苏是秦始皇嬴政的长子，人称"公子扶苏"或"扶苏公子"。据说他的母亲是郑国人，喜欢吟唱《诗经》中的情歌："山有扶苏，隰有荷华。"意思是说，山上有茂盛的扶苏，池里有美艳的荷花。

"扶苏"是古人对树木枝叶茂盛的形容，有香草佳木之意。秦始皇将长子取名"扶苏"，显然对此子寄托着无限的期望。年少时的扶苏机智聪颖，生来一副悲天悯人的慈悲心肠，随着他的成长，在政见上经常与父皇意见相左。

秦始皇横扫六合，意气飞扬，踌躇满志，以为自身成就自上古以来未尝有，五帝所不及。于是，在平定天下后，定帝号为"始皇"，以使后世传至二世三世以至万世。

公元前212年，有两名儒生私下里议论当今皇帝施政太严，事发后双双逃走。秦始皇听到消息后极为愤怒，下令御史进行追查，并借机处死460多名儒生。

■ 秦始皇

对于秦始皇的这种做法，不是秦帝国的政治精英们看不到，而是他们或无仁心，或苟安于富贵，不敢拂逆龙鳞；即或有仁，或为一己私利而无勇以谏罢了。然而扶苏看到了，而且数次直接劝谏父皇。

身为秦始皇长子的扶苏不同意父亲"焚书坑儒"等举措，多次劝阻秦始皇。他说："天下初定，远方黔首未集，诸生皆诵法孔子，今上皆重法绳之，臣恐天下不安。"他希望父皇明察秋毫，赶快终止这种错误的举动。

扶苏说"天下不安"，不仅仅是指那些儒生。在当时，如何巩固秦帝国政权，是每一个秦国执政者最为关心的。除了"车同轨，书同文"这样公认的治国措施外，在国家制度上，在法律实行上，秦帝国众多

五帝 一般是指上古传说中的五位圣明君主。最为流行的说法是黄帝、颛顼、帝喾、尧、舜。其次是朝廷官方祭祀礼仪的专用词汇，是最高祭祀等级的仪式之一，属于大祀，祭祀内容包括作为主祭的五方上帝，以及各自配帝、各自从祀官等一起组合祭祀的仪式，一年一次。

■ 扶苏墓碑

至善至美的崇高道德

精英都有各自的看法，而最终决定权则在秦始皇手中。

扶苏以史为鉴，向父皇表明态度。他认为，应该像周灭殷后那样，施行宽刑简政，与民生息，缓解各方面尖锐重大矛盾。如果动辄重罪，对刚刚建立的统一政权是极为不利的。

扶苏为了天下苍生而请命，可见其仁；宁愿冒着失去父皇信任的巨大危险，而犯颜直谏，可见其勇；冷静地看到秦帝国无比强大表面底下巨大的危机，可见其智。

事实上，秦始皇心里是基本认同扶苏的仁政国策的，但不允许他在自己的有生之年，来推翻自己之前所定的国策。他对扶苏的多次进谏十分震怒，于是，就派他到北方，去协助大将军蒙恬修筑万里长城，抵

匈奴 古籍中的匈奴是秦汉时期称雄中原以北的强大游牧民族，公元前215年被逐出黄河河套地区，历经东汉时期分裂，南匈奴进入中原内附，北匈奴从漠北西迁，中间经历了约300年。匈奴影响了当时的中国政局，《史记》《汉书》等有记载。

御北方的匈奴，希望借此磨砺他的性格。

几年的塞外征战，扶苏已经成长得与众不同。他勇猛善战，立下了赫赫战功，敏锐的洞察力与出色的指挥才能，让众多的边防将领自叹不如。他爱民如子、谦逊待人，更是深得广大百姓的爱戴与推崇。

就在扶苏热切期待回到朝堂一展宏图之时，一场大祸从天而降。

公元前210年农历十月，年逾半百的秦始皇在第五次出巡的途中病倒了。虽然他一生都在寻求着长生不老的秘方，但仍然无法抗拒生命的自然规律。随着病势一天天加重，秦始皇深知自己的大限已到，当务之急是赶快确定立储之事。

秦始皇将20多个儿子一一掂量，最后将权力、责任与希望都交给了扶苏，一个自己不喜欢其直言敢谏，却不得不承认其忠言良策大善的儿子；而且扶苏是长子，是无可争议的第一继承人。他当下招来兼管皇帝符玺和发布命令诸事的赵高，让他代拟一道诏书给长子扶苏。

这时扶苏正在上郡监军，上郡位于现在的陕西榆林东南，秦始皇在遗诏中命他将军事托付给蒙恬，赶回咸阳主持丧事，实际上已确认了他继承者的身份。诏书封好后，秦始皇吩咐赵高火速派使者发出，

■ 徐福和秦始皇雕像

辒辌车 古代可以卧的车，有窗户，闭之则温，开之则凉，后也用作丧车。辕，为车前驾牲口的直木。古代有单辕车和双辕车。单辕车由车舆下方向前伸出一根较直辕木，牵车的马匹分别套在辕木左右两侧。

■骊山秦始皇帝陵

交给自己的大儿子。岂料，老奸巨猾的赵高假意允诺，暗中却扣压了遗诏。

原来，赵高在赵秦两国任事多年，早已谙熟了宫廷权力之争的残酷。他明白，一旦扶苏当上了皇帝，自己必定会受到冷落和排挤，所以，这道遗诏对自己是极为不利的。唯有扶立对自己言听计从的胡亥，才有可能保证自己日后的地位。于是，一个恶毒的计划在赵高的脑海中逐步形成了。

秦始皇病后不久，驾崩于沙丘平台，就是现在的河北广宗西北太平台。丞相李斯鉴于皇上驾崩于皇宫外而太子又未确立，害怕天下人知道真相后大乱，也担心秦始皇的诸多儿子争夺皇位，于是封锁了消息，将棺材置于辒辌车内，队伍所经之处，进献食物、百官奏事一切如故。因此当时除了随行的胡亥、赵高和五六名宠臣知晓秦始皇已逝外，其余的人均被蒙在鼓里。

■李斯石刻雕像

一天傍晚，车队停下住宿。赵高觉得时机已到，便带着扣压的遗诏来见胡亥，劝他取而代之。

胡亥早就梦想有朝一日能够登上皇帝的宝座，只是碍于忠孝仁义而不敢轻举妄动。现听赵高一番贴心之语，蓄蕴已久的野心不禁蠢蠢欲动。但他知道，这事没有丞相李斯的支持不行。于是，赵高愿替胡亥去与丞相谋划。

李斯是秦王朝开国元老之一。他跟随着秦始皇多年了，协助秦始皇统一天下，治理国家，因而在朝中享有很高的声望。赵高看出：只有争取到李斯，篡位之事才有可能成功。为此，他决定用话语攻心说服李斯。

赵高径直找到李斯，有恃无恐地对他坦言："皇上驾崩一事，外人无从知道，给大公子扶苏的诏书及符玺也在我那里，定谁为太子，全在丞相与我一句话，丞相看着办吧！"

李斯大惊，看出了他想篡诏改立的意图。当下断然拒绝，义正词

战争场面

至善至美的崇高道德

严地说："如此大逆不道的话，你怎么说得出口！我本来出身低微，幸得皇上提拔，才有今日的显贵。皇上现今将天下存亡安危托付给你我，怎么能够辜负他呢！"

赵高是何等奸猾之辈，见正面游说无效，便一转话锋，问道："丞相，依你之见，在才能、功绩、谋略、取信天下以及扶苏的信任程度这几方面，你与蒙恬将军谁强呢？"

这句话正好触到了李斯的痛处，他沉默半晌，黯然地说："我不如他。"

赵高装出十分关切的样子，进一步试探道："丞相是个聪明人，其中的利害关系恐怕比赵高看得更清楚。大公子一旦即位，丞相之职必定落入蒙恬之手，到时候，你还能得善终吗？胡亥公子慈仁敦厚，实乃立嗣的最佳人选，希望丞相仔细度量度量。"

赵高的说辞，实在不输于任何一位战国纵横家，危言耸听直指人心，让对方避无可避，逃无可逃。

李斯此刻已经心乱如麻，经过激烈的思想斗争，他终于向赵高妥协了，仰天长叹一声，滴下泪来说道："遭遇乱世，也只能以保身为重了！"

赵高知计已成，欣喜若狂，马上与李斯合谋，假托始皇之命，立胡亥为太子；又另外炮制一份诏书送往上郡，以"不忠不孝"的罪名赐扶苏与蒙恬自裁。

赵高派出的使者抵达上郡，向扶苏和蒙恬宣读伪诏。指责扶苏在边疆和蒙恬屯兵期间，士兵消耗很大，没有一点功劳。还为人不孝，特别是上书直言诽谤皇上，简直是有意夺取皇位，逼其自杀。

扶苏接到诏书后，如晴天霹雳，肝胆俱裂。当即转身回到帐中，就要拔剑自杀。

蒙恬与始皇素日相交甚厚，对这份意外的诏书产生了怀疑，劝阻道："陛下而今出巡在外，又没有立定太子，诸公子必定都虎视眈眈，暗含窥伺之心。他委任你我监军守边，足见信任之深。今天忽然派使者送来赐死命令，怎知不是有诈？不如提出复请，弄清楚再死不迟。"

那使者早就受了赵高、胡亥等人的指使，只在一旁不断大声催促道："请公子奉诏自裁。"

李斯塑像

扶苏一向仁孝，不愿背礼，哪里还去想是真是假，悲伤地对蒙恬说："父赐子死，我不能等待复请！"

蒙恬说："你我手掌重兵，身系国家安危，即使是赐我蒙恬一死，也

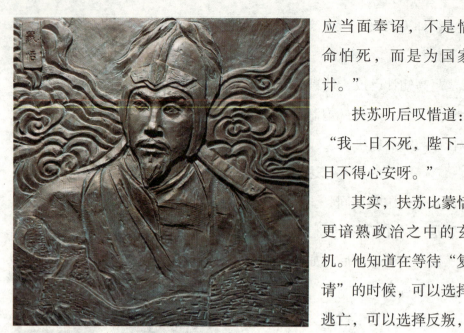

■ 蒙恬铜像

应当面奉诏，不是惜命怕死，而是为国家计。"

扶苏听后叹惜道："我一日不死，陛下一日不得心安呀。"

其实，扶苏比蒙恬更谙熟政治之中的玄机。他知道在等待"复请"的时候，可以选择逃亡，可以选择反叛，只是他不想做罢了。

因为扶苏清楚地知道，秦帝国的巨大危机之下，再也容不得父子反目，再也容不得兄弟阋墙。为了最高执政集团的团结，为了政治精英集团即关中文臣武将的团结，为了关中这个秦帝国最为重要基地的稳定，为了秦帝国千载万世之传承，他只能牺牲自己，只能成为祭品。

于是，扶苏面向都城咸阳，双膝跪地，泪如雨下，说道："臣今日领命而死，以报陛下。"言毕伏剑自尽，时年31岁。

蒙恬不肯不明不白地就死。使者将他囚禁在阳周，兵权移交给副将王离，又安排李斯的亲信为护军，这才回去复命。

胡亥听说扶苏已死，心中大石落地，紧接着，又派人把蒙毅拘留在代地，随后，将秦始皇死讯公

郎中令 古代官名。始置于秦代，为九卿之一，掌守卫宫殿门户。汉代初期沿置，为皇帝左右亲近的高级官职。郎中令职掌主要有两个方面，即主要职掌和其他职掌。主要职掌包括宿卫警备、管理郎官、备顾问应对、劝谏得失、郊祀掌三献、拜诸侯王公宣读策书。

告天下。

葬礼过后，胡亥称帝，称为秦二世。赵高被秦二世封为郎中令，成为了胡亥最亲信的决策者。从此以后，貌似强大的秦王朝，开始分崩离析，步入乱世。

后来的起义军领袖陈胜曾经这样说过："胡亥是秦始皇的小儿子，本不应继位，该继位的是长子扶苏。扶苏贤能，却被二世无故杀害了。"

天地虽大，似再无扶苏存身之地，他为这个已快穷途末路的秦帝国尽了最后一份力，其忠诚报国之心，日月可鉴，遂得以名垂千古。

阅读链接

在陕西省绥德县城东雄伟的疏属山巅之上，耸立着一座长方形的封土堆，这就是"天下名州"的重要名胜古迹之一，被誉为"天下第一太子墓"的扶苏墓。经过了数千年的历史积淀，绥德至今还流传着扶苏敢于直谏、忠诚报国、蒙冤屈死的悲壮故事。

在绥德城内，蒙恬墓和扶苏墓遥遥相望，似乎还在保卫着边关的安宁，诉说着两人精诚团结，逐匈奴、筑长城、修驰道的卓著功劳。这座没有任何修饰的古朴墓冢，让游览至此的人们不禁肃然起敬，哀思不已。

李广誓死捍卫边关

汉代儒家学者以"仁"为最高道德，而儒家伦理中的"报国"思想，同样被人们视为行为准则，并体现在各阶层之中。汉代军事领域的李广就是典型的一例。

■李广画像

李广是汉代陇西成纪人。他的先祖名李信，是秦时著名将军。他们老家在槐里，后迁徙到成纪，就是现在的甘肃天水秦安。李家世代传习射箭。

李广生活的汉代初年，北方的匈奴屡次进犯大汉边境。公元前166年，匈奴又一次大规模入侵边疆，李广以良家子的身份从军攻打匈

■李广故居

奴。因为他精通骑马射箭，消灭和俘虏了很多敌人，因功被选拔出来做汉文帝刘恒的卫兵。

在此期间，李广多次跟随汉文帝射猎。有一次出门打猎时，他看见草丛中的一块大石，以为是老虎，李广手持弯弓，舒展长臂，"嗖"的一声，一箭射去。待走到近前，发现石头吞没了箭头，箭杆还在微微震颤着，在场的人既惊且佩。

李广以前住过的郡里曾经有老虎出现，他亲自射杀了它。在右北平住时，李广射过老虎，老虎跳起来伤了李广，李广最终也射杀了它。汉文帝曾慨叹："可惜李广生不遇时，假如生在汉高祖时，万户侯岂足道哉！"

至汉景帝刘启即位时，派李广做了陇西都尉，后来调做骑郎将。吴楚等七国叛乱的时候，李广担任骑都尉，跟随太尉周亚夫去讨平叛乱。在平叛过程中，

陇西 古代是从地理方位指称陇山，即六盘山以西的地方。古人以西为右，故又称"陇右"，陇右在很多情况下也指甘肃。秦穆公用由余之谋称霸西戎，今天甘肃省天水、甘谷、武山、岷县、陇西、临洮等地在当时纳入秦国版图，公元前280年，在以上地区设陇西郡，后为天下三十六郡之一。

古画《李广射石图》

李广于昌邑城下冲入敌人军阵，夺得了敌军的帅旗，立了大功，以勇而名扬天下。

七国叛乱平定后，李广任上谷太守。后又在北地、雁门、代郡、云中等地做太守，以打硬仗而闻名。参加过平叛任务的将军公孙昆邪给汉景帝上书时说："李广才气，天下无双。"

有一次，匈奴又大规模地侵入上郡，汉景帝派亲信宦官到李广部下接受军事训练，参加抗击匈奴的战争。

一天，这名宦官带领几十名骑兵去刺探军情，忽然遇见3个匈奴人，就与他们打起来。那几个匈奴人射伤了宦官，把几十名骑兵也全射杀了。这名宦官跑回来告诉李广，李广说："这匈奴人一定是射雕手。"说完立刻带领100多名骑兵追过去。

李广命令手下骑兵散开分两翼包围过去，自己搭弓射箭射死了两个，活捉了一个。一问，果然是匈奴的射雕手。他们刚把这位匈奴射雕手捆好，上马准备回军营，远远望见有几千名匈奴骑兵冲过来。

匈奴兵望见汉军这100多名骑兵，以为是汉军派来诱骗他们中计的疑兵，都大吃一惊，立刻上山摆开阵势，准备迎战。

至善至美的崇高道德

李广手下的骑兵，不少人胆战心惊，想要飞快逃回汉营。李广对他们说："我们离开汉营几十里，现在这100多人马往回跑不远，匈奴兵就会马上追过来。现在我们停下来，匈奴兵一定认为我们是主力部队派来诱骗他们中计的，一定不敢来攻击我们。"

接着，李广向手下骑兵发令说："前进！"一直前进到了离匈奴阵地约有两里路的地方才停了下来。然后又发令一齐下马，把马鞍全卸掉。

这时，骑兵们越发急了，说："敌人这么多，而且距离我们这么近，万一情况紧急，又怎么办呢？"

李广说："敌人以为我们会逃走，现在我们下了马，卸了鞍，表示不走，摆出让他们追的架势，他们更加相信我们是疑兵。"

果然，匈奴兵一动也不动地观望着。

匈奴阵地上，有一个骑白马的军官，走出来监护他们的队伍。李广看见了，立刻上马同10多名骑兵飞奔过去，一箭把他射死。然后再回到自己队伍中卸下马鞍，叫士兵们都把马放了，躺下来休息。

恰巧，这时天快黑了，匈奴兵始终捉摸不透，不敢前来攻击。到了半夜，匈奴兵认为汉军就埋伏在附近不敢前进，连夜撤走了。天亮后，李广

■李广画像

赤胆忠心

报国志士

■匈奴武士雕塑

刁斗 古代军队中用的一种器具，又名"金柝""焦斗"。铜质，有柄，能容一斗。体呈盆形，下有三足细柄向上曲，柄首常做成兽头形。军中白天可供烧饭，夜间敲击以巡更。

未央宫 西汉时期皇家宫殿，位于今陕西西安西北，当年位于西汉都城长安城的西南部。因在长乐宫之西，汉代称"西宫"。为汉高祖刘邦于公元前200年在秦章台基础上修建，同年自栎阳迁都长安。

才带着100多名骑兵安全地撤回汉营。

这次遭遇战中，李广体现了其临危不乱而且善于应变的良好品质。士兵们都传颂李广的冷静、机智。

至汉武帝刘彻即位，众臣认为李广是名勇将，汉武帝于是调任李广任未央宫的卫尉。这时大将程不识任长乐宫卫尉，他俩从前都以边郡太守的身份统领军队，却有截然不同的带兵方法。

程不识以严格治军而闻名，他注重部队的编制、队列和阵式，晚上敲刁斗巡逻，军中事务烦琐。士兵们苦于程不识太严厉，都喜欢跟随李广作战。

公元前129年，匈奴又一次兴兵南下，前锋直指上谷。汉军四路出击：车骑将军卫青直出上谷；骑将军公孙敖从代郡出兵；轻车将军公孙贺从云中出兵；李广任骁骑将军，率军出雁门关。四路将领各率1万名骑兵。

这一次，由于匈奴兵多势盛，汉军出师不利。李广终因寡不敌众，在受伤的情况下被俘。

匈奴单于一直就听说李广本领高，是个人才，命令部下说："捉到李广，一定要活的给我送来。"匈奴兵把李广射成重伤，就让他躺在一张网里，挂在并排的两匹马中间抬着走。

李广一路装死，走了10多里，偷眼看见旁边有个年轻的胡人骑着一匹好马，马上要从身边走过。这时，只见李广纵身一跳，跳到那青年的马上夺了弓箭，把那青年推下马去，快马加鞭，向南飞奔。

匈奴反应过来后，派了几百名骑兵追李广一个人。李广一边忍着伤痛飞跑，一边取出那青年的弓箭，转身射杀快追上来的匈奴兵，最后终于脱险，收集余部回到了京师。

李广展现出的惊人骑射技术，给匈奴人留下深刻的印象，这正是匈奴称其为"汉之飞将军"的由来。

李广单骑脱险后，匈奴仍然屡屡进犯，这一次他们攻入辽西，击败了屯兵渔阳的韩安国。于是汉武帝召李广，封他为右北平太守。匈

匈奴骑兵图

长史 古代官名，秦代置。汉代相国、丞相、太尉、大将军、骠骑将军、车骑将军、卫将军、前后左右将军，以及建三公后的大司徒、大司马、大司空皆置，边郡太守也有长史，掌兵马，助太守掌兵，西域长史后代都护成为护理西域之长。

奴听说"飞将军"李广在那里驻守，好几年不敢入侵右北平那一带地区。

公元前121年，李广以郎中令身份率4000名骑兵从右北平出塞，与博望侯张骞的部队一起出征匈奴。李广部队前进了数百里，突然被匈奴左贤王带领的4万名骑兵包围。李广的士兵们都非常害怕，李广就派自己的儿子李敢先入敌阵探察敌情。

李敢率几十名骑兵，冲入敌阵，直贯匈奴重围，抄出敌人的两翼而回。回来后向李广报告说："匈奴兵很容易对付。"李广的军士听了才安定下来。

李广布成圆形阵势面向四外抗敌。匈奴猛攻汉军，箭如雨下，汉兵死伤过半，箭也快射光了。李广就命令士兵把弓拉满不要发射，他手持强弩"大黄"射杀匈奴裨将多人，匈奴兵将大为惊恐，渐渐散开。

这时天色已晚，汉官兵都很害怕，但李广却意气自如，更加致力于整饬军队。军中官兵从此都非常佩服李广的勇气。

第二天，李广又和敌兵奋战。正在这时，博望侯张骞的救兵赶到，解除了匈奴之围。

公元前119年，汉武帝命

■霍去病画像

令大将军卫青与骠骑将军霍去病深入漠北打击匈奴，以彻底根除匈奴。这是汉代朝廷对匈奴采取的最大一次军事行动，规模空前。

李广多次请求随军出征，汉武帝认为他年老未予起用。后来汉武帝终于任命其为前将军，随卫青出征，但暗地里嘱咐卫青不要让李广与匈奴单于正面对阵。

■卫青画像

汉军出塞后，李广希望作为先锋正面对抗单于，卫青不接受他的请求，命令长史下道文书，让李广赶快到所在部队去。

李广内心极其恼怒地回到营中，他没有向卫青告辞就领兵与右将军会合从东路出发了。结果部队因无向导而迷失了道路，落在大军后面，耽误了约定的军期。

在这次大规模的漠北之战中，卫青创造性地运用车骑协同的新战术，命令部队以武刚车"自环为营"，以防止匈奴骑兵的突然袭击，而令5000名骑兵出击匈奴。最后取得辉煌战果，从根本上打击了匈奴的军事力量。

部队胜利会师后，由于要向汉武帝汇报此战的经过，卫青派长史拿了干粮酒食送给李广，顺便问起李

武刚车 古代战车名。最先用它的是汉大将军卫青。武刚车可以运送士兵、粮草、武器，也可以用来作战。作战用的武刚车，车身要蒙上牛皮犀甲，捆上长矛，立上坚固的盾牌。有的武刚车开上射击孔，弓箭手可以在车内，通过射击孔射箭。武刚车环扣在一起，则成为坚固的堡垒。

李广墓

广等人迷路的情况。李广误了军期，要被上报，一时羞愧难当，当着长史的面拔刀自刎。

李广部下从将军到军士、大夫一军皆哭。百姓闻之，无论认识与不认识他的男女老幼，皆为之流泪。

李广爱兵如子，凡事能身先士卒。行军遇到缺水断食之时，见水，见食，士兵不全喝到水，他不近水边；士兵不全吃遍，他不尝饭食。对士兵宽缓不苛，使得士兵甘愿为他出死力。

李广为抗击匈奴，英勇杀敌，报效国家，为保卫边疆安全，立下了汗马功劳，而且机智勇敢，与士兵同甘共苦。他几乎一生都奔驰在北国边疆战场上，是一位充满报国热情的名将。

至善至美的崇高道德

阅读链接

李广墓位于天水市城南石马坪。此是衣冠冢墓，墓冢高约两米，周长26米，墓地有高达6米的碑塔一座，塔前有祭亭3间，均为后世建造，垣墙大门额题"飞将佳城"。墓地中央是一高约10米，周长25米左右的半球形坟堆，四周砌以青砖，青草盖顶，庄严肃穆。

李广墓地祭亭门前有两匹汉代石雕骏马，造型粗犷，风格古朴，但现已磨损残缺，只略存形式了，石马坪也因此而得名。

苏武牧羊不失气节

公元前100年，汉武帝正要派兵讨伐北方的匈奴，忽闻匈奴且鞮侯单于已把过去拘留的汉朝使者全部放回来了，并奉书求和。

汉武帝接见了使者，又看了来书，见匈奴使者和来书均谦卑有礼，心想连年用兵，已使国库空虚，现在如果能同匈奴修好的确是一件好事。

为了表示修好诚意，汉武帝下令释放汉朝拘留的匈奴来使，任命中郎将苏武为使送归。另还特地修书一封，连同大量金银财物一并带给匈奴且鞮侯单于。

谁知那且鞮侯单于并不是真心和好，所以送回汉使，原来是缓兵之计。他见汉天子派苏武送回使者，厚赠金银，认为汉武帝中了他的奸计，更加骄傲起来。

苏武画像

苏武一到匈奴那里，马上就看穿了单于的真相，心想先不露声色，待返回后再启奏皇上不晚。谁知，却偏偏发生了意外。在苏武出使前，汉使卫律背叛朝廷投降了匈奴。

他手下有个叫虞常的人，表面投降了，但内心却在等待时机，希望能立得功劳，重返汉邦。

正好苏武一行到了匈奴，虞常便去拜访他熟识的副使张胜，对他说愿意杀掉卫律。张胜并不和苏武商量，擅自表示同意。不料机密泄露，虞常被捉。张胜害怕了，这才把整个事情经过告诉了苏武。

这时，虞常受刑不过，招出了张胜。单于听了大怒，立刻命令卫律召苏武受审。苏武叹道："辱没了国家的使命，我还有何面目复归汉朝？"拔出佩剑，便向自己的脖子抹去。

卫律大吃一惊慌忙上前抱住，苏武已血流满身，直急得卫律命令左右速去找大夫。经过大夫长时间抢救，苏武终于苏醒过来。

单于非常佩服苏武的气节，暗暗地打起了招降的主意。苏武伤刚好，单于就派人通知他参加判处虞常的事，打算趁机迫令他投降。

至善至美的崇高道德

苏武牧羊

卫律从狱中提出虞常，当场宣告死罪，把他斩首。接着对张胜说："汉使张胜谋杀单于大臣本应处死，如若投降，尚可免死！"说罢便向张胜举起了宝剑。贪生怕死的张胜连说愿降，做了可耻的叛徒。

卫律冷笑着瞅瞅苏武，

厉声喝道："副使有罪，苏君理应连坐！"

苏武说："我本没有和他们同谋又不是他们的亲戚，如何谈得上连坐？"

卫律突然拔出宝剑直逼苏武，苏武把头一昂，毫不动容。

在大义凛然的苏武面前，卫律的手反倒抖了起来，他忙把剑缩了回去一改怒容，和颜悦色地说："苏君，我卫律自从归顺匈奴，深得单于恩宠不但受封为王，拥有数万人众，而且牛羊牲畜漫山。苏君今日若肯降服明日就可以与我一样。可你以血肉去滋润旷野，又有谁会知道你呢？"

■《苏武牧羊图》局部

苏武听了，连眼皮都没抬一下。

卫律又说："苏君若归降，我愿与君结为兄弟，若不听我劝，恐不能再见我了。"

苏武听到这里，不禁勃然大怒，站起身来直指着卫律斥骂道："卫律，你做人家的臣下和儿子，不顾及恩德义理，背叛皇上、抛弃亲人，在异族这里做投降的奴隶，我为什么要见你！"

一席话把卫律骂得哑口无言，脸由白变红，一直红到脖子根。

匈奴见劝说没有用，决定用酷刑。当时正值严冬，天上下着鹅毛大雪。他们把苏武关进一个露天大

单于 是匈奴人对他们部落联盟的首领的专称。单于始创于匈奴著名的冒顿单于的父亲头曼单于，之后这个称号一直继承下来，直至匈奴灭亡为止。而东汉三国之际，有乌丸、鲜卑的部落使用单于这个称号。后改称大单于，地位已不如以前。

苏武牧羊

地窖，不给饭吃，不给水喝，希望这样可以改变苏武的信念。

苏武躺在地窖里不由思绪万千，他想起自己的使命，想起家中的妻儿老母，想起了那雄伟壮观的长安城。他越来越感到饥饿难忍，但地窖里除了一块破毡之外，什么东西也没有。饿极了，他就撕块破毡放进嘴里，再把手伸向门外，抓回一把雪来，就着雪把毡吞下去。就这样一连过了许多天，竟然没有饿死。

迷信的单于以为神灵在保佑苏武，不敢杀害他，就把他流放到北海（今贝加尔湖）荒无人烟的地方，给他一群公羊让他放，说等到公羊下了小羊，才准许他回国。

在荒无人烟、茫无边际的草原上，生存是极其艰难的。没有粮食苏武就挖野菜捉老鼠充饥。他早已把生死置之度外，却始终手持汉武帝给他的旌节，无论白天还是晚上睡觉，这旌节从来没有离开过他。

一连过去了19年。19年来虽然单于多次派人劝降，但苏武矢志不移，他说："我不能对不起皇上，不能对不起祖宗，不能对不起父母之邦。"

苏武经常孑然一人，怀抱着旌节，凝神南望，心中反复地重复着自己的信念："总有一天，我会举着这旌节重返故国的！"

有一天，苏武听到汉武帝去世的消息，万分悲痛，面向南方，放声大哭，以致口吐鲜血，每天早晚哭悼，长达数月。不久，当初下令囚禁苏武的匈奴且鞮侯单于也去世了，这时候，新单于执行与汉朝和好的政策，希望与汉朝廷建立和好关系。

汉昭帝即位后，匈奴和汉达成和议。汉代朝廷要求匈奴归还苏

至善至美的崇高道德

武，但新执政的匈奴单于却撒谎说："苏武已经病死了。"

后来，汉朝使者到匈奴去，当年苏武的副使，坚决不降，被罚做苦工的常惠听说了，他设法见到了汉使，叙述了详情，并同使者一起商量好了救出苏武的计策。

第二天，汉使又去见单于，假说大汉天子在上林苑中射到一只大雁，雁的脚上系着帛书，帛书中清楚地写着苏武在北方的沼泽之中。单于只好把苏武等人送还。

坚强不屈的苏武终于回来了，都城长安的人们听到消息后，都自动拥到大街上迎接。苏武当年出使时年方40岁，现在已步履蹒跚；当年跟随他出使的共有100余众，于今生还者只有9人。人们看着须发尽白的苏武手执已经光秃秃的旌节，带领着饱经磨难的同伴们一步步走来的时候，无不感动得热泪滚滚。

苏武拜见汉昭帝，交回旌节。年轻的汉昭帝手抚旧节，听着苏武的叙述，眼泪扑簌簌而下。大臣们没有一个不流泪的，人们被苏武和他的同伴们深深地感动了。

苏武一生坚信报国的理想，"言必信，行必果，已诺必诚"。他那不屈不挠、爱国报国的赤胆忠心，永久地留在了中华民族的史册中。

阅读链接

苏武归汉后，汉昭帝下令叫他带一份祭品去拜谒汉武帝的陵墓和祠庙。任命苏武做典属国，俸禄2000石，赐钱200万、官田两顷、住宅一处。过了几年，汉昭帝去世后，苏武参与了谋立汉宣帝的计划，赐封关内侯，食邑300户。

因苏武是节操显著的老臣，汉宣帝只令他每月的初一和十五两日入朝，尊称他为德高望重的"祭酒"，非常优宠他。苏武把所得的赏赐，全部送给弟弟和过去的邻里朋友。

王昭君以身和亲安邦

如果说李广、苏武是汉代报国的典型，那么王昭君的报国，则是以她自己的方式向人们展现了一个巾帼不让须眉的伟大情怀。

王昭君像

那是西汉元帝时，生于南郡秭归的王昭君被选入汉宫做了宫女。而这个时候，正是汉王朝和匈奴的关系发生变化的时候，王昭君的命运也随着形势的变化而发生了重大改变。

原来，匈奴族自冒顿单于以来，150多年间称雄塞北，自誉为"天之骄子"，与西汉王朝分庭抗礼。

从汉高祖至汉文帝、汉景帝时，由于国家初建，百废待举，对匈奴族的侵扰只能采取和亲的羁縻政策。汉武帝时，国力强盛，对匈奴的侵扰掳掠进行了反击。匈奴贵族的力量被大大削弱，而汉王朝也耗费了大量人力物力。

公元前60年，匈奴虚闾权渠单于死亡，匈奴贵族内部因继位问题而分裂，至公元前57年，形成了"五单于争立"的混战局面。呼韩邪单于在混战中获胜，但自己的力量也大为减损，部众只剩几万人。不久又被新立的郅支单于打败而陷困境。

■ 昭君出塞图

此时，呼韩邪单于接受了左伊秩訾王的建议，率部南下附汉。先遣子入侍，后于公元前51年入汉称臣，朝见汉王朝皇帝汉宣帝。

汉朝廷以高于诸侯王的礼节接待呼韩邪单于，入境时派专使迎接，朝见时赐以冠带衣裳、黄金玺绶及锦绣杂帛8000匹、絮6000斤。并接受他的请求，允许他们住在漠南光禄塞一带。当时匈奴正缺粮食，汉朝又调拨边谷粮食34000斛以救济匈奴人民。

公元前33年，呼韩邪单于第三次来朝见，自言愿意当汉家女婿，以进一步亲近汉朝。

即位不久的汉元帝闻知此事，决定从宫女中选人和他成亲。于是传旨众宫女："愿嫁匈奴单于者报名。"宫女们跪了满地，听旨知道是嫁给远在漠北的

羁縻政策 "羁"就是用军事和政治的压力加以控制，"縻"就是以经济和物质利益给以抚慰。是自秦代建立郡县制起至宋元交替时期前，朝廷笼络少数民族使之不生异心而实行的一种地方管理政策。通过这种政策，处理中央与地方少数民族聚居的关系，以维系中央集权制度。

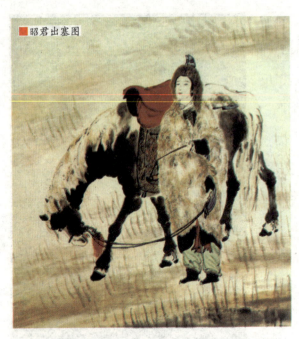

昭君出塞图

匈奴单于，个个噤若寒蝉，都无应声。

王昭君闻旨后，自然也免不了思绪翻腾。她想起初入宫时自己曾有过美好的幻想，即能侍奉皇上，把民间疾苦讲给皇上听，劝皇上勤政爱民，使国家兴盛，百姓安乐，自己也不枉远离亲人入宫的一生。但入宫数年，别说侍奉左右，就连皇上的面也没见过，尽忠不能、尽孝不得，这样白白消磨岁月的日子，谁知道要过到几时。

王昭君想，与其这样老死在宫中，还不如应诏和单于成亲，出塞侍奉单于左右，日日好语奉告，使双方长久友好，省刀兵之事。在有生之年，使国泰民安。即使生前远离故土，死后身埋荒漠，也无愧一世为人了。想到这里，王昭君下了自请和亲的决心。

汉元帝听到她应召的禀报，也很赞叹她的勇气。吩咐准备丰厚的嫁妆，择日成亲。

成亲那天，呼韩邪单于先朝见汉元帝。汉元帝也命王昭君上殿与呼韩邪见礼。随着"王昭君上殿"一声旨令，阶下一位绝代佳人缓步登殿，大礼拜见。

只见王昭君容貌丰美，服饰漂亮，使汉宫为之生色、增光。又见她镇定从容，不卑不亢；端庄有礼，仪态万方，使人注目，为之倾倒，肃然起敬。就连汉元帝也为之动容，想不到自己的后宫竟有这样才貌双全的美人，怅然若失之情油然而生。但面对群臣，岂能失信，于是转而祝贺呼韩邪单于得配佳人。

呼韩邪单于激动万分，他感谢汉元帝给准备的丰厚嫁妆，更感谢把这样美的女子嫁给他。他再次拜伏于朝堂，表示决不负汉朝厚恩。

呼韩邪单于回去后，又上书汉朝廷说：

愿保边塞上谷以西至敦煌，传之无穷，请罢边备塞吏卒，以休天子人民。

大汉君臣相信呼韩邪单于这是真诚的誓言。为此，汉元帝决定把这一年改元为"竟宁"，就是边境从此安宁之意。

王昭君带着汉家的厚望跟随单于到漠北的单于庭，开始了住穹庐、食畜肉、乳酪的生活。呼韩邪单于对她又敬又爱，封她为"宁胡阏氏"，意思是给匈奴族带来安宁的皇后。

王昭君对单于也谦恭有礼，并善待单于周围的人。她经常劝导单于牢记汉朝厚恩，维护两族和好，使天下人安乐。语言不通，她认真学；生活不习惯，她努力适应。呼韩邪单于关心她、体贴她，对她言

王昭君出塞

听计从。

不久，王昭君为呼韩邪单于生了儿子，取名为伊屠知牙师。从此王昭君的生活又增添了新的内容。她精心哺育孩子，因为孩子不仅是自己和单于的骨肉至亲，也是汉匈两族友好事业的继承人。

王昭君和呼韩邪的阏氏及婢女们也友好相处，教她们缝衣刺绣技术，向她们学习匈奴话，给她们讲故乡的山水人物，讲勤政爱民的君主，讲深明大义的后妃，讲忠贞节义的臣下。她知书达理、宽厚待人，赢得了上上下下的爱戴和尊敬。

呼韩邪单于病故后，长子雕陶莫皋继位，称为复株累单于。匈奴习俗："父死娶其后母"。他一向敬慕王昭君，便要求娶她为妻。对汉族人来说，这是乱伦行为。王昭君上书汉成帝，请求归汉，避免这难堪的事情。

即位的汉成帝和朝臣商量一番，认为既嫁到匈奴，还是服从匈奴习俗为好。作为一个和亲使者，若不能遵其习俗，不仅伤害单于的感情，而且直接影响两族间的友好。于是敕令王昭君从胡俗。

王昭君从敕令中体会到自己与单于婚姻关系的深远意义，于是，

至善至美的崇高道德

王昭君出塞

塞外昭君图

她打破汉人传统的伦理观念，再嫁给复株累单于，继续履行其和亲使命，以成全汉匈两族的友好事业。

王昭君与复株累单于生二女，长女称须卜居次，次女称当于居次。她经常教育儿女，一定要继承前辈开创的基业，为汉匈两族的繁荣昌盛而尽力。并身体力行，履行和亲使命到最后一息。

王昭君是一位胆识俱备的巾帼英雄，她的远嫁塞外和亲，在汉匈关系中具有重要意义并产生深远影响，使汉匈60年没有发生过战争，为汉代边疆稳定和社会发展做出了重要贡献。

阅读链接

王昭君与西施、貂蝉、杨玉环并称为中国古代四大美女，有"闭月羞花之貌，沉鱼落雁之容"。"闭月"是指貂蝉拜月，"羞花"是指杨贵妃观花，"沉鱼"是指西施浣纱，"落雁"是指昭君出塞。

据说王昭君出塞时，一路上马嘶雁鸣，悲切之情，使她心绪难平。她在坐骑上拨动琴弦，奏起悲壮的离别之曲。南飞的大雁听到这悦耳的琴声，看到骑在马上的这个美丽女子，忘记摆动翅膀，跌落地下。后来，"落雁"也就成了王昭君的雅称了。

诸葛亮为国鞠躬尽瘁

东汉末年，刘备听闻诸葛亮有治国才能，3次前往其居住之地卧龙岗，拜请诸葛亮出山辅佐于他，终于请得诸葛亮出山。从此以后，诸葛亮辅佐刘备，屡献计谋，帮助刘备建立了蜀汉政权。

诸葛亮画像

219年，蜀主刘备在汉中之战中斩杀曹操名将夏侯渊，击败曹操，占据战略要地汉中。

在这样节节胜利的情况下，刘备部将关羽孤军北伐曹魏，虽然水淹七军、擒于禁、斩庞德、威震华夏、围曹仁于襄阳，取得了军事上的空前胜利，但是荆州后方空虚，东吴吕蒙以白衣计乘机夺取荆州，最后关羽被吴军擒获，遭到杀害。

刘备闻知后以全国之兵去讨伐吴国为关羽报仇。结果被陆逊击败，败退到白帝城。由于兵败，加之痛思关羽，以致忧虑成疾。刘备知道自己病难以治好，便派人日夜兼程赶到成都，请诸葛亮来嘱托后事。

诸葛亮留太子刘禅守住成都，带刘备的另外两个儿子刘永、刘理来到白帝城，进了永安宫，看到刘备病得不成样子，慌忙拜倒在刘备跟前。

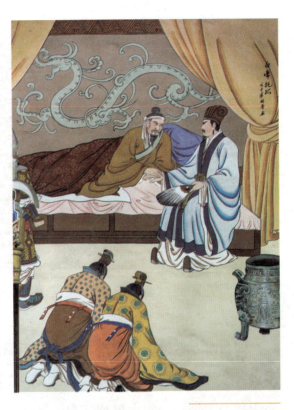

■ 白帝城托孤

刘备叫诸葛亮坐在旁边，用手摸着他的肩背说："自从得了丞相，我发展了自己的事业，但是现在，我这病是难好了，我儿子能力太弱，不得不将大事托于你。"说完，泪流满面。

诸葛亮也哭着说："望陛下保重身体。"

刘备用眼睛看了看左右的将官，见马谡也在身边，就叫暂时退出，然后对诸葛亮说："马谡言过其实，不能重用，对于他，丞相要慎重考察。"

说完，刘备召集众将官到齐，拿笔写遗嘱，交给诸葛亮感叹地说："我本想和你们一同消灭曹丕，不幸中途分手。麻烦丞相把我的遗嘱交给太子刘禅，以后一切事情都望丞相指点。"

白帝城 位于重庆奉节县瞿塘峡口的长江北岸，奉节东白帝山上，三峡的著名游览胜地。原名"子阳城"，为西汉末年割据蜀地的公孙述所建，公孙述自号白帝，故名城为"白帝城"。刘备临终之际，曾于白帝城附近的永安城永安宫托孤于诸葛亮。

诸葛亮治蜀图

诸葛亮拜倒在地上说："望陛下好好安息，臣等一定全力效劳，辅助太子。"

刘备叫左右的人扶起诸葛亮，一手掩盖眼泪，一手握住诸葛亮的手说："我现在快要死了，有心腹的话要说。"刘备说："先生才干高于曹丕十倍，一定能办成大事，如果刘禅可以帮助就帮助，实在不行，你就做两川之主。"

诸葛亮听到这话，立即哭拜在地说："臣一定尽力辅助太子，鞠躬尽瘁，死而后已！"说完，叩头在地。

刘备听到这里，双眼一闭，撒手人寰。终年63岁。

诸葛亮辅佐后主刘禅治理蜀汉。为了蜀汉基业，诸葛亮实行了一系列比较正确的政治和经济措施，使蜀汉境内呈现兴旺景象。

为了实现全国统一，诸葛亮决定北上伐魏夺取魏的长安。临行之前，诸葛亮上《出师表》给后主刘禅，以恳切的言辞，针对当时的局势，反复劝勉后主刘禅要继承先帝遗志，广开言路，严明赏罚，亲贤臣，远小人，完成兴复汉室的大业。也表达了诸葛亮报答先帝的知遇之恩，出师"北定中原"的坚强意志和对蜀汉忠贞不贰的品格。

228年春，诸葛亮令赵云等做疑兵，摆出由斜谷攻郿城的态势以吸引魏军；自己则率主力向祁山方向进攻，陇右的天水、南安、安定等郡相继叛魏降蜀，又收服了姜维，一时关中大震。

就在这时，马谡违背诸葛亮的部署，为张郃所败，丢了街亭；赵云等出兵也不利，诸葛亮只得退回汉中。不久，天水、南安、安定3郡又叛蜀附魏。

同年冬，诸葛亮趁陆逊在石亭打败曹休之际再次出散关，包围陈仓，攻打20多天未破。此时，魏的援军赶到，诸葛亮不得已又退回汉中。

229年，诸葛亮第三次北伐。蜀军进攻武都阴平，打败魏援军，占了这两郡，留兵据守，自己率部回师。次年魏军进攻汉中，诸葛亮加强防守，又增调援军，再由于连续大雨，子午谷、斜谷等道路不通，魏军撤退。

231年，蜀军包围祁山，魏军统帅司马懿迎击，诸葛亮准备决战。

■诸葛亮大战魏军

司马懿知蜀军远来，军粮不多，凭险坚守，拒不出战。诸葛亮想用退兵的办法引诱敌人，但司马懿追赶很谨慎，蜀军一停，他就扎营拒守。

此时李严假传刘禅要求退兵的圣旨，加上蜀军粮草将尽，诸葛亮只得班师，在归途中以伏兵杀了魏国名将张郃。

234年春天，诸葛亮经过3年劝农讲武的准备，在斜谷口再率10万大军出斜谷口，同时派使臣到东吴，希望孙权能同时攻魏。

司马懿知蜀军再次出兵，料知蜀军远来，粮草运输困难，便筑营阻拦，不与蜀军作战，想把蜀军拖垮。诸葛亮也有准备，在渭水分兵屯田，做长期战争的打算。诸葛亮在这次出兵前曾与孙权约定同时攻魏，不想吴军10万攻魏不胜，撤回江东，所以蜀军只得与魏军单方面周旋。

这年，诸葛亮积劳成疾，病情日益严重，不久就与世长辞。姜维等遵照他的遗嘱，秘不发丧，整军退入斜谷。

诸葛亮神机妙算、忠心报国、忠心耿耿的品质，1000多年来，已经在人们的心目中根深蒂固，成为中华民族历代相传的优秀品质。

至善至美的崇高道德

阅读链接

诸葛亮对后世的影响非常深远，人们为了纪念他，建有三处武侯祠。

四川省成都武侯祠原为汉昭烈庙，昭烈为刘备死后的谥号。武侯祠因诸葛亮生前被封为武乡侯而得名，明代初期与昭烈庙合并，为蜀中著名的历史旅游名胜之一。

南阳武侯祠，又名"诸葛亮庵"，位于中国河南省南阳卧龙岗，始建于魏晋时期，是投魏之蜀国故将黄权修建的大型祠堂群。

陕西省汉中市武侯祠，位于沔县，始建于263年，为最早的武侯祠，故而被称为"天下第一武侯祠"。

以身许国

历史上有许多尽忠报国、慷慨悲歌的爱国志士。如誓死保家卫国的杨业，胸怀爱国壮志的辛弃疾，以死报国的文天祥。他们在民族危亡的关头，挺身而出，力挽狂澜，是可敬的爱国人物。

明代名将戚继光在倭寇侵扰的形势下苦练精兵，誓死杀敌。而清代的林则徐、史可法、关天培这样的民族英雄，同样以他们的壮举展现出伟大的报国精神。

文天祥正气以死报国

文天祥是南宋吉州庐陵，即现在的江西青安人。他从小就喜欢读书，尤其爱读忠臣烈士的传记，这些传记给他很大的影响。

文天祥画像

有一天，文天祥来到吉州的学宫瞻仰先贤遗像。他看到吉州的欧阳修、杨邦乂、胡铨的遗像肃穆地陈列其中，十分钦佩和敬慕。这些忠烈之士都是本乡本土的人，他们能做到的，他觉得自己也应做到。

1256年，文天祥赴京师临安参加科举考试。考官把他的卷子列为第七名，宋理宗亲临集英殿阅读考生的卷子，亲定名次，把文天祥取为一甲第一名，文天祥时年21岁。

文天祥所处的时代，正是蒙古统治者向南方不断进犯的时代。面对强悍的蒙古铁骑，文天祥力主抗元。他知道自己人微言轻，而且多言招祸，可面对社稷人民，他选择毫不犹豫地挺身而出，向皇帝上书，指出迁都之议是小人误国之言，应以斩首。还建议改革政治、扩充兵力、抗蒙救国。可惜宋理宗没有采纳他的建议。

1260年文天祥被任命为建昌军仙都观的主管。由于皇帝

■ 文天祥雕像

不纳谏，重用奸臣，文天祥愤而辞职，后被朝廷贬到地方上任职，治理今江西高安市，当时称为"瑞州"。

瑞州曾遭蒙古人蹂躏。文天祥履任后实行宽惠政策，尽力安抚百姓，筹集资金建立"便民库"，供借贷和救济之用，使地方秩序重新恢复过来。他还修复了一些古迹如"碧落堂""三贤堂"等，新建"野人庐""松风亭"等，以发扬先贤的民族正气，鼓舞人民的爱国精神。瑞州在文天祥治理下，百废俱兴。

1273年，朝廷起用文天祥为湖南提刑，掌管狱讼，他推辞不了，唯有启程上任。随后被委任为赣州知州。

在赣州期间，他办事分外勤谨，主张对人民少用刑罚，多用义理，所属10个县的人民对他非常爱戴，加以这年风调雨顺，稻谷丰收，出现了短暂的安乐景象。在赣州不到一年，蒙古大举南侵，南宋到了

文信国公真像

文天祥画像

最危险的时刻，文天祥结束了15年的宦海浮沉，踏上戎马征途。

1275年正月，文天祥接到朝廷专旨，命他疾速起发勤王义士，前赴行在。文天祥立即发布榜文，征募义勇之士，同时筹集粮饷。他捐出全部家财做军费，把母亲和家人送到弟弟处赡养，以示毁家纾难。

在文天祥的感召下，一支以农民为主、知识分子为辅的爱国义军在极短时间内组成，总数达30000人以上。起兵勤王在文天祥的生活中揭开了新的一页。文天祥起兵后，积极要求奔赴前线阻击元军以扭转战局。但遭到朝廷中主和派权臣阻挠。文天祥愤而上书抗辩，社会舆论普遍支持他，连太学生也上书抨击投降派。在各方面舆论压力下，朝廷终于颁旨召文天祥领兵入京。

1275年8月，文天祥率部到达临安，一路秋毫无犯，声威大震。不久常州告急，朝廷命文天祥率军保卫平江。

文天祥从大局出发，派义军重要将领尹玉、朱华、麻士龙率3000人归张全节制，增援常州兵力。这时，蒙古铁骑攻破常州、平江后，临安危急。主和、主战两派意见分歧各行其是。文天祥和江万载、张世杰主战，三人联名奏请朝廷背城一战。但他们的救国方略得不到朝廷支持。

1276年1月，蒙古铁骑分三路围困临安。朝廷命文天祥为右丞相兼

至善至美的崇高道德

枢密使，出使元军大营，以便一窥虚实。文天祥以浩然的态度和蒙古交涉，却被蒙古统帅伯颜扣留。

文天祥虽然被拘禁，但不甘心失败，又不肯归顺。伯颜没有办法，决定把他送往元大都。在途中，文天祥逃去，辗转回到南宋管辖的地方。

文天祥计划在闽、广重举义旗，团结各方义兵，统一部署，复兴南宋。他在南剑州开督府，福建、广东、江西的许多文臣武将、地方名士、勤王军旧部纷纷前来投效，很快组成了一支督府军，规模、声势比勤王军大得多。

在文天祥的领导下，江西的抗元军事行动进行得如火如荼。各方义军配合督府军作战，分别夺回会昌、雩都、兴国，分宁、武宁、建昌等地。临川、洪州、袁州、瑞州的义兵都来请求督府节制。文天祥统一部署，挥师席卷赣南，收复了大片土地。

蒙古铁骑发起大规模的进攻。文天祥被朝廷外派南剑州开督府，由于文天祥督府军没有作战经验和严格训练，战斗力不强，在元军铁骑猛烈的冲击下，文臣武将或死或降，文天祥一家只剩下老少三人。

文天祥虽然受着国破家亡和妻离子散的巨大打击，但没有动

■ 文天祥浮雕

南剑州 古代地名，现在是福建南平市，延平区一带，位于福建省北部，地处武夷山脉北段东南侧。因传说"干将莫邪"在此"双剑化龙"而得名"剑州""剑津"。后为与四川剑州区别，所以又名"南剑州"。

摇其抗元意志。他带兵入粤，在潮州、惠州一带继续抗元。

1278年12月20日，文天祥不幸在五坡岭被一支偷袭的蒙古铁骑俘获。他吞下两粒龙脑毒药自杀守节，但药力失效，未能殉国。

元将张弘范看见文天祥，连忙上前相迎，文天祥却转过身体，以脊背相对。张弘范恬不知耻地说："文丞相，你的为人我一向敬佩。古人说，识时务者为俊杰，只要你写一封信给张世杰叫他投降，那么，你还可以当丞相。"

张弘范原是南宋将领，后来为了个人富贵投降了元军。文天祥怒斥他道："无耻之儿！"

张弘范说："文丞相，刚者易折啊！"

文天祥断然说道："宁折不弯！"

张弘范"嗖"地抽出寒光逼人的宝剑说："你硬还是我的剑硬？"

文天祥神色坦然，大步向剑尖撞去。

张弘范顿时吓得连连退步，祈求说："文丞相，何必轻生呢？你给张世杰写封信吧！"

文天祥站住，说道：

■文天祥铜像

文天祥祠堂牌匾

有宋存馬

"拿纸笔来！"张弘范以为劝降成功，喜形于色，赶紧递过纸笔，只见文天祥挥笔疾书：

辛苦遭逢起一经，干戈寥落四周星。
山河破碎风飘絮，身世浮沉雨打萍。
惶恐滩头说惶恐，零丁洋里叹零丁。
人生自古谁无死，留取丹心照汗青。

写完，文天祥冷笑一声说："你拿去吧。我兵败被俘，再不能捍卫父母之邦，已深感无地自容。怎能写信去叫别人背叛国家呢？只有你这样的软骨头，才甘心做元军的奴才！"

张弘范又向文天祥劝降说："现在宋朝已亡，你的责任尽到了，如果你投降元朝，仍然可以做宰相。"

元朝廷看到劝说无用，就给文天祥上了刑具，关在一间阴暗潮湿的监牢里。就在这样的牢房里，文天祥被关了4年，受尽了苦难和折磨，但丝毫没有动摇他以死报国的决心。

在这里，他写了许多诗篇，《正气歌》就是其中最著名的一篇。它表达了文天祥反抗元军的思想感情，同时歌颂了春秋战国时期许多忠君爱国的勇士。他决心要向他们学习，保持自己的浩然正气，决不

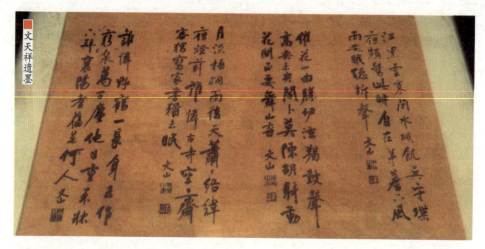

贪生怕死，屈膝投降。

　　文天祥的妻子欧阳夫人和两个女儿柳娘、环娘被元军俘虏后送到大都，元朝廷想利用骨肉亲情感化文天祥。文天祥一共育有两子六女，当时在世的只剩此两女，年龄都是14岁。

　　文天祥接到女儿的信，虽然痛断肝肠，但仍然坚定地说："人谁无妻儿骨肉之情，但今日事已如此，于义当死，乃是命也。奈何！奈何！"又写诗道："痴儿莫问今生计，还种来生未了因。"表示国既破，家也不能全，因为骨肉团聚就意味着变节投降。

　　元朝廷看到文天祥不肯投降，还是不死心。最后，元世祖忽必烈决定亲自劝降。忽必烈见到文天祥时，文天祥不肯下跪，忽必烈的左右强行要他下跪，文天祥坚立不动，从容地说："我大宋已经灭亡了，我应当赶快死！"

　　忽必烈劝诱说："你只要用对待大宋的心来对待我，我就封你做宰相。"文天祥仍不理睬。忽必烈又说："你如果不愿做宰相，就请你做别的官，怎么样？"

　　文天祥斩钉截铁地说："我只求一死就够了！"

　　1283年1月，文天祥被押赴刑场。这一天，兵马司监狱内外，布满了全副武装的卫兵，戒备森严。上万市民听到文天祥行将就义的消息，

至善至美的崇高道德

就聚集在街道两旁。从监狱到刑场，文天祥走得神态自若，举止安详。

临刑前，朝廷官员问他说："你有什么话说，告诉皇帝，还可以免死。"

他回答："死就死，还有什么话可说！"他没有忘记南方的国家，向南方下拜说："我能够报国的机会，也已经没了。"说完，从容就义，年仅47岁。文天祥遇害后，文夫人在收殓他的遗体时，发现他的衣袋里写着下面一段赞词：

孔曰成仁，孟曰取义，

惟其义尽，所以仁至。

读圣贤书，所学何事，

而今而后，庶几无愧！

文夫人向文天祥的遗体致哀，含着眼泪默念："夫君，你的死，重于泰山；我一定把你的遗言传给子子孙孙。"

在国运衰颓的危急时刻，文天祥为挽救国家危亡，以"留取丹心照汗青"的气概，进行了百折不挠的苦斗。他以死卫国的精神，已经成为中华民族精忠报国世代相传的典范。

阅读链接

南宋末年著名的民族英雄文天祥少年时生活困苦，在好心人的帮助下才有机会读书。文天祥少年时就一身正气。

有一次，文天祥被有钱的同学误会是小偷，文天祥据理力争，不许别人践踏自己的尊严，终于证明了自己的清白。

通过这件事，文天祥更加树立了自尊自强的决心，凡事要求自己做得正、行得直，在同学中树立了很好的形象。通过努力，文天祥终于金榜题名，就此可以实现报效国家的志向了。

戚继光挺身驱逐倭寇

戚继光雕塑

在明代保家卫国英雄的名单中，著名抗倭将领、军事家戚继光是非常醒目的一位。他率军于浙、闽、粤沿海诸地抗击来犯倭寇，终于扫平倭寇之患，被现代国人誉为"民族英雄"。

戚继光是明代山东蓬莱人，出生在一个世代担任武职的将门之家。由于家教的影响，他从小就接受了抵御外侮的爱国思想。

在明世宗的时候，日本的一些封建诸侯纠集武士、商人和海盗经常在中国东南沿海一带骚扰，杀人放火，抢劫财物，闹得

■ 戚继光操练水军图

人民不得安宁。沿海居民非常痛恨他们，称他们为倭寇。

戚继光17岁那年，担任了登州卫指挥佥事，开始了他的戎马生涯。这个具有爱国思想的年轻人，看到沿海不平静，曾慷慨赋诗说："封侯非我意，但愿海波平。"表达了他保卫国家海疆的志向。

1555年，戚继光调到浙江，担任参将。他到任不久，就在温州、台州一连几次大败倭寇，成了远近闻名的勇将。

在军事实践中，戚继光深感当时军队素质太差，缺乏训练，战斗力弱，军纪又坏，无法战胜倭寇。于是他编练了以农民和矿工为主的3000名新军，并根据南方地形特点，创造了名为"鸳鸯阵"的新阵法。

鸳鸯阵 古代军事阵法之一。明代军事将领戚继光所创，以形似鸳鸯结伴而得名。此阵主要是为了对付倭寇而设置，行动方便，长短兼具，攻守兼备。此阵通过变阵可达到"正"对"奇"的功效，对于戚继光之后发动的抗倭战争有很大的贡献。

戚继光雕像

这种阵法可攻可守，作战灵活，特别便于近距离作战，大大增强了战斗力。他还招募渔民，组成一支水军，从海陆两方打击倭寇。

戚继光非常重视部队的军纪。一方面，他经常给战士们讲述杀敌卫国，保护家乡，爱护人民的道理，使战士齐心合力，刻苦练兵；另一方面，他制定了严格的军纪，赏罚严明。他规定，擂鼓该进，就算是前面有水火，也要奋勇前进；鸣锣该退，就算是前面有金银，也要坚决后退。

经过戚继光的训练，一支作战勇敢，纪律良好的军队形成了，被人们称为"戚家军"。

"戚家军"刚练成，倭寇大举侵犯浙江台州的消息就传来了。戚继光率军进剿。敌人一闯进戚继光摆的"鸳鸯阵"，刀、枪、藤牌就像一阵暴风骤雨，密密层层向他们压了过去。

倭寇一部分被当场杀死，一部分被赶到灵江里淹死了。"戚家军"大获全胜，从倭寇手里，救回了被掳去的百姓5000多人。

时隔几天，戚继光又在处州上峰岭布下天罗地网，以少胜多，歼敌2000多人，充分显示了他出奇制胜的指挥艺术。

接着"戚家军"又在台州地区与倭寇进行了10余次战斗，连战皆胜，把倭寇全部赶出了浙江。

"戚家军"打出了军威，名震天下，老幼皆知。大军凯旋时，台州百姓官吏出城相迎。

倭寇慑于戚继光的威名，又把骚扰的矛头指向了福建沿海。戚继光又奉命出师福建。在极端困难的情况下，戚继光巧施妙计，"戚家军"奋勇杀敌，在宁德、牛田、林墩接连打了3个胜仗，杀敌数千，捣毁敌人的大小巢穴数十座。当地百姓出城远迎，慰劳品塞满街道。

戚继光婉言拒绝了对他个人的祝贺，他想到牺牲的士兵，难过地说："士卒伤亡，我何忍受贺。"他带着深切的感情下营帐看望伤兵，亲自抚恤阵亡将士的家属，穿上素服，声泪俱下地哭祭阵亡士兵。戚继光爱兵如子的将风，深深感动了全军将士，杀敌逐倭的士气越来越高昂。

"一年三百六十日，多是横戈马上行。"经过戚继光等将领10余年来统率沿海军民，浴血疆场，英勇战斗，东南沿海的倭寇被彻底肃清了，人民又开始了安居乐业的生活。

戚继光平定倭寇，保卫海疆，在中华民族反抗外来侵略的历史上，写下了光辉的一页。他的爱国思想和丰功伟绩，人民永远不会忘记。直至今天，浙江、福建一带还流传着"戚家军"英勇杀敌的故事，保存着大量戚继光和"戚家军"的遗迹。

阅读链接

传说，戚继光军中指挥作战的大皮鼓有一次被山里的猴子偷盗了，猴子在山坡上有板有眼地擂着，还学着戚家军演练排阵的架势。戚继光计上心来，命将士们捕捉了许多山猴置于笼内，并安放在校场边，让猴子天天观看将士们操练。数月，一支令行禁止的猴军诞生了。

倭寇再次来犯，戚继光把军队埋伏于山林中，把火器分发给猴兵，猴兵纷纷蹿入敌营，放起火来，敌阵中火烧连营，倭寇纷纷抱头鼠窜。戚继光挥军掩杀，不足半个时辰，全歼倭寇。

史可法凛然血染扬州

在明代保家卫国英雄的名单中，还有一个人的名字同样夺人眼目，这就是明代末期政治家、军事统帅史可法。他因抗清被俘，不屈而死，是著名的爱国将领。

史可法是明代末期祥符，即现在的河南开封人。1628年考取进士，最初授西安府推官，1643年7月拜南京兵部尚书，参赞机务。就在史可法到南方的第二年，清军统帅多尔衮大举南进，于1644年5月初占领了北京。

史可法画像

消息传到了江南，明陪都南京的官员，此时大致分为两派，一派是以南京兵部尚书史可法为代表的爱国大臣；另一派则是以凤阳总督马士英为代

■ 史可法练兵塑像

表的卖国官僚。马士英为了便于自己弄权，拥立福王朱由崧即皇帝位，建立了历史上称为"弘光王朝"的南明政权。

1645年3月，清军大举南进，于4月17日对扬州采取了包围的攻势。正直有为、忠贞爱国的大臣史可法，被投降派马士英之流从南京排挤到扬州任督师。当清军进逼扬州时，史可法立即发出紧急命令，要各镇派兵救援扬州。

但是，那些不顾国家安危的将官只谋私利，不顾大局，竟没有一个听命而来的。史可法只能率领本城军民，构筑工事做迎战准备。

4月18日，扬州陷入了被清军层层包围的孤立无援的态势。南下清军的统帅是摄政王多尔衮的兄弟定国大将军豫亲王多铎。他为了不战而成大功，进而利用史可法的威望收服江南，就叫明降将李遇春，拿着

弘光王朝 是由朱由崧于1645年在南京建立的政权，定年号"弘光"，国号依旧为"明"，史称"南明"。朱由崧是明思宗朱由检堂兄，福恭王朱常洵的儿子。明思宗朱由检自杀后，他在南京被拥立为皇帝。

招降书去劝诱史可法投降。

李遇春来到城下，见史可法威风凛凛地站在城楼上，怒目向着自己，先就气馁了三分。他不敢下马，双脚踩着马镫，拱手作揖道："史督师在上，恕末将甲胄在身，不能全礼！"

史可法嘲问道："我是大明朝的督师，请问，你又是哪一朝的'末将'？"

李遇春臊红了面皮，定了定神说："督师忠义大名闻于华夏，都得不到朝廷信任，死又何益？还不如协助大清朝取天下。"

"无耻！"史可法大怒，从腰间摘下宝雕弓，抽出狼牙箭，搭上弦，拉弓欲射。

李遇春大惊失色，把马缰一提，抱头鼠窜而去。

多铎见劝降不济事，又强迫当地乡民拿着劝降书，进城去见史可法。史可法看都不看，弃之护城河。

敌楼 城墙上御敌的城楼。也叫"谯楼"。敌楼是古代军事设施的一大特殊建筑。有些敌楼的飞檐上，装饰有各种花卉、兽类的雕刻，还有个别造型奇特的敌楼。每一座敌楼的四面墙上都有射击孔、瞭望孔，楼内容纳人数不等。

094

至善至美的崇高道德

■ 史可法与将领研究阵法

多铎不死心，又接二连三地写劝降书，史可法仍是连看也不看，连着3次把劝降书扔进护城河。

史可法蜡像

扬州城中有一个总兵官和一个监军，在清军诱降下发生了动摇。第二天夜里跑到史可法住处，惴惴地说："明朝大势已去，我们不如投降清军吧！"

史可法微微冷笑，严声厉色地说："我早已准备好死在扬州，要我投降休想！"那总兵和监军连夜溜出城门，投降了清军。

史可法对投降变节分子十分鄙视，自己早已做好了一死的决心，并给母亲、妻子写好了遗书。

总兵和监军投降后，扬州城中军心发生动摇，史可法传令全体官兵，向大家讲话："这几天军情紧急，扬州是江北的重镇，如有差失南京很难保住。我切望将士们一致努力，不分昼夜，严密防守。倘有人造谣生事，惑乱人心，一定按军法治罪！"

史可法心中又急又难过。想到军心涣散，扬州难守，南京势急，国家危亡，不禁热泪夺眶而出，放声痛哭。

听着史可法痛切的哭声，将士们无不受感动，再也不能沉默，不约而同地喊道："我们一定尽力守城！"

史可法拭去眼泪，向大家行礼致敬，当众下令，把军队分成三部分，一部分迎战，一部分守城，一部分巡查。接着，史可法宣布了临阵军令："上阵如不利，退守城防；守城不利，展开巷战；巷战如不利，短兵相接；短接如不利，为国自尽！"

在史可法的指挥鼓舞下，壮烈的扬州保卫战开始了。

4月22日，清军开始攻城。明军出城交战失利，退守城内。清军用大炮轰射，把城墙上部打开了好些缺口。史可法命人用大沙袋堵住缺口，继续战斗。鏖战一整天，清军死伤了几千人。

清军自从一年前入关以来，所到之处，很少遇有像扬州军民这么坚强抵抗的，更没有一个封疆大吏和城池共存亡过。多铎对扬州军民和史可法恨到极点，连续3天攻城不克，于4月25日对扬州发动了疯狂的总攻击。

扬州各处城门，以西城受到的攻击最厉害，史可法就亲自在这里防守。清军集中大炮向城墙的西北角轰击，终于打开了一个大缺口。大队清军士兵，就从这个缺口像洪水一般涌进了扬州城。

史可法见扬州城已被攻破，悲愤不已，拔出宝剑朝脖子上抹去。在他身边的史德威等人，连忙抱住他的身子，夺下手中宝剑。

史可法已为剑刃所伤，战袍溅满了鲜血。他严厉地对史德威说："我命令你把我杀死！"

史德威知道，史可法不愿被俘受辱，决心以死殉国，所以这么下命令。但他又怎忍心杀死敬爱的督师呢？他和几十个士兵一起，簇拥着史可法走下城墙，打算从东门逃出，再图后举。

这时，清军已进扬州中心，明军将士和百姓正同清军展开巷战，许多人在短兵相接的格斗中牺牲。史可法等还没走到东门，就有一队清兵迎头挡住了他们的去路。

既然到了清兵面前，他挺身而出，大声疾呼："史可法在此！"清兵越拥越多，最后捉住了他，送到多铎那里。

多铎见了史可法，不敢怠慢，恭敬地说："前些天我曾3次致书给先生，都没得到回答，如今先生为明朝尽到了忠义，我想请先生替大清朝收拾江南。先生如能俯允，必当授以重任！"

史可法听了大怒，义正词严地斥道："我是大明朝臣子，岂可苟且偷生，做万世罪人！我头可断，志不可屈，愿速速就死！"

多铎已知徒费口舌，终于露出了狰狞的嘴脸，却又假惺惺地对史可法说："你既然是忠臣，我就杀了你，成全你的名节吧！"

史可法道："与扬州共存亡，是我早已决定的志愿，纵然劈尸万段，我也在所不惜。但是扬州百万生灵，你们不可杀戮！"

就是在生命最后一刻，这位爱国先辈还拳拳怀念着国家，深切眷恋着人民！

扬州城被攻破时，都督刘肇基带领残部400多人和全城人民一起与清军巷战，直至矢尽力绝，没有一个投降的。

史可法就义后，有人企图寻找他的遗体，但由于扬州经过巷战，加上天气溽热，尸体已腐烂不可辨认。第二年清明节，人们把史可法生前穿的衣袍，葬在扬州门外梅花岭，这就是现在还时时有人凭吊忠魂的史可法衣冠冢。

阅读链接

史可法坐镇扬州时，有一天深夜，他让厨师拿点酒菜上来。第二天早晨，文武官员来到督师衙门，却见大门紧闭。大家很纳闷，督师平时都是起得很早的。这时，有个士兵出来说督师昨夜喝了点酒。史可法一觉醒来，发觉天已大亮，赶紧处理公务。

史可法的酒量本来很大，昨天大年夜太疲乏了，想提提精神，才破例喝了一点。边喝边为国事的艰难、朝廷的腐败而痛苦得落泪，不禁多喝了几盅，随后睡着了。后来为此，史可法彻底戒了酒。

林则徐虎门销烟壮举

清代报国思想更强调国家利益高于一切，因此在国家和民族利益遭到侵害之时，仁人志士便以奋力报国的雄心壮志，赶赴危难，捍卫国家利益，维护民族尊严。清代后期政治家、思想家林则徐就是这样的人。

林则徐画像

林则徐出生于清代福建福州一个较贫寒的家庭。他26岁考中进士后，先后在北京和外省担任官吏。他体察民情，惩办贪官污吏，治理江河，兴修水利，一时贤名满天下。

林则徐主张学习西方的先进技术，派人去澳门了解西方国家的动态，购买西方的书报，组织人力进行翻译，编译出《四洲志》等书籍。因而被称为近代史上"第一个睁眼看世界的人"，这也致使他成为鸦片战争中的风云人物。

林则徐生活的时代，正值欧洲第二次工业革命。在利益驱动下，英国殖民者为了获得高额利润，向中国大量倾销鸦片，以此来打开中国市场。仅1838年，就向中国贩运鸦片4万多箱。

鸦片又叫"大烟"，可以作为药材少量使用，又是一种极容易上瘾的毒品。长期吸食就会使人精神萎靡，骨瘦如柴。鸦片的泛滥，无情地毒害人们的肌体，也使大量的白银外流，在当时已成为一个威胁民族生存的严重问题。中华民族处在危难之中。

■林则徐雕像

目睹烟毒泛滥，林则徐忧心如焚。他在给道光皇帝的奏章中，痛陈鸦片危害的严重性：

　　　若犹泄泄视之，是使数十年后，中原
几无可以御敌之兵，且无可以充饷之银。

林则徐应召到京后，向道光皇帝申述了自己的禁烟主张和准备采取的措施。道光皇帝采纳了他的主张，任命他为钦差大臣，去广东查禁鸦片。

1839年3月，林则徐到达广州后，立即和邓廷

《四洲志》是林则徐主持编译的一部世界地理著作，简要叙述了亚洲、欧洲、非洲、美洲30多个国家的地理、历史和政治状况，是中国近代第一部比较系统的世界地理志书。此书实为开风气之先的创举，而作者林则徐也被后人称为开始"睁开眼看世界的第一人"。

鸦片战争 时间是1840年至1842年。是中国近代史的开端。林则徐虎门销烟后，英国以此为借口，决定派出远征军侵华。鸦片战争使中国开始沦为半殖民地半封建社会，也揭开了近代中国人民反抗外来侵略的历史新篇。

趸船 无动力装置的矩形平底船，固定在岸边，最初仅作为浮码头使用，用于装卸货物或供行人上下，后随着时代的发展，也被用于商业、娱乐及水上学校等。

■ 林则徐禁烟

桢、关天培商定加强防务；号召揭发烟犯的贩毒情况；下令查封广州所有的烟馆；逮捕61名勾结洋人的重要烟贩；勒令外国商人3天内全部缴出所存鸦片，并写下"永不敢夹带鸦片，如有带来，一经查出，货尽没官，人即正法"的书面保证。

林则徐毅然表示："若鸦片一日不绝，本大臣一日不回，誓与此事相始终，断无中止之理。"

在英国驻中国商务监督查理·义律的指使下，英国烟贩用搪塞手段敷衍，只肯交出1000多箱鸦片，并虚伪地表示不再进行鸦片交易，妄图蒙混过关。

林则徐没有被英国侵略者这种狡猾的伎俩所欺骗，他已查出停泊在伶仃洋面上22艘英国鸦片趸船，每艘囤积的鸦片都在1000箱以上。

林则徐下令传讯拒不缴烟还阻挠别人缴烟的英国大鸦片贩子颠地。颠地在查理·义律的庇护下，连夜惊慌逃跑，在中途被愤怒的群众抓回来。

义律见蒙混不成，竟以武力相威胁，命令伶仃洋

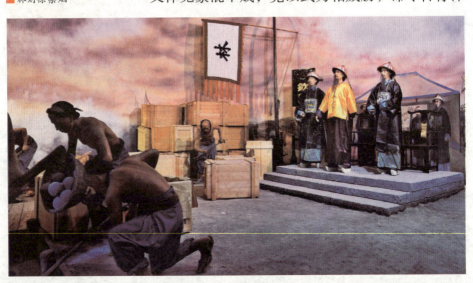

■ 林则徐虎门销烟
浮雕

上面的鸦片趸船开走，摆出战争的姿态。

林则徐无所畏惧，果断地命令水师炮舰游弋沿海，截住了英国的鸦片趸船；派兵封锁洋人商馆，撤退商馆中受外商雇用的全部中国人员，断绝对外商的一切贸易和供应。

外国商人蜷缩在商馆里，在饮水和食品上都发生了困难。3天之后，义律终于低下了头，无可奈何地缴出所有鸦片。连同美国商人缴出的鸦片，共计2万箱加上2000多袋，重230多万斤，价值800多万两白银。

1839年6月3日，晴空万里，虎门海滩庄严热闹。林则徐登上虎门海滩的礼台，亲自主持销烟。在礼台不远的地方，人们向两座50米见方的大池里，先后倒入海盐和鸦片，鸦片被盐卤泡透后，再抛下石灰。顿时，池水沸腾，烟雾翻卷。

不久，通海的涵闸被打开，满池子被销毁的鸦片

巡抚 官名。中国明清时地方军政大员之一。又称抚台。巡视各地的军政、民政大臣。清代巡抚主管一省军政、民政。以"巡行天下，抚军按民"而名。清代巡抚是一省最高军政长官，具有处理全省民政、司法、监察及指挥军事大权。

渣沫泻进了茫茫大海。成千上万围观的人群里，迸发出一阵又一阵欢呼声，声浪远胜过虎门的海涛。

虎门销烟，历时23天，震惊中外，揭开了中国人民近百年来反侵略斗争的序幕。

1840年6月，恼羞成怒的英国侵略者出动军舰、运输船40多艘，士兵4000多人，陆续开到广州附近海面，悍然发动了鸦片战争。

林则徐立即组织广州军民奋勇抵抗，他号召："如英夷兵船一进内河，许以人人持刀痛杀。"

水军出其不意地烧毁敌舰，群众在外岛水源投放毒药，英军只能困守海上，不敢进犯内河，企图侵占广州的计划终于成为泡影。英国侵略军见无隙可乘，便沿海北上，于1842年攻破吴淞，闯进长江，直逼南京。腐败无能的清朝统治者苟且偷安，屈膝求和，同英国签订不平等的《南京条约》。

鸦片战争失败后，清王朝竟归罪于林则徐，将他撤职查办，又充军到新疆。3年后才被赦回，并委以陕西巡抚、云贵总督等职。1850年，林则徐因病逝世，终年65岁。

林则徐虎门销烟，书写下近代反侵略斗争的壮丽篇章，它庄严地向世界宣布：中国人民是不可侮的！

阅读链接

林则徐年少时就特别聪明，读了很多的书，反应机敏，常常出口成章。有一次参加童子试，其父怕他走路累了影响考试成绩，便让他骑在自己肩上赶路。

来到考场，主考官见林则徐年少，有意考考他，即景出了一上联，让他对下联，作为进考场应试的条件。此上联写道："子骑父作马。"林则徐不慌不忙，一边下地，一边应声答出下联："父望子成龙。"主考官听了林则徐的下联，频频点头，赞不绝口，十分高兴地放林则徐进了考场。

至善至美的
崇高道德

仁爱孝悌

传统美德的集中体现

仁爱孝悌是中华民族的传统美德，也是华夏民族优秀品质中最具特色的部分。"仁"是道德精神的象征，在先秦时期就已经成为世俗道德生活中最普遍的德行标准。

"仁"德的核心是爱人，其根本是孝悌。孝悌之德的基本内容是父慈子孝、兄友弟恭，它在先秦时期社会生活中具有崇高的地位，得到普遍的奉行。

由此形成一种浓烈的家族亲情，对家庭关系，从而也对社会的稳定起到了极为重要的作用，是民族团结的基石。

立之以范

先贤表率

周公以孝悌服天下

　　舜帝开创的道德文明，至西周时期得到了继承和发扬。西周时期，以周公为代表的思想家和政治家，注重仁爱天下，强调孝悌之行。

周公旦画像

　　周公是被公认的儒学奠基人，他所倡行的仁爱孝悌，是儒家道德修养的重要标志，逐渐发展成为了中国传统文化的重要组成部分。

　　周公，又称周公旦，是西周初期人，是周武王的弟弟。周公旦对父亲周文王姬昌非常孝顺，仁爱之心胜过其他兄弟。周文王过世后，他又以仁爱之心辅佐周天子，天下人无人不钦佩。

東征平叛

■ 周公东征图

周武王姬发即位后，周公辅佐周武王，处理了许多政务。公元前1066年，武王讨伐商纣王。周公辅佐周武王，最后打败商纣王，灭商建周。

周武王封纣王的儿子禄父为殷君，让自己的弟弟管叔鲜、蔡叔度辅助他治理。同时大封功臣、同姓和亲戚。周公的封地在曲阜，封号是鲁公。但周公并没有去封地，而是留在朝廷辅佐周武王。

周武王战胜纣王后，天下还没有完全统一，周武王却患了病，病情十分严重。大臣们都感到恐惧，太公望和周召公想用占卜弄清楚吉凶。

周公道："不能让我们的先王忧虑悲伤。"周公于是以身为质设立了3个先王的祭坛。

周公向北站立，手捧玉璧玉圭，向周代3个先王的灵位祈祷说："你们的长孙周王发积劳成疾，如果3位先王欠上天一个儿子，请让我代替周王发。现在

祭坛是古代用来祭祀神灵、祈求庇佑的特有建筑。先人们把他们对神的感悟融入其中，升华到特有的理念，如方位、阴阳、布局等，无不完美地体现于这些建筑之中。祭祀活动是人与神的对话，这种对话通过仪礼、乐舞、祭品，达到神与人的呼应。

■ 周公辅政图

至善至美的崇高道德

我通过占卜的大龟听命于先王。"

周公命史官记下这些祝词，然后在3位先王灵前占卜，占卜的结果表明是大吉。又开锁查看秘密藏在柜中的占卜书也是吉象。

周公命人将册文收进密柜，然后进宫祝贺周武王说："您没有灾祸。我刚才接受了3位先王的命令，让您只须考虑周室天下的长远利益，不要担心别的。"也许是神灵保佑，第二天，周武王的病果然就好了。

后来，周武王去世，年幼的周成王即位。周公担心有人乘机起兵背叛朝廷，引起天下大乱，就暂时代替周成王处理政务，主掌国家大权。

管叔和他的几个弟弟在国中散布流言说："周公阴谋篡夺王位。"

周公告诉太公望、召公说："我不避嫌疑代理国

史官 中国历代均设置专门记录和编撰历史的官职，统称"史官"。各代对史官的称谓与分类多不相同，但主要可以分为记录类和编纂类两者。史官后来演化出专门负责记录的起居注史官和史馆史官，前者随侍皇帝左右，记录皇帝的言行与政务得失。

政，是怕有人背叛周王室，没法向我们的先王交代。3位先王为天下大事长期操劳，现在刚刚成功，武王早逝，成王年幼，我只是为了稳定周王室的事业才这样做的。"

周公派儿子伯禽代替自己去鲁地受封，临行前语重心长地对伯禽说："我是文王的儿子、武王的弟弟、成王的叔父，在天下人的心目中，我的地位不算低了，但我却忙得洗一次头要3次提起头发，吃一顿饭要3次吐出正在咀嚼的食物，赶着去接待贤士。即使这样，我还生怕失掉了天下的贤士。你到鲁国以后，千万不要因为地位高贵而怠慢他人。"

不久，管叔、蔡叔、武庚等人率领淮地部落起来造反。周公奉周成王的命令，带兵东征。他顺利地平定了叛乱，安抚了商的遗民。周公在两年内完全平定

■ 周公吐哺图

■ 周公辅政蜡像

了淮地和东部其他地区，各诸侯国都归了周王室。

　　周成王长大以后，周公就把政权交给周成王。周公站在臣子的位置上，谨慎恭敬地辅佐周成王，像踏着薄冰走路一样小心翼翼。

　　周成王执政后，对周公不满的人造他的谣言，说他有野心，想篡权。周公无法辩解，只好去了楚国。

　　一天，周成王命人打开藏着秘密文件的小柜子，发现里面有一册文书，原来是周公写着"王年龄幼小，冒犯神灵的是旦，希望神灵把灾难降到旦头上，饶恕王"。

　　原来，周成王小的时候，曾患过很重的病，看着快不行了。周公把自己的指甲剪下来，到黄河岸边祈祷，写下这份祝词，希望自己能代替周成王去死。

　　这份文书藏在密柜中。周成王看了这份祝词后，感动得泪流满面，连忙派人去楚国迎回周公。周公回都城后，担心周成王年轻，忽视国家大事，就写了《多士》《无逸》两篇文章。

周公在文章中讲述商、周的贤王勤勉治国和商纣王误国的历史，阐明了历代兴亡成败的道理，希望周成王能学习先代圣贤的榜样，做一个英明的君主。

当时天下虽已安定，但朝廷的官职制度还未安排得当。于是周公写了《周官》，划定百官的职责；又写了《立政》，规定执政者要为百姓做好事，百姓都欢欣鼓舞；并制定了一套完备的礼乐和典章制度。

周公辛勤操劳国事，积劳成疾，患了重病。临终时他说："一定要把我埋葬在成周，以此来表示我不敢离开周成王。"

周公去世后，周成王把他埋葬在毕邑周文王的墓旁，表示自己不敢把周公当作臣子。毕邑位于现在的陕西省咸阳市北。

周成王下令，特准鲁国在举行郊祭和祭祖时，让周公享有和周天子一样的礼乐，以褒奖周公的德行。

周公制礼作乐，建立典章制度，尤其是以孝悌之道辅佐周天子，对历史产生深远影响。周公思想对儒家的形成起了奠基性的作用，汉代时的儒家曾经将周公、孔子并称。

阅读链接

据说周公去世那年秋后，庄稼尚未收割，一场暴风雨袭来，庄稼倒伏，大树连根拔起。王都的人见了十分害怕。

周成王痛哭着说："今后不要再笃行占卜了！过去周公为王室辛苦，但我年幼不理解，现在上天发怒来彰明周公的功德，我要设祭欢迎神灵。"周成王于是举行祭天仪式。

祭天之后，大风转向，倒伏的庄稼全部重新站立起来。当年天下大丰收。人们都说，周公对同胞的挚诚不但感动了周成王，更感动了上苍。

孔子践行仁爱之道

青年孔子像

周公宣扬以仁爱治天下，强调孝悌之行，这一思想到了春秋时期的孔子这里，又有所发展。孔子创建的仁爱思想，是孔子认为的理想人格，也是儒家思想的重要组成部分。

孔子强调，为仁要身体力行，反对花言巧语的伪饰和卑躬屈膝的奉承。在孔子看来，仁者心地坦荡无私，无患得患失之念，所以"仁者不忧"。

在鲁国，有一位非常节俭的人，做饭用的是瓦做的炊具。有一天，他做了一些食物，自己吃了以后觉得味道很美，便装到了一个盛羹的瓦器里，特意献给孔夫子尝尝。

孔子接受以后，显得很高兴，就像接受了三牲的馈赠一样。

孔子的弟子子路问道："阔口的瓦盆，是一种简陋的器皿，煮的食物也不过是很普通的东西，先生您为什么会高兴得这样啊？"

孔子说："善于进谏的人，他心中常会想到君王；吃到美味的人，心中会想起父母。我并不是因为所馈赠的食物丰厚，是因为他吃到好东西就想到我啊！"

■ 孔子杏坛讲学图

有一次，孔子到了楚国，有一位捕鱼的人，送来一条鱼，孔子不肯接受。

捕鱼的人说："天这么热，市集又很远，没有地方去卖啊，想到如果把它丢在污秽的地方，还不如送给君子食用，因此我才敢冒昧地拿来送给您啊！"

孔子听后，很恭敬地拜了两拜，接受了这条鱼，并让弟子们把室内打扫干净，准备把它作为祭品供献给祖宗神灵。

孔子的弟子很是奇怪，问道："那捕鱼的人，是打算把它丢弃的，先生您却用它来做祭品，这是为什么呢？"

孔子说："我听说，爱惜食物，不愿它腐坏，将食物施与别人，这与心存'仁爱'的人是同一类的。

儒家 又称儒学、儒家学说，或称为儒教，是以奉信以孔子为先师，以"儒"为共同认可符号，各种与此相关，或声称与此相关的思想道德准则，是中华文明最广泛的信仰构成。春秋战国时期，孔子在鲁国讲学，以"诗、书、礼、乐、易、春秋"之六经为经典，奠定了儒家的最早起源。

孔子雕塑

如此，哪有受到仁爱之人的馈赠，却不拿去祭祀祖宗神灵呢？"

在这个故事中，孔子看到的是送食人的心境，而非馈赠食物的厚薄，可见孔子的一颗仁者之心。

渔者将欲弃之鱼，拿来献给孔子，孔子却用来祭祀，他的做法令人不解。而且，孔子还以很恭敬的心来接受这条鱼。致使学生产生疑惑向孔子请问。孔子这才向学生解释道，一个珍爱食物，不愿随意浪费之人，与仁人君子是同一类的啊，他们所献来的食物，焉能不用来祭祀呢？

天地化育万物，何其不易。一粥一饭，半丝半缕，是多少人的血汗，若在艰难困苦的日子里，食物就更显得珍贵。一个爱惜粮食物品之人，知道体恤他人的付出，也有一颗知恩感恩之心，不忍随意践踏、浪费。这样的人，心存仁爱，是与仁人君子同样的境界。孔子将这鱼用来祭祀，也是对仁爱之人的尊重。

孔子的弟子高柴，字季羔，也叫子羔，憨直忠厚，在春秋时期，担任卫国的刑官，为官清廉，执法公平。有一次，有一个人犯了法，季羔按刑法下令砍掉了他的脚。

不久，卫国里发生了卫灵公之子蒯聩兴兵作乱之事，季羔因此逃了出来。当季羔逃到了城门口时，竟发现守城门的人恰是那位被他砍掉脚的人。

这位守城人一看是季羔，不但没有借机抓他，反

卫灵公 是春秋时期卫国第二十八代国君，也是著名的昏君之一，以其爱好男宠，多猜忌，而且脾气暴躁而留下不好的史学评价。但卫灵公的作为也有双面性，他擅长识人，知人善任，也正是依靠他提拔的3个大臣仲叔圉、祝鮀、王孙贾的合作，才使卫国的国家机器运行正常。

告诉季羔说："那边有一个缺口，可以跳出城去。"

季羔答道："君子是不会去逾越围墙的。"

守城人停了一下，想了想，又告诉季羔说："在那边有一个小洞，也可以爬出城外。"

季羔又答道："君子是不会从洞里钻出去的。"

搜捕的人眼看着就要到了，危急之下，守城的人左右看看，马上告诉季羔说："这有一间房子，先生您或许可以先藏一下！"

于是季羔就躲进了房子里。

过了不久，追捕的人停止了搜索，季羔也得以安全了。当季羔正准备从那里离开时，心中感谢守城的人，对他说道："我不能违背法令，亲自下令砍了你的脚，如今我在危难之中，这正是你报仇的好时机，你反而3次让我找机会逃走，这是为什么呢？"

祭祀 是华夏礼典的一部分，更是儒教礼仪中最重要的部分，礼有五经，莫重于祭，是以事神致福。祭祀对象分为3类：天神、地祇、人鬼。天神称祀，地祇称祭，宗庙称享。祭祀的法则详细记载于儒教圣经《周礼》《礼记》中，并有《礼记正义》《大学衍义补》等书进行解释。

■ 孔子讲学图

守城人说："砍了我的脚，是因为我犯了罪，这是无可奈何之事。可那时，您按法令来治我的罪，叫行刑的人先砍别人的，再砍我的，是希望我能得到机会侥幸赦免啊！我知道案情已经查明，罪行也已判定了，可等到要宣判定刑的时候，您那忧愁的样子，都显现在了脸上，我是看在眼里的，难道您对我有什么偏爱吗？上天诞生了一个有道德修养的人，本来就应该如此啊，这便是我敬重您的原因。"

孔子听说了此事，禁不住赞叹道："季羔真是善于为吏啊，同样是执行法令，想着仁爱宽恕就可以树立恩德，若加以严酷暴虐就要结成仇怨。秉公办事，仁爱存心，这是季羔的做法啊！"

犯罪判刑，理应依法办理，有法可依，违法必究，自然不可徇私悖理。故被砍去脚的守城人在受到刑罚之后，自知是自己违背法令所受的惩罚，心中没有可怨，季羔也是秉公处理，并无私心私怨。

然而，季羔虽判人刑罚，却也不失他的仁爱存心，于心不忍，在最后时刻，仍尽己所能，希望能帮助犯者有所减轻。在将要宣判时，心中忧愁自然形之于色，受刑者见之，也能感受到季羔的不忍。虽执

孔子齐馈女乐图

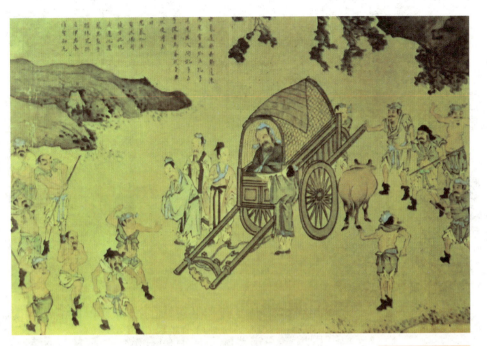

■ 孔子蒙难于匡图

法以公，但居心以仁，由此也让受刑者敬重。

　　被砍去脚的守城人也是明理之人，虽被处以刑罚，但自知是自己过错，没有半点埋怨之意。在季羔受难之时，本可以借此报怨，却仍帮助季羔躲过劫难，也确是知情达理。也正因为他深知季羔的仁德，敬重季羔的为人，故三次相助，让季羔得以脱难，此举同样为人敬佩。

　　孔子认为，具有仁的品德的人还无所畏惧，敢于坚持真理，"仁者必有勇，勇者不必有仁"。当君子在国家危亡之际、人民困苦之时，他能凭借仁智勇挺身而出，不顾惜自身生死存亡。

　　公元前500年，鲁定公与齐景公要在夹谷举行盟会，孔子正任鲁国的代理国相。

　　孔子对鲁定公说："臣听闻以和平解决国与国之间的争端，必定要有武力做后盾；以战争解决国与国

君子 特指有学问有修养的人。"君子"一词出自《易经》，被全面引用最后上升到士大夫及读书人的道德品质始自孔子，并被以后的儒家学派不断完善，成为中国人的道德典范。"君子"是孔子的人格理想。君子以行仁、行义为己任。《论语》一书，所论最多的，均是关于君子的论述。

■ 孔子畅谈图

至善至美的崇高道德

之间的纠纷，也要有和平解决的准备。古代诸侯同时离开国境，一定要配备应有的官员作为随从，请君上配备左右司马随行吧！"

鲁定公接受了孔子的建议，配备了掌管军事的左右司马。到了盟会的地方，除土为坛，上设席位，用土垒成三级的阶梯，以诸侯会遇的礼节与齐侯会了面。宾主互相揖让着登上坛，又互相敬完了酒。然而，齐方却暗地里让武士手执兵器，鼓噪喧呼，想要劫持鲁定公。

当此危急之际，孔子立即登上阶梯，走向前，扶着鲁定公退下坛来。

随后，孔子对着鲁国的卫士们说："你们可以拿起兵器杀了他们。我们两国君主结盟，边远的东夷，战败的俘虏，竟敢称兵闹事，破坏两国友谊，这不是齐君对待别国诸侯的道理。边远的人不应参与中夏的政事，东夷之属不应干扰华夏的活动，俘虏不得干预

司马 殷商时代始置，位次三公，与六卿相当，与司徒、司空、司士、司寇并称"五官"，掌军政和军赋，春秋、战国沿置。汉武帝时置大司马，作为大将军的加号，后也加于骠骑将军，后汉单独设置，皆开府。隋唐时期以后为兵部尚书的别称。

盟约，兵士不得威逼友邦。以神道来说是不祥，从道德而言是违义，于人之交往是失礼。齐君必定不会这么做。"

齐侯听了很惭愧，于是挥了手让武士退避下去。不久，齐人又演奏起宫中的音乐，还使歌舞杂技的艺人嬉戏于前，以此想戏弄鲁定公。

孔子见了，立刻上前，登阶而上，还有一个阶梯来不及登便高声说："匹夫惑乱侮慢诸侯，论罪当杀，请右司马赶快行刑吧！"

齐侯不料有此结果，紧张起来，脸上露出了羞愧的神情。

在将要正式订盟的时候，齐人又故意在盟约上加了一条说："如果不派出兵车300乘跟着我军去征战，就要像盟约中所约束的那样。"

孔子也不甘示弱，他回答道："若不归还侵占鲁国汶阳之田，而要我军遵照出兵之命的，也同样受到盟约的制裁。"

之后，齐侯准备要宴请鲁定公，孔子对着齐国的

东夷 是古代中原人们对东方民族的泛称，非特定的一个民族，所指代的概念随着中原王朝疆域的变化而屡屡变化。夷又有"诸夷""四夷""西夷""南夷""九夷"等称。随着东夷与华夏的融合，汉朝之后，东夷变成对日本等东方国家的泛称。

🔴 孔子教学图

孔子读书图

大夫梁丘据说道："齐鲁两国的传统制度，先生难道没有听说过吗？盟约已经订好，如果又要设宴来招待，不是太麻烦你们的官员吗？而且牛形或象形的酒器是在宗庙与宫廷内用来祀神或宴宾的，不应当拿到野外来；飨宴的音乐，也是设于宗庙或宫廷，不应到野外来合奏。宴会上如果配齐了这些东西，那就是丢掉了先王之礼；如果不配备这些东西，那就丝毫价值也没有。没有丝毫价值，我会感到羞辱，丢弃先王的礼节，齐侯会因此背上恶名。您何不仔细考虑考虑？说到宴会，那是显示一种政治道德和政治风度的，如果显示不出来，那还不如作罢的好。"

于是，齐侯最终没有设宴来招待鲁定公。

齐侯回到国内，为当日的事颇感羞愧，便责怪他的群臣百官说："鲁人拿君子的道义去辅佐他的君主，你们却使用夷狄的办法来教我，使我犯下不少过错。"于是，齐侯便归还了过去侵占的鲁国四邑以及汶阳的田地。

孔子身为大儒，万世师表，他文质彬彬，言行有礼，有着君子的和善风范。然而在陪同鲁定公与齐景公会晤时，面对齐人种种阴谋与无礼挑衅，在情势危急之下，他却能当机立断，勇气十足，并且

齐景公（约前561年—前490年），春秋后期的齐国君主，他的大臣中有相国晏婴、司马穰苴以及梁丘据等人。他的身边有不同的两批大臣，一批是治国之臣，一批是乐身之臣。齐景公也和历史上许多君主一样，运用这样的治国用人之道。

据理力争。

以其不凡的机智与魄力，不仅没有让齐国有侮辱鲁定公的机会，也使齐侯归还了原来所侵占的鲁国土地，终不辱君命，圆满完成使命。真可谓是文武双全的人才！

智、仁、勇，三者缺一不可。倘若有所偏失，便难以达到圆满的效果。除了一颗仁爱之心外，待人处事也须有智慧。须用威严之时，便当以威严之势使其折服，这样才能制止恶行，不使其在罪恶的泥潭中越陷越深。因此除了仁爱与义勇外，智慧也是不可或缺的。

孔子所宣扬的仁具有泛爱的特点，是对春秋时期人的价值发现的肯定。比如有一次马厩失火，孔子退朝回来只问伤到人没有，而不问马。养马者的社会地位很低，这个例子有力地说明孔子的仁适用于劳动人民。

总之，孔子把"仁"作为最高的道德原则、道德标准和道德境界。他第一个把整体的道德规范集于一体，形成了以"仁"为核心的伦理思想结构。他的仁爱思想经后儒的不断充实，已经成为儒家人学思想中永恒的"不灭之火"。

阅读链接

有一天，子路身着戎装，全副武装地来拜见孔子，见到孔子后，拔起剑就舞了起来。舞毕后问道："古时的君子，也是用剑来自卫的吧？"

孔子答道："古时的君子，以忠义为人生追求的目标，用仁爱作为自己的护卫，虽然不出窄小的屋子，却知道千里之外的大事。有不善的人，就用忠信来感化他；有暴乱侵扰的人，则用仁义来使他们安定。这样，又何须持剑使用武力呢？"

子路听了非常敬佩，感慨道："我愿从今以后，至诚恭敬地向您求教！"

季札以孝悌之道让国

　　周公的仁爱孝悌思想被孔子继承并加以阐扬后，在当时产生了巨大的影响。由于仁爱孝悌具有强大的精神力量，当时涌现出了像季札这样讲求孝悌之道的人。

　　季札曾把王位让给哥哥，后来再度让国，其所体现的和谐、诚信、礼让、睿智等孝悌之道，已经融入到中华民族的优秀品质中。

季札画像

　　季札是春秋时期吴国人，因受封于延陵一代，又称"延陵季子"。其祖先是周王朝的泰伯，曾经被孔子赞美为"至德"之人。

　　泰伯本是周室的王位继承人，但他的父亲有意传位给幼子季历以及孙子昌。于是，泰伯就主动把王位让了出来，自己则以采药为名，逃到荒芜的荆蛮之地，建立了吴国。

季子挂剑台

数代之后，吴国皇族寿梦继承了吴国王位。在寿梦的4个儿子当中，以四子季札最有德行，所以寿梦一直有意要传位给季札。

季札是一位杰出的政治家和外交家。在公元前485年冬，楚国名将子期进攻陈国，吴王派季札救援陈国。季札传言给子期，明确表达自己的反战态度。经季札调停后，平息了一场战乱。

公元前544年，季札奉命出使鲁、齐、郑、卫、晋五国，在这次外交活动中，他同齐国的晏婴，郑国的子产及鲁、卫、晋等国的重要政治家会晤，高谈政事，评论时势，使中原国家了解并通好吴国。

季札重信义。一次途经徐国时，徐国的国君非常羡慕他佩带的宝剑，难于启齿相求，季札因自己还要遍访列国，当时未便相赠。

待出使归来，再经徐国时，徐君已死，季札慨然解下佩剑，挂在徐君墓旁的松树上。侍从不解。他说："我内心早已答应把宝剑送给徐君，难道能因徐君死了就违背我的心愿吗？"此事传为千古美谈。

正是因为季札多才多艺，他的哥哥诸樊特别疼爱他，认为自己的德能在季札之下，一心想把持国的重任托付给他。但是季札不肯受位，坚持把王位让给哥哥。

季札说："曹国之人想拥立贤能的子臧为国君，来取代无德的曹王，但被子臧所拒绝。为了坚守臣民应有的忠义，并打消国人拥立的念头，子臧离开曹国，走到了宋国，使曹国的君主，仍然得以在位执政。子臧谦恭无争的美德，被人们赞美为能'守节'的圣德之人。前贤的殷鉴历历在心，国君的尊位，哪里是我季札所希求的呢？虽然我无德，但祈求追比贤圣，则是念念在心啊！"

季札的厚德感动了吴国上下，人们如同众星捧月一般，一心想要拥戴季札为王。不得已之下，季札退隐于山水之间，成日躬耕劳作，以表明他坚定的志节，才彻底打消了吴人的这个念头。

吴王诸樊直至去世之前，都还念念不忘弟弟季札。他留下遗训，让后人将王位依次传给几位弟弟，这样最终就能传到幼弟季札的手里，以完成先王寿梦生前的遗愿。到继位的吴王夷昧临终，要把王位传给季札。季札再一次拒绝了执政的遗训。为了表明自己坚定的决心，他再度归隐而去。

孔子赞扬季札的孝悌之道，说："其可谓至德也已矣，三以天下让，民无得而称焉。"意思是说，他的道德高到了极处，他曾经以天下三度让给兄弟，人民不知道如何称颂他的至德。

在这个"季札让国"历史故事的背后，还有一个溯源主题余韵不尽。中原地区与吴越一带的人们，都是同祖共宗的兄弟。在古老的华夏大地上，千百年来人们本就同根同源，同体相依。

秦汉时期传承先秦时期儒家思想，其中的孝悌思想同样被延续下来。秦始皇在统一天下前，就从"嫪毐事件"中认识到孝道的力量，统一天下后大力推行孝道，只是他的孝悌思想政治色彩过于浓重。汉代初期总结历史教训，强调"以孝治天下"，将孝道提高到一个新的历史高度。从此，在中华民族宗法伦理形成的过程中，孝悌之道影响千年。

秦汉之际涌现出了许多值得效仿的孝悌德行楷模。他们以真诚的孝心和高尚的悌德，在人生历程中上演了一个又一个催人泪下的故事。

薪火相传

推为国策

秦代对孝道思想的继承

秦始皇画像

秦始皇统一天下后，秦代士人在思想建设方面取得了积极成果，认识到了孝道的力量，这是其中的重要思想成果之一。

秦代对孝道思想的认识，还要从与秦始皇密切相关的"嫪毐事件"说起。

公元前246年，13岁的秦王嬴政即位，这就是后来的秦始皇。秦王的母亲赵姬在儿子即位后成了王太后。

据说赵姬年轻貌美，与扮成宦官的嫪毐终日厮混，结果，接连为秦王生了两个小弟弟，并打算等到秦王去世之后，让这两个小孩做秦国的皇帝。

在太后的不断关照下，嫪毐获得了一路晋升。公元前239年，嫪毐获封长信侯，以山阳郡为其食邑，又以河西、太原等郡为其封田。嫪毐门下家童最多时有数千人，希望做官而自愿成为嫪毐门客的也达到千余人。

不过按照秦国的规矩，封侯可谓相当困难，例如王翦在灭楚前，曾向秦王提到自己为将多年，仍未得封侯之赏，而王翦当时已经有消灭赵国，重创燕国的战绩。嫪毐无寸功而封侯，可见太后对他格外关照。

可惜的是，"机关算尽太聪明，反算了卿卿性命"。等待他的，将是一场灭顶之灾。

公元前238年，22岁的秦王按照惯例到秦国旧都雍举行冠礼。其间有人向嬴政告发嫪毐为假宦，并与太后赵姬淫乱，甚至还试图以其与太后所生之子为秦王。嬴政下令彻查。

在秦王着手调查时，嫪毐决心孤注一掷，先发制人。他收买党羽，与太后密谋，欲除秦王。又窃取玉玺，准备调动地方军队以及他的家人攻占秦王居住的蕲年宫。

■ 秦始皇蜡像

门客　门客作为贵族地位和财富的象征最早出现于春秋时期，那时的养客之风盛行。每一个诸侯国的公族子弟都有着大批的门客，如楚国的春申君、赵国的平原君、魏国的信陵君、齐国的孟尝君等。门客主要作为主人的谋士保镖而发挥其作用，必要的时候也可能发展成雇主的私人武装。

吕不韦（前292—前235年），战国末年著名商人、政治家、思想家，后任秦国丞相。吕不韦命食客编著《吕氏春秋》（又名《吕览》），汇合了先秦时期各派学说，"兼儒墨，合名法"，故史称"杂家"。书成之日，悬于国门，声称能改动一字者赏千金。此为"一字千金"之来历。

■ 秦始皇

嫪毐毕竟是市井小人，小人得志忘乎所以。一天他与朝臣饮酒，酒后无意说出了自己的野心，朝臣慌忙报告嬴政。

秦王早就看嫪毐不顺眼，闻听朝臣的报告，果断行动，令相国吕不韦及有楚系外戚背景的昌平君、昌文君兄弟率兵平叛。嫪毐军本是乌合之众，不堪一击，加之不得人心，很快就被击溃。

在悬红铜钱百万的重赏下，嫪毐被生擒，被送至咸阳后，秦王将其处以车裂之刑。但对于自己的母亲，秦王不能处分，只好将她贬入雍地，就是现在的陕西宝鸡凤翔县，软禁起来。

一国之君幽禁母亲，毕竟是件大逆不道的事情。在秦国为客卿的齐国人茅焦大发感慨："儿子囚禁母亲，天翻地覆。从古至今，哪里有这种道理？"

秦王闻知后火冒三丈，打算杀了茅焦。但茅焦来到秦王面前，不慌不忙地行过礼，说："忠臣不讲阿谀奉承的话，明君不做违背世俗的事。现在，大王有极其荒唐的作为，我如果不对大王讲明白，就是辜负了大王。"

秦王停顿了一会，说："你要讲什么？说来听听。"

茅焦说："天下之所以尊敬秦国，不仅仅是因为秦国的力量强大，还因为大王是英明的君主，深得人心。现在，大王将母亲软禁在外，是为不孝。如此的品德，如何让天下人信服呢？"

秦王听了茅焦的话后深为震动，知道自己的行为对统一天下大业不利。于是，他亲自走下大殿，扶起茅焦，说："赦你无罪！先生请起，穿上衣服。我愿意听从先生的教诲。"

茅焦进一步劝谏，最后说："秦国正图一统天下，大王更不能有迁徙母后的恶名。"

秦王采纳了茅焦的建议，亲自率领车队，前往雍地把太后接回都城咸阳，母子关系得以恢复。

返回咸阳的太后极为高兴，设酒宴款待茅焦，席间对茅焦赞赏有加，说安定秦国的江山社稷，使母子重新相会，都是茅焦的功劳。其实茅焦冒死进谏，最大的愿望是为秦王争得一个好的名声。

公元前229年，太后赵姬去世，谥号为"帝太后"，与庄襄王合葬在一起。

公元前221年，秦王统一天下建立秦国，自己号称秦始皇。他巡游各地，刻石称功，其中有不少宣扬孝道的文字。

■秦始皇画像

外戚 也称"外家""戚畹"。指帝王的母族、妻族。历史上，帝王年幼时，外戚往往干政擅权，甚至有改朝篡位者。东汉时期外戚干政的局面是汉代时皇后制度乃至后宫制度不成熟的一个典型缩影，这也是封建地主阶级对完善后宫制度不断探索的结果，对以后不断完善后宫制度起了深远的影响。

小篆 是在秦始皇统一全国后，推行"书同文，车同轨"，统一度量衡的政策，由宰相李斯负责，在秦国原来使用的大篆籀文的基础上，进行简化，取消其他六国的异体字，创制的统一文字汉字书写形式。一直流行至西汉末年，才逐渐被隶书所取代。但由于其字体优美，始终被书法家所青睐。

公元前219年，秦始皇东行郡县，第二次从咸阳出发经函谷关、洛阳、荥阳至东鲁邹县的绎山。绎山位于现在的山东邹城市东南。

绎山高五里，秦始皇上绎山，与鲁诸儒生议刻石、颂秦德、议封禅，望祭山川之事。后来在山顶竖立第一幢刻石，刻有李斯的小篆，被后世称为《绎山刻石》。

此碑后被北魏太武帝登绎山时推倒。但因李斯小篆闻名遐迩，碑虽倒，慕名前来摹拓的文人墨客、达官显贵仍络绎不绝。原石虽已被毁，但留下了碑文。今天所见到的是根据五代南唐时期的文学家、书法家徐铉按原作临摹的摹本，现藏在西安碑林里。

《绎山刻石》全文223个字，其中有李斯等群臣颂扬秦始皇"上荐高号，孝道显明"的文字，表明秦始皇善于继承弘扬历史的优秀传统。

秦始皇为了使自己的儿子们忠于自己，还用孝道去教育他们。以至于赵高伪造遗诏迫令太子扶苏自杀时，蒙恬怀疑其中有诈，让扶苏上疏问个明白。

■秦始皇雕塑

可扶苏却说："父而赐子死，尚安复请？"颇有"父让子死，子不得不死"的浓重的孝道氛围。

秦始皇为了使民众服从，还通过刑法的形式，在民间推行孝道，"以治黔首"。只不过这种依靠法律来使全国民众接受孝道的方式，只是"尊尊"而无"亲亲"，忽视孝道中调节人际关系的亲情温暖，使之变成单纯的权利义务关系，从而丧失了孝道的社会整合功能。

作为一个具有雄才大略的政治家和军事家，秦始皇对孝道的遵行，引领了秦代士人对孝道的认识，更使他无愧于"千古一帝"的称号。

李斯（约前284—前208年），秦代著名的政治家、文学家和书法家。秦统一天下后被任为丞相，参与制定法律，统一车轨、文字、度量衡制度。李斯政治主张的实施对中国产生了深远的影响，奠定了中国2000多年政治制度的基本格局。

阅读链接

据《史记》记载，秦始皇的父亲子楚在赵国做人质时，当时赵国商人吕不韦与子楚密谋，由吕不韦上下活动，竭力促成子楚成为秦国的太子，并想方设法让子楚与怀有自己骨肉的歌舞女赵姬结合。赵姬生下嬴政即秦始皇后自然成了子楚夫人。没想到子楚只坐了3年王位，便死掉了。

汉文帝家事国事两相宜

公元前206年，西汉王朝建立。汉代初期尊崇的"黄老"之说和汉武帝"罢黜百家，独尊儒术"，都是以孝为家法的。汉初强调"以孝治天下"，所以继嗣皇帝谥号都有"孝"字，意欲强调孝治天下。

汉文帝刘恒画像

因为汉代施行的是"孝道治天下"，所以普通人只有通过举孝廉才能当官。皇帝是全国之主，上行下效，也应当要孝敬父母。

汉文帝是汉高祖刘邦的第三个儿子，他的母亲薄姬，是楚汉相争时魏王魏豹的一个姬妾。汉文帝做了皇帝后，薄姬成为皇太后。汉文帝从小就奉行孝道，与母亲感情深厚，倾

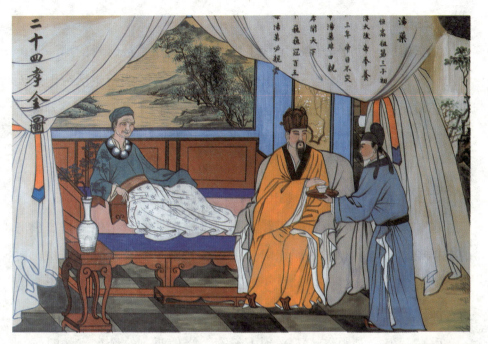

■ 汉文帝尝汤药图

心侍奉母亲，尽力让她感到快乐和满足。

　　人吃五谷杂粮，肯定也会生病，薄太后老了，经常生病，汉文帝对其关怀备至。他的母亲卧病3年，身为人子，他不把自己当成有权力的皇帝，而是经常衣不解带，不眠不休，伺候母亲，从不懈怠。

　　作为一个皇上，手下有那么多的侍从奴才，但是汉文帝亲自伺候母亲，询问病情，亲自熬药。每次太医给母亲开的药，熬好以后，汉文帝都要亲自品尝，然后才侍奉母亲服用。

　　汉文帝不仅在孝敬母亲时以身作则，对亲情也非常重视。他在对待窦皇后家族的问题上，也表现出大度的胸襟。

　　汉文帝的妻子窦漪房一直以来都有一个愿望，那就是找到已经失散多年的兄弟，其次就是对已故双亲尽一些孝道。虽然窦漪房已经贵为皇后，但她依然不

谥号　中国古代君主、诸侯、大臣、后妃等具有一定地位的人死去之后，根据他们的生平事迹与品德修养，评定褒贬，而给予的寓含善意评价、带有评判性质的称号。帝王的谥号一般是由礼官议定，大臣的谥号由朝廷赐予。

敢提出这样的要求。

但窦漪房一个好心的决定帮了她大忙，就在她被册封的那一天，她向汉文帝提议，宴请天下所有鳏寡孤独之人，并赐给生活穷困之人布匹、米面、肉食，对于80岁以上的老人、9岁以下的孤儿，分别赐给每人一石米、20斤肉、5斗面、两匹帛和3斤棉絮。

以善闻名的汉文帝对皇后的建议大加赞赏，并很快实施。于是，老百姓都对皇后的善心口口相传，窦漪房的家世也逐渐流传开来。

这时，一个叫窦少君的年轻人听到窦漪房的家世。他就是窦漪房的亲弟弟。当年窦少君的姐姐离开没多久，由于哥哥在外面劳作，家里没有人看管，才五六岁的窦少君被拐走了。他先后被拐卖多次，最后在河南宜阳一户财主家当了奴仆。

后来，窦少君跟着主人来到了长安。当他听到这个名字的时候，怔了一下。自己当年被送进宫的那个姐姐不也叫窦漪房吗？于是他向皇帝上书，说自己是皇后失散多年的亲弟弟窦少君。

汉文帝看了这封信，问窦漪房怎么回事。窦漪房只好把自己的身世一五一十地向汉文帝说了。

汉文帝听了，捶胸顿足，说自己有愧于皇后，只顾自己的亲人，却把妻子的亲人忘记了。于是，他和窦漪房一起召见窦少君。

姐弟相认之后，汉文帝为了表达自己的愧疚之情，赏赐窦少君大量的财产和田地。窦漪房深知汉文帝勤俭节约的品性，不愿因为自己而破例，只让弟弟接受了足够养活他的财产和田地。不久又拿出自己的金银首饰来弥补汉文帝赏赐弟弟所造成的亏空。

不久窦漪房的哥哥也找到了，三兄妹终于团聚。汉文帝又要赏赐窦漪房的哥哥，但又被窦漪房阻止。

在窦漪房的辅佐下，西汉政权也能继续推行汉高祖刘邦时期定下的"以民生息""无为而治"的精神，把汉王朝推上了强盛的高峰。

汉文帝不仅在处理家庭事务上有仁爱之心，在治国方面还以他儒家的仁爱普泽天下。在位期间，他继承执行与民休息和轻徭薄赋的政策。他两次把田租减为三十税一，甚至12年免收全国田赋。他兴修水利，加速发展农业生产。

他减轻刑罚，取消了连坐法和割鼻、砍脚、脸上刺字等肉刑；逐步削弱诸侯王势力，以加强中央集权；驻军北方，迁百姓住在边境，增强北部边境的防御力量。大汉王朝由此逐渐趋向安定，并一度呈现出富庶景象。

后来的景帝继承推行汉文帝的政策，历史上将汉文帝、汉景帝时期的统治，誉为"文景之治"。据说，到景帝时期，国库里的钱堆积成山，穿钱的绳子都腐烂了；粮仓满了，粮食堆在露天，有的都发霉腐烂了。可见物质基础已经相当丰厚。

总之，汉文帝是一个非常孝敬母亲的皇帝，也是一个非常注重亲情的皇帝，他具备了一个好皇帝应该具备的素质，也为大汉百姓和世界留下了一片灿烂光辉。

阅读链接

汉文帝原来想造一个露台，让工匠算算要花多少钱。工匠们说用100斤金子，汉文帝吃了一惊，又摇头又摆手，停止了这项工程。他不盖宫殿，不修园林，甚至不增添车辆仪仗，他在遗诏中痛斥了厚葬的陋俗，要求为自己从简办丧事，对待自己的归宿"霸陵"，明确要求："皆以瓦器，不得以金银铜锡为饰，不治坟，欲为省，毋烦民。"

由于汉文帝这种廉洁爱民的精神和励精图治的实践，因此造就了"文景之治"的盛世。

缇萦上书救父传美名

汉代初期朝廷主张"以孝治天下"，提倡孝道，勉励行孝，社会上涌现出许多感人的孝行人物和事迹。其中15岁的女孩缇萦向皇帝上书救父，传遍宇内，留下千古美名。

缇萦画像

那是在西汉初年，临淄郡有个叫淳于意的人，他本来是个读书人，因为喜欢医学，经常给病人医治。后来他做齐地的太仓令，长期行医民间，对封建王侯却不肯趋承。因其常常拒绝给朱门高第出诊行医，被富豪权贵罗织罪名，送京都长安受肉刑。

汉文帝刘恒提倡节俭，历来反对渎职，当时实行的《汉律》给贪污渎职定的罪名非同小可。淳于意深知此番在劫难逃，自然是惊悸不已，而全家大小也吓得面无人色，哭成一团。

淳于意有5个女儿，长女、次女都已出嫁，剩下3个女儿在家。其中两个女儿都低着头伤心得直哭，只有年方15岁的最小的女儿缇萦又是悲伤，又是气愤，她说："为什么女儿偏没有用呢？"

于是，缇萦在紧要关头挺身而出，愿意随父西入长安，一路上照顾老父，更要上书皇帝，愿入宫为奴以赎父罪。家人再三劝阻，但缇萦心意已决，决计随行。

全家人抱着渺茫的希望，收拾简单衣物，父女俩在解差的催促下踏上了未知的命运之途。这件事发生的时间是公元前167年的秋天。

■ 淳于意画像

在路途中，淳于意利用投宿驿站休息的机会，着实为慕名求医的人，诊治了不少疑难杂症。缇萦也反复思索，最后写好了上书皇帝的状纸。

淳于意虽然知道汉文帝是个非常贤明的天子，然而皇帝住在深宫，年仅15岁的未见过世面的女儿能够见到皇帝吗？皇帝会相信她的话吗？这几乎没有什么希望。淳于意带着绝望的心情走到长安，进了大牢。

缇萦到了长安后，在繁华的大都市面前立即觉得手足无措，投诉无门，焦急万分，东钻西碰，始终不得要领。终于有好心的官差告诉她，皇帝会外出打猎，可能还有机会见到皇上。

肉刑 古代施加于罪犯或犯过者的肉体的惩罚，包括死刑、鞭笞和监禁。广义的肉刑，包括黥，即刺面并着墨；劓，即割鼻；刖，即斩足；宫，即割势；大辟，即死刑等刑罚。夏商周时期成为常刑，有三典五刑之说，至汉文帝时，因缇萦上书救父一事被废除。

这是一个千载难逢的机会，但困难重重。皇帝出猎，必定是车骑络绎，旌旗蔽空，随从如云，行动如风驰电掣。一个弱女子要想犯颜拦驾上书救父，简直是一件不可思议的事。

更重要的是，犯颜一定会惊扰圣驾，拦驾更是绊阻皇帝的车骑前进，两者都是"大不敬"的罪名，后果就是杀头抄家。倘若犯颜时被认为是刺客，立即格杀，上书救父将成为泡影。然而，缇萦抱定一死的决心，认真地准备上书行动，她选定灞桥作为她犯颜上书的地方。

这是一个秋意萧瑟的清晨，形单影只、衣衫单薄、满面愁容的缇萦跪在路的中心，双手高举预先准备好的书状，静候皇帝车骑的到来。这场面很是悲壮，人们都远远地看着她。

远处尘土飞扬，渐行渐近，皇帝的车骑终于出现在眼前。皇帝左右的武士发现有人竟敢挡在路中央阻拦车驾，快速前来，像拎小鸡一样，把瘦小的缇萦押到皇帝跟前。

汉文帝看到的是一个满面流泪的弱女子，内心深处立即涌起一股

至善至美的崇高道德

怜惜之情，吩咐左右接过她的书状，并不许为难她。那状纸上写道：

我叫缇萦，是太仓令淳于意的小女儿。我父亲做官的时候，齐地的人都说他是个清官。这次他犯了罪，被判处肉刑。我不但为父亲难过，也为所有受肉刑的人伤心。

一个人砍去脚就成了残废；割去了鼻子，不能再安上去，以后就是想改过自新，也没有办法了。我情愿给官府没收为奴婢，替父亲赎罪，好让他有个改过自新的机会。

汉文帝刘恒是汉高祖刘邦8个儿子中的第四子，当初在动乱时期，母亲薄姬带着当时年仅8岁的他北

薪火相传

推为国策

大不敬 古代侵犯皇帝人身、权力及尊严的一种罪名。包括三类犯罪行为：一是盗窃御用物品；二是因失误而致皇帝的人身安全受到威胁；三是不尊重皇帝及钦差大臣等。犯有大不敬罪者将受到严厉惩处。

■ 缇萦随父进京图

■ 汉文帝画像

冯敬（？—前142年），战国时韩国郡守。西汉时期大臣，汉文帝时拜为典客，迁任御史大夫。后以边情紧急，出任边郡郡守，公元前142年，匈奴进攻雁门，身为太守的冯敬力战而死，成为汉匈战争期间汉代阵亡的最高级别官员。

上酷寒荒凉的代郡就国，10多年在边地饱尝艰苦。忧患中成长的岁月，深知骨肉亲情的可贵，更亲身体验过民间疾苦的情状。如今贵为天子，仍然时时以临深履薄的心情，戒慎恐惧的态度，小心翼翼地使用君权治理国家。

这封书状言辞哀婉，又加上是一个小女孩写的，汉文帝阅罢书状，再看着眼前这个凄苦无助的小女子，不就是自己当年仓皇离京时情形的再现吗？

汉文帝知道官府中的奴婢生活和囚徒没什么两样，又想到如此娇弱的女子，为了营救父亲，竟然冒死上书。这种胆识与孝心深深地感动了宽仁贤德、爱民恤民的汉文帝。

同时，汉文帝也充分认识到，继续沿用秦代的肉刑，不利于经济的发展和社会的稳定，更不利于政权的稳固。于是，他当场下令免除了淳于意的刑罚，也没有让缇萦去当奴婢。

汉文帝回宫后召集大臣们，对大臣说："犯了罪该受罚，这是没有话说的。可是受了罚，也该让他重新做人才是。现在惩办一个犯人，在他脸上刺字或者毁坏他的肢体，这样的刑罚怎么能劝人为善呢？你们商量一个代替肉刑的办法吧！"他责成丞相张苍、御史大夫冯敬等负责修改刑律。

张苍和冯敬与大臣们一商议，拟定一个办法，把肉刑改用打板子。原来判砍脚改为打500板子，判割鼻子的改为打300板子。这样，汉文帝依照新的律法，正式下令废除肉刑。

淳于意蒙赦免罪行，真是喜出望外，父女双双望阙，叩谢恩典以后，便欢天喜地相偕返回临淄，从此痛改矜持作风，对病人殷勤周到，赢得口碑载道。

缇萦是一个很有主见，也很有勇气的少女。她上书救父的孝行，名传千古，成为中国古代孝道的典范，同时对推动古代刑罚由野蛮走向相对宽缓人道做出了贡献，在历史上被广为传诵。

东汉著名史学家班固曾由衷地赞叹缇萦道："百男何愦愦，不如一缇萦！"还有人写诗赞扬缇萦：

随父赴京历苦辛，上书意切动机定。

诏书特赦成其孝，又废肉刑惠后人。

阅读链接

上书救父的缇萦的父亲淳于意曾经拜公孙光与阳庆为师，学习古典医籍和治病经验，医人无数，成为当时有名的医生。

由于淳于意喜好医学，不喜经营家计，便辞去太仓令一职，又将户籍迁寄在亲戚、左右们的名下，使得王公大臣等难以找到他。

当时的许多权贵都曾派人请淳于意去治病，但淳于意怕因陷于官场而拘束行医自由，因此都未前去，无形中也就得罪了一些人。

赵孝兄弟的手足之情

儒家所讲的"孝悌"，不单单是指子女对父母的孝顺供养，也包含有兄弟手足之爱。注重兄弟情是做人的根本之一。东汉时期的赵家兄弟面对危难，甘愿替死，就突出地显示出手足间至亲至爱的感情。

东汉末年，有一个叫赵孝的，是沛国蕲人，就是现在的湖北蕲春。他的父母早逝，父亲赵普，曾任王莽时的田禾将军，举孝廉为郎。

赵孝有一个弟弟叫赵礼，兄弟两个人十分友爱。赵孝很照顾弟弟，家里的重活累活，如砍柴、劈柴及田地里的农活等，他都是抢着干，从不让弟弟伸手。弟弟赵礼见哥哥干活累了，就拿来毛巾为哥哥擦汗，然后端水给哥哥喝。还常常劝哥哥不要累坏了身体。

赵孝知道，弟弟还小，正是长身体的时候。家里粮食不多，所以每次吃饭时，他都把干饭给弟弟吃，自己只吃些稀饭或锅巴。

有一年，由于收成不好，粮食减产歉收，饥荒严重，社会治安也很混乱。这一天，空中乌云密布，天色显得十分昏暗。一阵狂风过

后，人们的心头有一种不祥之兆。

■ 东汉时期的牛耕壁画

果然，一伙强盗突然占据了宜秋山，开始四处抢掠，百姓们都慌忙逃命。在严重的饥荒灾区，饥饿已经使强盗们完全失去了理性，甚至连吃人的事情也有发生。

强盗们在老百姓的家中大肆搜寻一阵，见找不出多少粮食和值钱的东西，一怒之下，他们就只好抓人。村里的人们为了躲避强盗，纷纷逃往山里。赵孝、赵礼兄弟俩被慌乱的人群冲散了。

强盗横冲直撞，他们碰到落单的赵礼，就向他要粮食。赵礼根本拿不出粮食，于是强盗就把他捉走了。赵礼虽然身体瘦弱，但是穷凶极恶的强盗们也不肯放过他，将他五花大绑捆起来后，绑在一棵树上，然后在旁边架起炉灶生起火来，开始烧水，准备拿赵礼来充饥。

孝廉 孝，指孝悌者；廉，清廉之士。始于汉代。是汉武帝时设立的察举考试科目中的一种，孝廉是"孝顺亲长、廉能正直"的意思。也指被推选的文人知识分子等士人。后代，"孝廉"这个称呼，也变成明清时期对举人的雅称。

赵孝舍己救弟故事图

哥哥赵孝虽然幸运地躲过了这一劫，却找不到了弟弟。他心急如焚，四处打听，后来才得知赵礼被强盗抓走了。

弟弟被抓走的消息让赵孝心如刀割。他想起父母临终前嘱咐，让他好好照顾弟弟，赵孝焦急万分，心想："我该怎么办？要是弟弟有个三长两短，可怎么对得起父母啊！我这个做哥哥的又怎么能再苟活在这个世上？弟弟是同胞骨肉，哪怕赔上自己的性命，我也要救出他。"

想到这里，赵孝就下定了决心要找到弟弟。乡亲们听说后替他担忧，有的说："强盗杀人不眨眼，你不能去呀！"有的说："现在强盗跑得无影无踪，你去哪里找呀？"

赵孝说："乡亲们不必为我担心，我一定会把弟弟救回来的！"说完，他循着强盗撤离的方向奔了过去。

赵孝救弟弟心切，很快就赶到了强盗那里，见到了被捆绑的弟弟，同时也看到旁边有一锅正呼呼冒着热气的开水。

弟弟赵礼见哥哥来了，先是一阵惊喜，随后马上就哀叹起来，埋怨哥哥说："哥哥呀！您怎么可以到这个地方来呀！这不是白白送死来了吗？"

此时赵孝也顾不上与弟弟搭话，就冲到强盗的面前，对强盗说："我弟弟是一个有病的人，而且身体也很瘦弱，他的肉一定不好吃，请你们放了他吧！"

强盗们一听大怒，气势汹汹地对赵孝说："放了他，我们吃什么？"

赵孝听强盗这样问，就赶紧说："要是你们放了赵礼，我愿意用自己的身体给你们吃，况且我的身体很好，没有病，还很胖。"

强盗们听了赵孝的这番话，一下子都愣住了。他们没有想到天下还有这样甘愿送死的人，震惊地相互对视着，一时都被这感人的场面弄得不知所措。

这时，就听见赵礼在旁边大声地喊："不行！不可以那样做的！"

一个强盗向赵礼吼道："为什么又不行了？"

赵礼哭着说："被捉来的是我，被你们吃掉，这是我自己命里注定的，和哥哥有什么关系呀？怎么可以让他去死呢？"

听罢此言，赵孝连忙扑到弟弟面前，兄弟相拥在一起，互劝对方要让自己去死，情急之下已是泣不成声。

这些无恶不作的强盗们，听着兄弟互相争死的话语，望着手足之间舍身相救的场面，被深深震撼了。他们那冰封已久的恻隐之心，被这人间真情真义的感人场面唤醒了，也都不禁淌下了热泪。最后，强盗们主动地让开一条路，目送着兄弟两人渐渐远去。

乡亲们钦佩赵孝、赵礼的

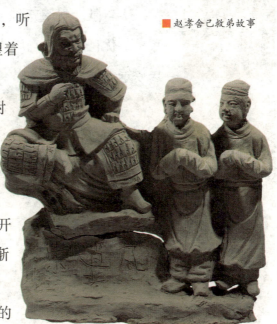

赵孝舍己救弟故事

御史中丞 秦代置。汉代为御史大夫的次官或称御史中执法。外督部刺史，内领侍御史，受公卿章奏，纠察百僚，其权颇重。因为御史大夫是三公之一，副宰相，官职较高，作为副手之一的中丞其实是主管监察和弹劾百官的真正领导。

长乐卫尉 西汉时期军事职官名。西汉都城长安有未央、长乐、建章三大宫。刘邦为帝时居住长乐宫，以后的皇帝移居未央宫，长乐成为太后的寝宫。太后的长乐宫中，仿中央诸卿，设有长乐卫尉、长乐太仆、司马和户将等官。

兄弟情谊，交口赞扬。附近州郡征召官员，也要求向赵氏兄弟学习，上下团结，合力当差。

后来，这件事辗转传到了皇帝那里。皇帝是一个深明仁义道德之君，他了解了赵氏兄弟的义举，又知道他们的父亲赵普曾经做过田禾将军，于是下诏书封了兄弟两人官职，征召赵孝为太尉府谏议大夫，后升至侍中、长乐卫尉，又征召赵礼为御史中丞。

皇帝还把他们以德感化强盗的善行，昭示于天下，让全国百姓效仿学习。

俗话说，"兄弟如手足"。面对险境，赵氏兄弟能够首先顾及对方的安危，丝毫不顾个人的凶险，足见他们的心中已深深明白，自己的身体与弟兄的身体都是父母身体的一部分，同气连枝，同体相生。

兄弟情被中国人称为手足情。手和脚一起劳碌，一同苦乐。把兄弟定位于肢体关系，是中国宗法伦理的一大贡献。赵孝兄弟面对危难，甘愿争死，是兄友弟恭的优良典范，它所体现的精神特质，是构成中华民族宗法伦理的重要因素。

阅读链接

据《后汉书·赵孝传》记载，皇帝素闻赵孝兄弟的义行，诏拜太尉府谏议大夫，后升至侍中、长乐卫尉。又征召其弟赵礼为御史中丞。赵礼也像哥哥那样恭谦礼让，深得同僚赞誉。皇帝也表彰他们兄弟恪尽职守，另外还允许赵礼每10天到府中当值一次，这在当时算是极为特殊的待遇了。

数年后，赵礼去世，皇帝允许赵孝以官员家属的身份送丧归葬。一年后，赵孝在卫尉任上告老还乡，后来寿终正寝。因赵孝无子，皇帝就又让赵礼的两个儿子做了官。

世道感化

　　唐宋时期，是中国历史上的一次社会转型和文化重构的重要的历史阶段，当时的儒者继续坚持儒家思想，进一步提倡仁爱孝悌，倡导社会风气，从而表现出了独立的人格理想和赤诚的仁爱精神。

　　与此同时，朝廷的教化措施，使得朝廷官员乃至百姓孝悌日新，既为朝廷所大力表彰，也被着意广泛播扬。

　　唐宋两代涌现出的孝悌楷模，将古代儒家孝悌思想推向了新的高峰。不仅丰富了儒家孝悌思想的内涵，而且也在历史长河中树立了彪炳后世的丰碑。

唐宋时期的仁爱孝悌

　　唐宋之际，经过长期的多政权并立和民族杂糅后，中原民族的"纲常"遭到一定程度的破坏。面对这种情况，唐宋时期儒者坚持理想，表现出独立的人格和赤诚的仁爱孝悌精神。同时，官方不断强化社会教化措施，直接导致了孝悌行为不同以往，从而展现出鲜明的时代色彩。

韩愈画像

　　韩愈是唐代的大文学家，他在潮州做刺史时，听说韩江里的鳄鱼吃掉过江百姓的事情，心想鳄害不除后患无穷，便命令宰猪杀羊，决定到城北江边设坛祭鳄。

　　韩愈在渡口旁边的一个土墩上摆了祭品，点上香烛，对着大江严厉地喊道："鳄鱼！鳄鱼！韩某到这里来做刺史，为的是保土庇民。你们却在此祸害百姓。如今姑念你们无知，不加惩处，只限你们在3天之内，带同族类出海，3天不走就5天走，5天不走就7天走。7天不走，便要严处！"

事有凑巧，据说打那以后，江里的鳄鱼真的没有再出现过。当地的百姓认为朝廷派来的大官给鳄鱼下的驱逐令见了效，都安心生产了。

现在，人们把韩愈祭鳄鱼的地方叫作"韩埔"，渡口叫"韩渡"，又作"鳄渡"，还把大江叫作"韩江"，江对面的山叫作"韩山"。

■ 韩愈塑像

韩愈本来连佛都不信，怎么会信鳄鱼有灵呢？这当然是他为政措施中"仁爱"思想的体现。

一直以来，韩愈都在大力维护儒家伦理思想的正宗地位，赋予儒家"仁爱"思想以新的含义，对儒家"仁爱"思想的发展做出了贡献。

韩愈在《原道》中从"博爱"的角度重新阐述了秦汉时期以来儒家的"仁爱"思想，认为儒墨有相通之处。"孔子必用墨子，墨子必用孔子。不相用不足为孔、墨"。

这种将儒家的"仁爱"思想扩展为对夷狄禽兽之爱的解释另具一格。儒家的核心思想就是"仁"。博爱是韩愈用来解释儒家的仁爱的，他说"博爱之谓仁"。这

刺史 官职，汉武帝年间始置，"刺"为检核问事之意。刺史巡行郡县，分全国为13部，各置部刺史一人，后通称刺史。刺史对维护皇权，澄清吏治，促使昭宣中兴局面的形成起过积极的作用。王莽称帝时期刺史改称州牧，职权进一步扩大，由监察官变为地方军事行政长官。

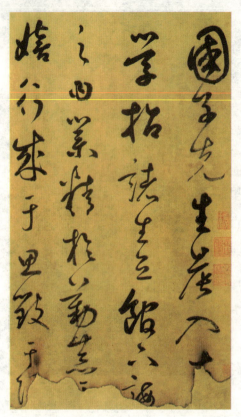

■ 韩愈的书法作品

个说法在宋代以后产生极大影响，成为儒家仁学中有代表性的阐释。

作为"北宋五子"之一的张载，也致力于弘扬儒家仁爱思想。他认为人和天地万物一样，都来自同一个本源，认为"性者，万物之一源"。

仁爱是儒家有独特含义的爱，仁是指以血缘为基础的自然而然的爱，父母对子女的爱，子女对父母的爱，因为基于血缘，所以我们有这样的爱心。张载把这个思想进一步扩大，逐步阐发仁爱，将心比心，推己及人。

孔子和孟子认为"四海之内皆兄弟也"，四海是指东南西北四方的异民族，把他们当作有血缘关系的兄弟一样来对待，就是把仁的思想向外推。张载把这样的思想进一步推广，不仅推之于人，也要推之于万物。把万物都纳入到仁这样一个具有血缘的关系中来。这是张载看待事物的方式。

经过唐宋时期韩愈、张载等人的努力，传统儒学被赋予了新的含义，而官方也在不断强化社会教化措施，促使民众的思想与行为发生变化。在这一过程中，由官方旌表孝悌而引起的官民孝悌风气，成为唐宋两代儒家"仁爱"思想发展的一个新气象。

旌表孝悌一直是封建社会德行教化的重要方面，

张载（1020—1077年），北宋时期哲学家，理学创始人之一，程颢、程颐的表叔，理学支脉——关学创始人，封先贤，奉祀孔庙西庑第三十八位。其庙庭与周敦颐、邵雍、程颐庙、程颢庙合称"北宋五子"庙。

但唐宋时期对孝悌的认识却并非一成不变。唐代认为孝悌是个人得以区别于禽兽，得以"立身扬名"的重要因素。

唐代的博陵有一个崔姓的节度使，他的曾祖母长孙夫人年纪很大，牙齿已经完全脱落了。崔大人的祖母唐夫人，每天先梳好头、洗好了手，就到堂前拜见婆婆，再上堂来给婆婆吃着自己奶水。所以长孙夫人虽然没有牙齿、吃饭困难，但还是很康健。

有一天，长孙夫人忽然生起病来，全家老少都到她房里去探望她。她对大家说："我没有东西可以报答媳妇的恩情，但愿子孙的媳妇，个个像我媳妇那样孝敬，我就心满意足了！"

由于崔家极重孝道，后来，博陵这地方姓崔的人做尚书、做州郡官的，就多达好几十位。论起天下做

■ 乳姑不怠图

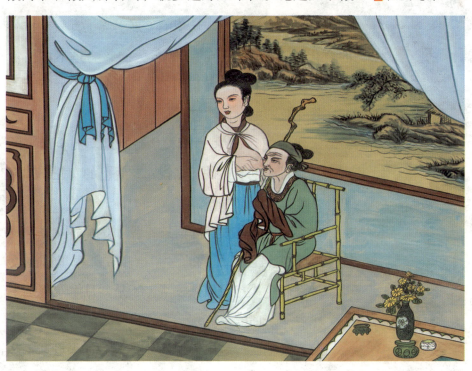

官的人家来，崔家是首屈一指。

唐代朝廷的旌表赏赐行为在民间的影响还十分有限，孝悌行为还只是民众的个人行为，仍然没有被纳入礼法教化的社会行为之中。与之不同的是，在宋代更多则是民众被感化的事例。

宋人的认识则超越了唐人认知的局限，清醒地认识到旌表孝悌，实现"由孝而忠"的政治功效的重要意义。

■ 月娥孝母图

对旌表孝悌的主观认识的发展引起了其教化措施的变化，对唐宋社会的孝悌行为的影响是不可估量的。反映在民间的孝悌行为上，则表现为孝悌行为中礼法教化色彩的日渐浓郁。

宋代的刘月娥7岁时就被后母暗地卖到金尚书的家中。后母骗刘月娥的父亲说："我们的女儿不知道到什么地方去了。"

父亲听到女儿失踪的消息，哭得双眼都快瞎了。

过了几年，刘月娥的父亲恰巧在金家里碰见女儿，父女两个人抱着痛哭一场。于是刘月娥便辞别主人，跟着父亲回家。

父亲要把后母赶出去，刘月娥说："如果母亲不这么做，我便不能跨进富贵人家的家中，这样说来，她已经对我有大恩德了，又何必怨恨呢？况且我一回来，母亲就走了，我怎么会安心呢？”

父亲听刘月娥这么说，只好作罢。

后来，父亲年纪老了，没有儿子，家境更加穷困。父亲逝世后，刘月娥侍奉后母非常孝顺。后母不能行动，刘月娥背着她行走。等到后母去世后，刘月娥才又回到富人的家里做工。

刘月娥为人帮佣时，谆谆勉励女仆们要尽责和勤劳，如果对方不采纳或加以辱骂，她便立刻道歉而且不再计较。遇到辛劳烦苦的事情，她总是以身作则。

别人送她钱财、剪刀或衣服，她必定一再推辞，不得已才接受。纵使一小块布料或木材，她都不敢随便丢弃。对于年幼的女仆，她常为她们梳头、化妆或缝纫，并且把她们当作自己亲生的女儿那样看待。她的德行被当时的人们所称赞。

民众为孝悌事迹感而化之，不仅在于孝悌行为的感人，更在于宋代朝廷的旌表已经在社会中发生了作用。以礼法为基础的社会舆论导

古代教子图

■ 古代讲授图

向,已经在宋代社会中建立起来,并开始在影响个人的社会行为方面产生功效。

唐宋两代的孝悌不仅表现在个人的孝亲行为,还表现在大家族中家庭关系的维系状态,并且出现了法制规定向礼制教化让步的一种趋势。

在唐代,大家族的家庭关系是以"敦睦""友爱"为其表象的。即使在大家庭日渐瓦解的时候,维系其艰难存在的纽带依然是那割舍不断的亲情,尽管这种亲情的维系作用的影响力已经开始日渐削弱。

当亲情无法继续维系大家庭的存在的时候,就需要为得以继续存在的大家族的家庭关系以及家庭人员的行为重新订立规范,而家法就是在这样的前提下逐步发展起来的。

在严格尊卑等级的家法束缚下,"肃"开始成为宋代大家族内部的主要特征。宋代大家族的维系在很大程度上，已经成为一种受外在影响的有意识行为。

宋代曾发生了这样的事例：樊景温、荣恕旻兄弟分居多年。后来樊景温家的樗树五枝并为一，荣恕旻家的榆树两木自合，兄弟两人感其异状就商议聚居一起，乡亲们无不称赞其和睦。

樊景温、荣恕旻两家族分居多年，依然要恢复同居状态，其主要原因既在于以官方旌表为表象的礼法外在影响，也在于他们期望获得朝廷认可与赞许。

宋代社会中还形成了制定家礼的风尚，出现了为众推崇的家礼模式与版本。这种家庭关系的出现，对中国社会后期的政治、文化、社会的深刻影响，是简单的教化问题所无法包纳的。但仅就孝悌观念而言，由这种礼法关系所引起的变化却是有目共睹的。

总之，唐宋儒者丰富了儒家"仁爱"的内涵，在新的"仁爱"思想的影响下，官方的旌表与提倡，引起了孝悌行为的变化。这在当时不仅促动了孝悌感化行为的不断出现，也对古代后期的社会发展以及文化心理的发展产生了深远影响。

阅读链接

韩愈注重兄弟情谊，曾将大哥的遗孤韩湘接到身边教导他读书，但韩湘对读书仕进不感兴趣，却对访仙修道着迷，韩愈对此非常痛心。

有一次，韩愈在寻找外出访仙的韩湘时，有感而发写了一首诗，希望侄子能有觉悟。

韩湘回家见诗后，也写诗来言志。韩愈不相信侄子的本事，韩湘就撮土一盆，随即说道："花已。"拿开盆只见碧花两朵。韩愈对侄子的本领大为惊异，只好听任韩湘离开自己，云游天下去了。据说后来韩湘位列八仙，就是韩湘子。

贺若弼成就父志平南陈

唐宋时期的社会转型和文化重构，并非一个突发的现象，而是在此前的隋代乃至更早就在孕育之中了。唐代所提倡的仁爱孝悌，在此前的隋代就有相关的人和事，比如贺若弼就是一个典型。

贺若弼是隋代著名将领，其父贺若敦的临终遗愿是平定南陈。他誓尽人子之责，激励自己，发誓建功，不平南陈则"葬江鱼腹"。最后终于成就了父亲的遗愿，也为隋王朝的建立立下了赫赫战功。

贺若弼出生在将门之家，他的父亲贺若敦，是南北朝时期北周很有名气的将领。当时长江以北，北周与北齐以洛阳为界互相对峙。长江以南则是陈朝，北以北齐为邻，西与北周对峙。

560年，贺若敦奉命率兵渡过长江，占领了南陈所辖的湘州，即现在的长沙。因为孤军深入，粮饷不继，一年后，他又被迫撤回江北。

当时掌握北周大权的宇文护以失地无功为名，罢了贺若敦的官。贺若敦觉得自己本来有功，不仅没有得到奖赏，反而受到惩罚，心里很不服气。心里有怨气，就到处说，因此激怒了宇文护，宇文护令其自尽。

贺若敦临终时，把贺若弼叫到跟前，嘱咐说："我曾下决心平定江南，然而这一愿望没有实现，你应当完成我的遗志。我因为爱说而致死，你千万不可忘记这个教训啊！"说罢，就用锥子把自己的舌头刺出血来，作为对儿子的告诫。这时，贺若弼已是22岁的青年人了。

■ 贺若敦图

贺若弼早在少年时，就胸有大志，为人慷慨，刻苦练武，勇敢不凡。同时又博览群书，在当时的贵族子弟中很有名望。后来，贺若弼被齐王宇文宪所赏识，让他到齐王府做管理文书的工作。不久被封为当亭县公，官至小内史，成为皇帝亲近的一名官员，参与一些机要大事的处理。

577年，北周武帝灭掉了北齐。后来，周宣帝以大将韦孝宽为元帅率军伐陈，贺若弼跟随出征。在这次战斗中，贺若弼立了大功，史称这次战斗的胜利，多归功于贺若弼的谋划。

战争结束后，周宣帝提升贺若弼为寿州刺史，改封襄邑郡公，镇守淮南。这为贺若弼实现父亲的遗志创造了条件。

周宣帝去世后，大权落到丞相、外戚杨坚手中。杨坚于581年废掉宣帝的儿子周静帝自立为皇帝，改国号为隋，称"隋文帝"。同时着手准备伐南陈统一

宇文护（515—572年），南北朝时期北周权臣，封大司马、晋国公。早年跟随叔叔宇文泰与东魏交战，屡建战功。宇文泰去世后，接掌国政，拥立宇文觉建立北周。

全国的准备工作。

这时，宰相高颎向隋文帝推荐贺若弼，建议加以重用。高颎认为："朝臣之内，论文武才干，没有人能比得上贺若弼。"

隋文帝采纳高颎建议，任命贺若弼为平陈军事行动的行军总管，率军出广陵，云集在长江北岸。

广陵和寿州、庐州是隋代渡江伐陈的根据地，贺若弼喜出望外，因为实现父亲的遗志完成国家的统一、施展自己雄才大略的千载难逢的机会终于来了。

到达广陵后，贺若弼抑制不住内心的兴奋之情，写了一首诗，赠给寿州总管源雄。诗中写道：

交河骠骑幕，合浦伏波营；
勿使麒麟上，无我二人名。

意思是说，你我统率水陆大军镇守大江之北，肩负伐陈重任，一定要在伐陈战争中取得功名。诗中的"麒麟"，是指汉武帝在长安未央宫内所建的麒麟阁，西汉宣帝时曾在阁里画了霍光等11名功臣像，以表其功。贺若弼引用这个典故与源雄互勉，充分反映了他以伐陈为己任的雄心壮志和必胜信心。

贺若弼军提前发起进攻，出广陵南渡。将要渡江时，贺若弼酹酒发誓，要远振国威，伐罪吊民，"如事有乖违，得葬江鱼腹中，死且不恨"。誓毕，挥军渡过长江。

陈军猝不及防，慌溃而逃。贺若弼军乘势攻占重镇京口，即现在的江苏省镇江市，擒其刺史黄恪，俘获敌众6000余人，均优待释放。

贺若弼严明军令，将士秋毫无犯，有军士拿民间一物者，立斩不赦。对俘众却给予优待，发给资粮，尽皆释放。所以所向披靡，降者甚众。

随后，贺若弼以一部进屯曲阿，即现在的江苏丹阳，以防江苏太湖以东、以南和浙江绍兴等地的陈军

159

蔚然成风

世道感化

■ 贺若弼征战图

至善至美的崇高道德

贺若弼征战图

增援，自率主力西进，从左翼攻南陈首都建康。

此时，隋军另一路韩擒虎军也攻占姑孰，沿江东进，南陈散骑常侍皋文奏军败退建康。贺若弼、韩擒虎两军自南北两路并进，钳击建康，沿江诸戍，望风尽走。隋军已对建康形成包围态势。

贺若弼军进据钟山，即现在的南京紫金山，屯于山南白土冈东。在当时，南陈在建康附近尚有甲士10余万。南陈后主陈叔宝不懂军事，面对隋军压境，拒绝了骠骑将军萧摩诃、镇东大将军任忠的建议，贸然命陈军出战，以至于南陈军队首尾进退互不相知。

贺若弼率轻骑登山侦察敌阵，遂与所部8000甲士列阵以待。南陈将领田瑞首先率部进击，被贺若弼军击退。在交战不利时，贺若弼迅速摆脱被动，乘敌骄惰懈怠之际，猛攻敌之薄弱部，大败敌军主力。此战对攻占建康具有重要意义。

贺若弼挥军乘胜推进，到达乐游苑。但陈的守军

上柱国 自春秋起为军事武装的高级统帅。汉代废止。五代时期复立为将军名号。北魏、西魏时期设柱国大将军、上柱国大将军等，北周时期增置上柱国大将军。隋代有"上柱国、柱国"，以封勋臣。唐代兵权归中央机构，"上柱国"渐成功勋的荣誉称号。

苦战不息，直至日薄西山，才解甲就擒。贺若弼遂从北掖门入城。

此时西路军总管韩擒虎已率500骑兵于朱雀门先期入城，并俘获陈后主，占据了府库。贺若弼令将陈后主带来一视，只见陈后主惶恐流汗，股栗再拜。

隋文帝闻贺若弼、韩擒虎两人有功，下诏励志。将贺若弼进位上柱国，再拜右领军大将军、右武侯大将军。韩擒虎也受到同样待遇。

灭陈以后，贺若弼位望名隆，其兄贺若隆为武都郡公，弟贺若东为万荣郡公。

贺若弼不忘父志，终于攻占陈首都建康，为隋代的统一，立了首功，而留名于青史。

阅读链接

589年，隋文帝杨坚准备大举攻打陈国。战前，隋将贺若弼因奉命统领江防，经常组织沿江守备部队调防。每次调防都命令部队于历阳集中。还特令三军集中时，必须大列旗帜，遍支警帐，张扬声势，以迷惑陈国。陈国以为大军将至，尽发国中士卒准备迎战，不久又发现隋军并非出击，陈便撤回集结的部队。

如此三番五次，陈国戒备松懈。直至贺若弼大军渡江而来，陈国居然未有觉察。隋军如同天兵压顶，令陈兵猝不及防，遂一举拔取陈国的南徐州。

孙思邈学医最先孝双亲

在唐代，人们以儒家的道德观和伦理精神一以贯之，而在门户之内，最重要的事务就是尽孝悌之道，主要表现为对父母履行孝道。著名道士、医药学家孙思邈，就是孝敬双亲的典型。

孙思邈出生于唐代京兆华原一个贫苦家庭里，京兆华原就是现在的陕西铜川耀州。他的父亲是一名木工，母亲是普通的家庭主妇。

孙思邈的家乡水土不好，得病的人很多。他父亲得了雀目症，就是现在所说的夜盲症，一到天黑就

■ 孙思邈（581—682年），唐朝京兆华原，也就是陕西耀县人，是著名的医师与道士，是中国乃至世界史上伟大的医学家和药物学家，被后人誉为"药王"，许多华人奉之为"医神"。孙思邈医德高尚。他认为，医生须以解除病人痛苦为唯一职责，其他则"无欲无求"，对病人"皆如至尊""华夷愚智，普同一等"。

■ 孙思邈采药塑像

看不见东西；母亲也有"大脖子病"，就是现在所说的甲状腺肿大症，经常吃药。孙思邈见了非常着急。

一天，父亲边做木工活边问孙思邈："你长大了，难道也打算干木工活吗？"

孙思邈毫不犹豫地回答："我长大了要当医生，把您的雀目病治好，把母亲的粗脖子病也治好。"

父亲听了儿子一片孝敬父母之言，十分感动，沉思片刻说："好孩子，你要当医生，就不能像我这样，斗大的字认识不了一筐。咱家虽说很穷，但我就是累弯了腰，也要供你念书。明天你就上学去！"

在父母的支持下，孙思邈在村西的一孔土窑洞里读书，从此开始了他的求知生涯。

孙思邈在7岁的时候，能认识1000多个字。这1000多个字，都是他会写的。

孙思邈12岁时，父亲带他到药农张七伯家，准备

夜盲症 俗称"雀蒙眼"，在夜间或光线昏暗的环境下视物不清，行动困难，称为"夜盲症"。常常由于饮食中缺乏维生素A或因某些消化系统疾病影响维生素A的吸收，致使视网膜杆状细胞没有合成视紫红质的原料而造成夜盲。

至善至美的崇高道德

■ 孙思邈行医图

《黄帝内经》

分《灵枢》《素
问》两部分，为
古代医家托轩辕
黄帝名之作，为
医家、医学理论
家联合创作，一
般认为成书于春
秋战国时期。
是中国传统医学
四大经典著作之
一，是中国医学
宝库中现存成书
最早的一部医学
典籍。

给张七伯做装药的柜子。孙思邈见张家院内到处是草药，心想："这下父母的病可有治了！"于是，他求得父亲同意，拜张七伯为师。

张七伯素闻孙思邈是个很乖的孩子，又很孝顺，就高兴地答应下来，说帮孙家带一带这个孩子。

孙思邈在张七伯的家里当了3年学徒，经常向师父问这问那，常常使师父十分为难。后来他才知道，师父识不了多少字，只会用一些土方治病，根本不懂药性医理。

张七伯也懂得徒弟的心思，同时也发现孙思邈是个极聪明的孩子，自己不能耽误人家的前程，就诚恳地对孙思邈说："从这往北走40里，是铜官县，我舅舅是那里有名的医生，这本《黄帝内经》就是他

送给我的，我读不懂，你拿回去好好读读，等长大些，去找我舅舅学医吧！"

17岁的孙思邈，为双亲治病心切，不畏人生路远，终于来到铜官县找到那位名医。可这位医生不会治雀目病和甲状腺肿病，这使孙思邈十分失望。

尽管如此，孙思邈还是不死心，决意拜师。他在这里学习了一年，在这期间继续研究《黄帝内经》，医学知识长进了不少。

第二年，18岁的孙思邈回到家乡，开始给乡亲们治病。在行医时他不贪财物，对病人同情爱护，渐渐地在家乡有了点名声。

一次，一个腿疼的病人前来就诊，孙思邈便给他针灸。他按照传统的疗法，扎了几针都未能止疼。他想，难道除了《黄帝内经》中说的365个穴位之外，再没有别的穴位了吗？

他仔细地寻找新的穴位，一边用大拇指轻轻按掐，一边问病人按

■ 孙思邈采药图

阿是穴 穴位分类名，又名"不定穴""天应穴""压痛点"。这类穴位一般都随病而定，多位于病变的附近，也可在与其距离较远的部位，没有固定的位置和名称。它的取穴方法即"有痛便是穴"。临床上医生根据按压时病人有酸、麻、胀、痛等感觉和皮肤变化而予以临时认定。

掐的部位是不是疼。

病人一直都摇头。当孙思邈手指按掐住一个新的部位时，病人立即感到腿疼的症状减轻了好多。孙思邈就在这一点扎了一针，病人的腿立刻不疼了。

这种随疼点而定的穴位，叫作"阿是穴"，又名"天应穴"或"不定穴"。这是孙思邈对针灸学的一大贡献。

病人的痼疾被孙思邈治好了，他感激地对孙思邈说："孙先生年纪不大，可医术超群，真是复生的扁鹊，再世的华佗啊！"

孙思邈听了忙说："哪里哪里！我连父亲的雀目病，母亲的粗脖子病都治不好，哪敢与'神医'扁鹊相比呀！"

病人见孙思邈将双亲的病挂在心头很受感动，

想了想说："我家住在秦岭里面，那儿粗脖子病人很多，我表妹就患了这种病，被秦岭之巅太白山脚下的一位先生治好了。"

孙思邈听了，欣喜若狂，赶紧问道："这位先生叫什么名字？"

病人说："叫陈元，是江南人。"

孙思邈一心想治好双亲的病，第二天就动身赶往太白山。铜官县到秦岭的太白山有200千米旱路，交通不便，旅途艰难是可想而知的。但是，为了给双亲治病，孙思邈以惊人的毅力战胜了旅途上重重困难，用了半个月的时间，终于来到了美丽的太白山脚下，几经周折，找到了陈元。

陈元见孙思邈一番孝诚之心就收他为徒。陈元是个很诚实的人，他告诉孙思邈自己并不是医生，他治粗脖病的方法，是从他的父亲那里学来的，而且效果

扁鹊（前407—前310年），春秋战国时期名医。医术高超，被认为是神医，当时的人们借用了上古神话的黄帝时神医"扁鹊"的名号来称呼他。他开启了中医学的先河，著有中医典籍《难经》。

167

蔚然成风

世道感化

■孙思邈行医图

不太明显。

　　孙思邈还是满怀信心地住下来，一边行医，一边同陈元采药闲聊，一起探求治雀目病的方法。

　　一天，陈元边采药边说："我的父亲曾经说过，不知啥原因，雀目病待人不公平，专欺侮穷人，富人就不患这种病。"

　　孙思邈听了心里一动：看来穷人一定是缺少某种东西才患这种病的。如果让穷人也吃上富人吃的东西，说不定能治好雀目病。想到这里，孙思邈就叫一位患有雀目病的人接连吃了几斤猪肉，可仍不见好。

■ 孙思邈雕塑

羊靥 为牛科动物山羊或绵羊的甲状腺体。中医认为，羊靥的味甘淡，性温，无毒；羊靥的功效可治气瘿、胸膈满塞、咽喉项颈渐粗等；羊靥治病方剂有羊靥丸、昆布丸等。孙思邈的《千金方》中记载有用羊靥和鹿靥治甲状腺肿的药方。

　　孙思邈又翻阅一些药书，见有"肝开窍于目"一条，他想：如果给雀目病人吃肝，一定会奏效的。于是他就给一位患者买了几斤牛羊肝吃。几天后，病人大有好转，又吃了一些，病人奇迹般痊愈了。

　　孙思邈由此受到启发，进一步探讨粗脖子病因。几经调查研究，发现这种病同长期喝一种水有关，如何治疗，还须进一步研究。

　　有一次，一位猎人射死一只鹿，请孙思邈去吃鹿肉，他吃着吃着，想起人们常说的一句话"吃心补心，吃肝补肝"，那么，吃鹿靥能不能治粗脖子病呢？后经实验，果然有效，而且羊靥也行。

　　孙思邈终于找到了治疗双亲的病的有效方法。他马上收拾东西回家，用所学到的方法给父母治病。经过孙思邈的治疗，他父亲的眼睛很快能在夜间看见东西了，母亲的脖子也恢复了正常。多年的心愿终于实现了，他无比欣慰。

从此以后，孙思邈更加刻苦地钻研医药知识。他曾经上峨眉山、终南山，下江州，边行医，边采集中药，边临床试验。经过多年努力，他终于著成《千金要方》一书，成为药王。

在行医过程中，孙思邈越发感觉到，一个好的医生，必须德才兼备。如只有良好的医德素养，而无过硬的医疗技术，那也只不过是空谈，遇到病人也爱莫能助。

孙思邈同时还认为，国君和双亲生病，不能为他

《千金要方》

《备急千金要方》，简称《千金要方》或《千金方》，30卷，是综合性临床医著。唐代孙思邈著，约成书于652年。该书集唐代以前诊治经验之大成，对后世医家影响极大。孙思邈认为生命的价值贵于千金，因而用《千金要方》作为书名。

■ 孙思邈采药壁画

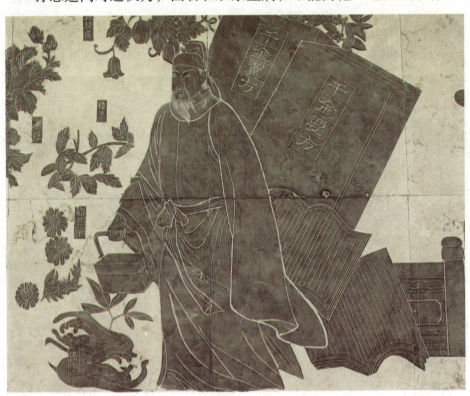

张仲景（约150或154—约215或219年），东汉伟大的医学家、世界医史伟人。所著《伤寒杂病论》，是中医史上第一部理、法、方、药具备的经典，被后世尊为"医圣"，甚至有庙供奉香火。

们治疗就是不忠不孝的表现。因此，对王公大臣中的病人，只要他们找到自己，他都本着"医者仁心"的宗旨，积极予以治疗。

有一次，唐太宗患病，太医们束手无策，太宗便传旨召孙思邈进宫。孙思邈为唐太宗诊脉后开了处方，一剂下去，不见起色，又服一剂，仍不见效。

唐太宗也没有责怪他，让他先回家。孙思邈心里很不痛快，路过一座山，向山民讨口水喝。

这户人家只有姐妹俩，以卖药材为生。姐姐用黄色花冲了一碗金花茶，妹妹用白色花冲了一碗银花茶。孙思邈每样茶喝一口，觉得味甘清淡，止渴清热，对两姐妹说："这两种花都可以入药。"

姐姐解释说："这两种花是一种药，刚开时为白色，盛开色变黄，叫金银花。莫说你，就是孙思邈也不认识假药呢。我们进城卖药，那些太监把我们的药

■药王孙思邈雕塑

全部拿走，只给一点点钱。我们气不过，就用假药骗他们，为此，连孙思邈也治不好万岁爷的病。"

孙思邈这才恍然大悟，他立即表明身份，拜两位山姑为师，跟她们学习采药、制药。后来，孙思邈亲自采药进宫，一剂药就治好了唐太宗的病。唐太宗接受了他的忠告，责令太监上市公平买卖。

孙思邈对古典医学有深刻的研究，对民间验方十分重视，对内、外、妇、儿、五官、针灸各科都很精通，有24项成果开创了中国医药学史上的先河。他是继东汉医学家张仲景之后中国历史上第一个全面系统研究中医药的先驱者。

孙思邈对医德的建树，是不可磨灭的。他为治疗双亲而立下的最初志向，堪称行孝楷模，千百年来为人们所传颂。

孙思邈雕像

阅读链接

孙思邈医术高明，民间传说他有起死回生之术。

有一天，孙思邈外面出诊，路遇出殡，棺材里渗出一滴一滴鲜红的血迹。他向人问明死因，这时送葬队伍早已走远了。孙思邈急匆匆直追到墓地里。人们正要下葬，经他一再解释，才打开棺材。他用随身携带的针灸和药物救活了难产闭气的妇女，使孕妇顺利分娩。

人们无不惊叹孙思邈高超的医术。但是，对群众的赞许，家人的感激，孙思邈只微微一笑，并无所求，匆匆而去。

欧阳修不忘母亲教诲

欧阳修画像

在宋代，随着经济的发展和文化的发达，孝悌文化也进入历史的最盛状态。北宋时期的欧阳修幼承家教，待成年后，积极将儒家的仁爱孝悌思想贯彻于自己的实践活动中，有力地促进了宋代民间社会讲孝行孝的孝文化的发展。

欧阳修1007年生于北宋吉州永丰，就是现在的江西吉安永丰。他出身于封建仕宦家庭，其父欧阳观是一个小吏。在欧阳修出生后的第四年，父亲就离开了人世，于是家中生活的重担全部落在欧阳修的母亲郑氏身上。

为了生计，母亲不得不带着刚4岁的欧阳修来到随州，以便孤儿寡妇能得到在随州的欧阳修叔父的照顾。欧阳修的母亲郑氏出生于一个贫苦的家庭，只读过几天书，但却是一位有毅力、有见识、又肯吃苦的母亲。

欧阳母不断给年幼的欧阳修讲如何做人的故事，每次讲完故事，她都把故事作一个总结，让欧阳修明白做人的很多道理。欧阳母教导欧阳修最多的，就是做人不可随声附和，不要随波逐流。这对欧阳修以后在官场如何做人做事，影响非常之大。

欧阳修稍大些以后，欧阳母想方设法教他认字写字，先是教他读唐代诗人周朴、郑谷及当时的九僧诗。尽管欧阳修对这些诗一知半解，却增强了读书的兴趣。

眼看欧阳修就到上学的年龄了，欧阳母一心想让儿子读书，可是家里穷，买不起纸笔。有一次她看到屋前的池塘边长着荻草，突发奇想，用这些荻草秆在地上写字不是也很好吗？她就用荻草秆当笔，铺沙当纸，开始教欧阳修练字。

欧阳修按照母亲的教导，在地上一笔一画地练习

■ 欧阳修画像

九僧诗 "晚唐体"诗人中的希昼、文兆、惠崇、怀古等9位僧人，继承了贾岛、姚合反复推敲的苦吟精神，内容大多为描绘深邃幽静的山林景色和枯寂淡薄的隐逸生活，形式上特别重视五律。九僧诗中，虽时有文字颇为精警的断句，但全篇的意境往往不够完整。全称《九僧诗集》。

写字，反反复复地练，错了再写，直至写对写工整为止，一丝不苟。这就是后人传为佳话的"画荻教子"的故事。

幼小的欧阳修在母亲的教育下，智力得到了很好的开发。他不但很快就爱上了诗书，而且每天还练习写字，积累越来越多，年纪不大的时候就已能过目成诵了。

欧阳修由于家里穷，常常去借书看，随州城南的李家是一个藏书家。欧阳修不断地到这里与李家的孩子一起玩，时间久了，就将李家的书借回家看，无论严寒的隆冬，还是赤日炎炎的盛夏，从不间断，从不松懈。每见到书上一些好的内容，他都赶快把它抄下来。

一天，欧阳修从李家旧纸筐里发现一本《韩昌黎文集》，经主人允许，带回家里。打开一看，大开眼界，便废寝忘食、夜以继日地阅读起来。

北宋初年，社会上多流行华丽浮躁、内容空洞的文风，而韩愈的文风与之完全不一样。欧阳修被韩愈清新自然的文章所打动。他高兴地对母亲说："世上竟有这么好的文章啊！"

母亲告诉他说："世上的好文章，都是先做好人，然后才写出来的。古语说'文如其人'，什么样的文章，就代表着什么样的人品。"

欧阳修牢牢记住母亲的话，下定决心做个像韩愈那样的好人。无形之中，韩愈已经成了他心中的偶像。尽管欧阳修年纪尚小，对韩愈文学思想未必能全部吃透，但却为他以后革除华而不实的文风打下了基础。而正是在这种思想启迪下，一个学习韩愈、革除当时文坛上坏风气的念头，在他的脑海里油然而生。

欧阳修长大以后，到东京参加进士考试，连考3场，都得了第一名。欧阳修20岁的时候，已是当时文学界大名鼎鼎的人物了。欧阳母为儿子的出众才学而高兴，但她希望儿子不仅文学成就出众，为人做事也要对得起自己的良心。

欧阳修的父亲生前曾在道州、泰州做过管理行政事务和司法的小官。他关心民间疾苦，正直廉洁，为百姓所爱戴。欧阳修长大做了官以后，母亲还经常将他父亲为官的事迹讲给他听。

欧阳母对儿子说："你父亲做司法官的时候，常在夜间处理案件，对于涉及平民百姓的案宗他都十分慎重，翻来覆去地看。凡是能够从轻的，都从轻判处；而对于那些实在不能从轻的，往往深表同情，叹息不止。"

她还说："你父亲做官，廉洁奉公，不谋私利，而且经常以财物接济别人，喜欢交结宾朋。他的官俸虽然不多，却不让有剩余。他常常说不要把金钱变成累赘。所以他去世后，没有留下一间房，没有留下一垄地。"

她告诫儿子："对于父母的奉养不一定要十分丰盛，重要的是要有一个孝心。自己的财物虽然不能布

进士　古代科举制度中的最高等级，是古代科举殿试及第者之称。通过最后一级考试者，称为"进士"，意为可以进授爵位之人。隋炀帝大业年间始置进士科目。自宋代以后，进士一律要经过由皇帝主持的"殿试"一关复核和决定名次。

175

蔚然成风

世道感化

■ 欧阳修书法《灼艾帖》

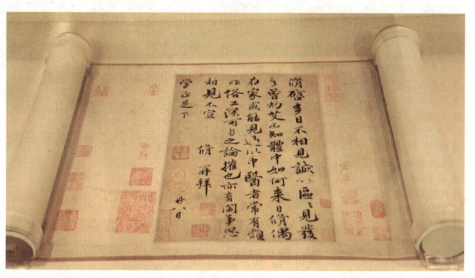

施到穷人身上，但一定要心存仁义。我没有能力教导你，只要你能记住你父亲的教诲，我就放心了。"

母亲的这些语重心长的话，深深地印在了欧阳修的脑海里。他还把母亲说的话记在一个本子上，放在贴身的衣袋里，经常带在身边随时翻阅。

"孝"是儿女对父母应尽的职责，是一种无私的、不计报酬的善行，而从"孝道"出发，推及社会，则能培养仁爱之心和清正廉明的品格。这种精神，在欧阳修身上有鲜明的体现。

欧阳修虽然官职不高，但是十分关心朝政，正直敢谏。当范仲淹的改革受阻，被贬谪到南方去的时候，欧阳修十分气愤，写信责备反对改革的人不知道人间有"羞耻"二字。为了支持范仲淹新政，欧阳修被一些权贵强加罪名，结果也被宋仁宗贬谪到滁州。

滁州就是现在的安徽滁县，这里四面环山，风景优美。欧阳修到滁州后，在处理政事之余，常常在山水间寄托幽情。

当地有个和尚在滁州琅琊山上造了一座亭子供游人休息。欧阳修登山游览的时候，常在这座亭上喝酒。他自称"醉翁"，给亭子起个名字叫醉翁亭。他

■ 欧阳修画像

至善至美的崇高道德

范仲淹（989—1052年），北宋时期著名的政治家、思想家、军事家、文学家、教育家。1043年，与富弼、韩琦等人参与"庆历新政"，提出10项改革建议。后被贬为地方官，辗转于邓州、杭州、青州，晚年知杭州期间，设立义庄。

著名的作品《醉翁亭记》，就是这个时候写成的。文章表达了"与民同乐"的思想情怀。

正如唐代大诗人李白所说的那句话，"天生我材必有用"，身怀八斗之才的欧阳修当了10多年地方官后，终于被当朝皇帝宋仁宗想起。宋仁宗为欧阳修的才气所打动，把他调回了京城，担任翰林学士。

上任伊始，欧阳修便积极提倡改革文风。有一年，京城举行进士考试，恰好由他担任主考官。他认为这正是他选拔人才、改革文风的好机会，便要求阅卷者以一种全新的眼光来审视考生，如发现故弄玄虚、华而不实的文章，一概不录取。

欧阳修的录榜标准，开了一代文风，招纳了大批人才，自然也得罪了那些文风华而不实的考生。颁榜的那天，有不少考生见自己落选了，对欧阳修十分不满，吵吵嚷嚷地辱骂他。有些人甚至把骑马出门的欧

宋仁宗 （1010—1063年），初名受益，立为皇太子时被宋真宗赐名赵祯。北宋第四代皇帝。在位41年。谥号"体天法道极功全德神文圣武睿哲明孝皇帝"。他在位时内忧外患，虽一度推行"庆历新政"，但未克全功。其陵墓为永昭陵。

■ 欧阳修雕像

阳修拦住，向他讨说法。

经过这场风波，欧阳修虽然受到了一些压力，但是考场的文风从此发生了变化，大家开始摒弃那些不痛不痒、哗众取宠的文章，继而形成了朴素而自由、严谨而高雅的文风。

欧阳修不但大力改革文风，还十分注重发现和提拔人才。许多原来并不那么出名的人才，经过他的赏识和提拔推荐，一个个都成了名家。

当时最出名的文学家是曾巩、王安石、苏洵和他的两个儿子苏轼和苏辙。在文学史上，人们把欧阳修等6个人和唐代的韩愈、柳宗元合起来，称为"唐宋八大家"。

欧阳修为官秉正，但也不忘孝敬为自己备尝艰辛的母亲。他在朝廷时，有一年母亲得病，他托好友梅尧臣访求名医，为母亲治病。他移官颍州任知州时，常为颍州僻小，治疗母病缺医少药而感叹。

他在应天即今河南商丘任知府时，老母卧病，他既忙于求医问药，又时常侍奉汤药。为了让母亲早日康复，想求一僻静之地而不可得，常常思绪不佳。

1053年，欧阳修的母亲以73岁的高龄病

■ 欧阳修苏轼塑像

逝于南京，欧阳修亲自将母亲遗体运送故乡，入土安葬。欧阳修在守制期间，常常怀念母亲，母亲慈祥的面容，劳碌奔波的身影，时时浮现在眼前。他深知，是母亲的谆谆教导，激励了自己成就一生的功业。

为了追悼母亲，欧阳修写下《先妣事略》，字里行间无不透出母子的绵绵深情：悲伤母亲短暂而艰辛的一生，歌颂母亲朴实而崇高的品德。他拾取母亲生前的一些日常生活琐事，娓娓道来，刻画了一位勤劳、俭朴、待人厚道、严以教子的母亲形象，寓歌颂于叙事之中。

祖坟是祖先长眠的地方，照管和祭奠祖坟，追思祖先功德，无疑是行孝道的表现。欧阳修长期在外地为官，多次写信嘱托居住在庐陵的堂弟欧阳焕照管祖坟。

欧阳修的母亲一身正气，她的言传身教影响了欧阳修的一生，使欧阳修一生光明磊落，敢说敢为，受到后人的尊敬。

阅读链接

欧阳修是一个疾恶如仇，正义凛然的知识分子。他曾经路见不平，写了一篇义正词严的《朋党论》，因此得罪了朝中小人，被贬到滁州去当个小太守。他在贬谪的逆境中没有怨天尤人，看到的不是凄风，不是苦雨，而是一片令人陶醉的好山好水。这种智慧，实在非比寻常人。

欧阳修晚年，自号"六一居士"，他解释"六一"的由来说："吾集古录一千卷，藏书一万卷，有琴一张，有棋一局，而常置酒一壶，吾老于其间，是为六一。"因此自称"六一居士"。

陈世恩感化弟弟走正道

　　在明神宗一朝，出现了一个注重同胞友爱的人，这个人就是陈世恩。陈世恩是万历年间的进士。兄弟三人，陈世恩在家里排行第二，当时还没有成就，但他谦逊有礼、平易近人的态度，让人敬佩。

■ 陈世恩教弟图

　　最小的三弟由于父母宠爱，因此长大后，整日无所事事，东游西逛，结交了一帮不好的朋友。他每天到处游荡，经常是一大早就不见了人影，深更半夜才回来。

　　俗话说，"长兄如父"。三弟的年少轻狂，大哥看在眼里，急在心头。假如三弟不成器，自己该如何向高堂老父母交代，又如何对得起列祖列宗呢？

　　于是，只要有机会，大哥就把

三弟叫到一边，苦口婆心地劝他："三弟呀，不要再在外面游荡了，要早点回家，免得让家人担心啊！"

三弟正是年轻气盛的时候，大哥劝一两次还罢，次数多了，他不但听不进去，还开始对大哥反感起来。以后他见到大哥就躲，实在躲不过就勉强听着，也是左耳进、右耳出，只要有机会就溜出去。见到那帮朋友，觉得比自己的哥哥亲多了。

俗话说，"逸则淫，淫则忘善"，三弟因为放荡自己，不免越发离不开这帮一起吃喝玩乐的朋友，心里还怪大哥多管闲事。大哥看到三弟不仅不听自己的规劝，依然我行我素，并且比以前有过之而无不及，心里十分痛苦、烦闷。

陈世恩见此情景，就和大哥促膝长谈。大哥说："我如此煞费苦心地劝告三弟，他却越发变本加厉。公然以不良的行为对我，难道是我哪里做错了吗？"

陈世恩把手按在哥哥的手上，对他说："大哥，你的心是为弟弟好，这个没错，我对弟弟的行为也很担忧。但是你对弟弟讲话的时候，语气太直接了，年轻人恐怕面子上挂不住，并且还会伤到他的自尊心，对他来讲一点益处都没有。"

大哥听了这话，很是纠结。陈世恩说："这样吧，你给我一段时间，由我来劝他，你暂时先放下这件事。"陈世恩和大哥就这样说定了。

当天晚上，陈世恩手里拿着院子大门的钥匙，站在门外等弟弟回来。此时，月朗星稀，月光下，有一条路通向村外，路旁长着茂密的桑树和梓树。陈世恩不禁回想起弟弟小时候天真可爱的模样。唉，时间过得真快，哥哥已年过半百，自己也到了不惑之年，弟弟也一眨眼就长成了大小伙子了，手足之情，弥足珍贵啊！

一阵清凉的风吹来，陈世恩感觉身上有些发冷。弟弟还是没有回来，他想到弟弟一大早出去，也不知衣服穿够了没有？再说，在外面闲逛的，都是一帮不经世事的年轻人，怎么照顾得好自己？饿一顿，饱一顿，唉，弟弟的脸色好像是比以前差很多了。

夜深了，人们都已进入梦乡，陈世恩还在门外徘徊，耐心地等待着弟弟的归来。突然，在月光下，陈世恩发现对面走来一个瘦长的身影，根据身形判定是弟弟。他高兴地说："是三弟吗？"

"啊？是二哥呀！"弟弟没有料到二哥在等他，意外之下显得有点不知所措。

"赶快进来吧，外面冷。"陈世恩看着弟弟走进院子，就亲自把院门关起来，并且把锁锁上。

弟弟以为二哥开始要教训他了，没想到耳朵边却传来二哥亲切的问候："你吃晚饭了没有？冷不冷？"

"噢……吃了，不冷。"弟弟说完，就回到自己房间去了。

第二天一大早，弟弟又溜出去了，仍然是一整天也没有回来。这天晚上天气很糟糕，刮着大风，下着大雪，但陈世恩和前一天一样，

晚上在院子门口等弟弟。弟弟没想到这样的天气二哥还在等他，不免有些心虚，站在院子外不好意思进来。

陈世恩笑着说："外面好大的风雪，赶紧进来吧，我来锁门。"

弟弟进门后，陈世恩闻到弟弟身上有一股酒气，关切地说："喝酒了，难受吗？我刚好泡了一杯浓茶，可以解解酒。"说罢，陈世恩就把弟弟带到自己房间，看他喝了茶，漱了口，嘱咐他早点歇息。

这一次，弟弟可有些睡不着了。假如二哥也像大哥那样骂自己几句，自己倒觉得无所谓，但是二哥却半点也没责怪自己。弟弟回想起自己在外面花天酒地的情形，觉得脸上有些发烧。又想到自己从小到大，两位哥哥对自己疼爱有加，想到这些他心里觉得特别亲。

此后连续几天，弟弟在外面开始待不住了，眼前尽是哥哥深夜翘首期盼自己归家的身影。他对朋友们提出要先告辞，朋友们嘲笑他说："急什么？难道怕家里的大棒槌吗？"弟弟只好又和他们玩到天黑。

弟弟赶回家，二哥又是一脸关切地抚着他的肩头，问他有没有哪

■ 孝亲图

儿不舒服，举手投足间真切担忧关怀的神情溢于言表。

弟弟羞惭交加，感到太对不起哥哥和家里人了。他鼻子一酸，"哇"的一下哭出声来，跪下去对二哥说："我错了，请二哥责罚！"

陈世恩也激动不已，他高兴地说："好，好，回来就好，哥哥知道你会自己醒悟的。"

从此以后，弟弟像换了个人一样，再也不和那帮朋友一起混了。在两位哥哥的精心教导下，弟弟认真学习，发愤图强，后来成了一位德才兼备的人。

陈世恩发达时他的兄长已经去世了。有一次，他嫂子的弟弟来看姐姐，陈世恩见他衣服破烂，就关切地问候他。

陈世恩的弟弟就问："你为什么能对嫂子的弟弟这么好？"

陈世恩就说："嫂子没有子女，年轻时就为哥哥守节，所以也要敬重嫂子以及她的家人。"

弟弟听了这话，再一次被深深地感动了。

陈世恩有两个儿子：陈升和陈陛，他们在父亲的影响下，刻苦用功，后来均考中进士，在朝为官。这是一个普普通通，充满了人情味的故事，脍炙人口，广为流传。毕竟，家才是一个人最温暖的港湾，兄弟之间相互扶持才能风雨同舟。

至善至美的崇高道德

阅读链接

在上述故事中，大哥的劝导指责其实无可厚非，但他在劝导弟弟的时候只是以道理来说教，态度强硬，反倒让弟弟产生反感。陈世恩则是用感化的方法来教育弟弟。他天天在外等候，并不是心不甘，情不愿，而是真诚地、发自内心地关怀弟弟，一点难色都没有。弟弟确实感受到兄长的那一片真情，心灵受到了极大的触动，从而决心悔改。

后人评价说，没有什么方法比这个更好的。由此可见，同胞之间，只要真情付出，必将收获那份可贵的手足之情。

沈云英忠孝彪炳千秋

明初提倡的"孝悌之道"在明代被贯彻始终，明代末年又出现了一个堪称既忠且孝的女英雄，她就是沈云英。

沈云英出生在浙江萧山的一个叫作长巷村的地方。她是独生女儿，沈家没有儿子，就把沈云英当作男孩子来养。

沈云英不仅喜爱读书写字，还热爱刀枪棍棒。她的父亲沈至绪从小习武，是远近闻名的武术高手。在父亲的影响下，沈云英也偷偷地练习起了武艺。

明朝末年，沈至绪参加武举考试，被朝廷留在京城担任武官。从此，沈云英就随着父亲定居下来，母亲也被接了过来。在京城的几年里，沈云英没有放弃读书识字和习

沈云英雕塑

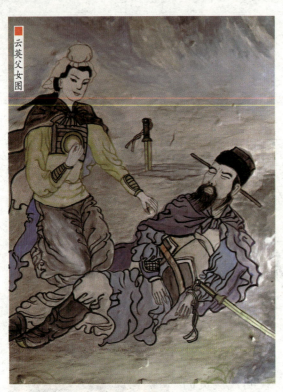

云英父女图

武，她认为自己的一身本领，总有一天会用得上。

1643年，沈至绪出任道州城守备，在一次率军出征中，不幸阵亡。沈云英没有像其他女孩子那样，立刻号啕大哭，而是咬紧牙关，强忍住悲痛的泪水。

此时，敌军已经来到道州城下，开始猛烈攻城。沈云英不畏强敌，沉着指挥，守城的将士看到一个女孩子都这么坚强，立刻信心百倍，英勇地给予敌人以沉重的打击。

敌人看见强攻没有奏效，于是一边在道州城外安营扎寨，准备长久围困，一边把沈至绪的尸体抬了出来，在两军阵前百般凌辱，想用这样的方法，瓦解城内的士气。这一招果然奏效，城内的百姓和守军看到沈将军已经阵亡，立刻人心惶惶，士气涣散，道州城危在旦夕。

沈云英心如刀割，但她知道此时应该以大局为重。为了稳定军心，她登上高台，大声说道："大家不要慌乱，沈将军是为国牺牲，我是他的女儿，自然要继承他的遗志。敌兵虽多，但是不要害怕，我虽是女孩子，但愿意第一个冲进敌营，为道州流尽最后一滴鲜血。"

说完，她穿好盔甲战袍，挑选了十多名勇敢的士兵，勇敢地冲出城去。挑衅的敌军没有想到城内的守军居然敢冲杀出来，而且只有这么几个人，一时间没有准备，立刻大乱起来。

沈云英骑马冲进敌人队列之中，一杆长枪左挑右刺，数十名敌军

至善至美的崇高道德

死在了她的枪下。

敌军丢下沈至绪的尸体，抱头鼠窜。等到他们回过神儿来的时候，沈云英已经带人抢回了父亲的尸体，回到了道州城内。

沈云英的英勇无畏，激励了道州城内的百姓，大家纷纷拿起武器，来到城头打击敌人。没过多久，敌人败退，道州城转危为安。

沈至绪去世以后，道州城内没有守备，大家都自发地听从沈云英的命令。湖广巡抚听说了这件事情，急忙把沈云英的功劳上报给了朝廷，并说沈云英的勇猛善战，一般的男子汉都比不上。

没过多久，朝廷就传来了诏旨，除了为沈至绪赠官和建立祠堂之外，还封沈云英为游击将军，继续带领兵民守卫道州。

沈云英忍痛接旨，她成为明代开国以来，绝无仅有女游击将军。但是，沈云英刚刚担任游击将军的职务，前方又传来一个噩耗，她的丈夫贾万策在战斗中不幸牺牲了。短短的时间之内连续失去了两位亲人。听到这个消息，她当场晕了过去。

丈夫的尸体很快运到了道州，坚强的沈云英终于忍耐不住，痛哭

云英凯旋图

了整整一天。

按照明代朝廷的规定，官员的父母亲人死去后，都要守孝3年。沈云英虽然是女人，但是她熟读史书，深明大义，所以给朝廷写了一封奏折，请求回乡。

朝廷很快就答应了。于是，年轻的沈云英，带着父亲和丈夫的遗体回到了家乡萧山县长巷村。可是，天下的形势出现了变动，明王朝很快灭亡了，而关外的清兵进入了关内，并且打到了浙江省境内。

沈云英满腔悲愤，准备投河自尽以死报国，最终被年迈的母亲制止。不久，她在家乡办起了私学，并且亲自带领族中子弟学文习武，以求培养有用的人才。

沈云英在明朝灭亡后一直郁郁寡欢，终于在39岁那年，怀着报国无门的悲愤，溘然逝去。沈云英去世后葬于衙前境内水搬山上。

她的故里长巷有"云英将军讲学处"，长巷沈氏宗祠内留存"将军讲学处"石匾，这通石匾永久留存于长巷村沈氏祠内。

沈云英虽然长眠在家乡，但是她的高风亮节、豪侠风范和传奇故事，却成为了一面鲜亮的旗帜，光耀后世，在古代的巾帼史册上添了浓墨重彩的一笔。

阅读链接

沈云英的忠孝事迹被历代传颂，激励着后人传承发扬爱国、敬老的精神。几百年后，她的同乡秋瑾女士写下了三首诗，推崇她和另外一位巾帼英雄秦良玉。

秋瑾是近代民主革命志士，被称为"鉴湖女侠"，她在诗中这样写道：古今争传女状头，谁说红颜不封侯。马家妇共沈家女，曾有威名振九州。（其一）执掌乾坤女土司，将军才调绝尘姿。花刀帕首桃花马，不愧名称娘子师。（其二）莫重男儿薄女儿，平台诗句赐娥眉。吾骄得此添生色，始信英雄曾有此。（其三）

孝心爱心谱华章

　　儒家伦理思想中的"仁爱孝悌"观念，有史以来就具有强大的精神力量，这一传统发展到清代，依然显示出它的勃勃生机。清代乾隆年间的名士方观承千里探亲，居官爱民，被世人传为佳话。

　　方观承是南方人。他小时候，祖父方登峰曾经当过朝廷里的工部主事，父亲方式济也考取过进士，当过内阁的中书。

　　有一年，祖父的朋友戴名世写了一本书叫作《南山集》，被朝廷看成是有反叛思想的禁书，把方观承的祖父和父亲也牵连进去了。方观承的祖父和父亲的官做不成了，家里的财产也被没收了，还被抓起来流放到黑龙江守卫边疆。

　　这时，方观承和他的哥哥年龄很小，罪犯家庭的子弟没人收留，一时间门庭冷落，亲友们都装作不认识他们，与他们断绝了来往。

　　幸好，父亲和祖父做官时与清凉山寺里的和尚是好朋友。和尚见兄弟俩可怜就收留了他们。每天，兄弟俩只能吃点施主给和尚们的饭过日子，生活极其困苦。方观承哥俩虽然过着这样苦的日子，但仍然

惦记着在北国被流放保卫边疆的父亲和祖父。

一天，方观承与哥哥找到老和尚说："长老，我们想到北国去看望父亲和祖父，二老在那里受苦，我们放心不下！"

老和尚十分感动，他看到孩子们还小，就劝阻说："路途遥远，我又无力给你们凑那么多路费，怎么去呢？"

方观承说："我们都有两条腿，可以走着去！"

寺里的长老无法，只好给方观承弟兄俩凑了一点钱作为路费。弟兄俩辞别老和尚离开了清凉山上路了。

在途中，尽管方观承和哥哥省吃俭用，可还是很快就把那点钱用光了。但是哥俩并未因此却步，而是艰难北行。饿了，就去敲沿途人家的大门，觍着脸跟住家要口饭吃。

本来，他俩是当官人家的子弟，跟人家要饭吃总是难以开口的。但是，肚子饿极了只好壮着胆子对人家讲了实情。若碰到好人家见他俩可怜，又是去北方探亲，被他们这种孝顺长辈的精神所感动，就送给他们一些吃的。

有时，碰到凶狠的人家，不但不给吃的，还唆使恶狗咬人。兄弟俩只好互相保护着逃到村外。饿得两眼昏花时，只好在庄稼地里随便挖点东西充饥。

千里征程，哥俩儿走得脚上磨出了血泡，血泡又变成了老茧。经过艰难跋涉，终于来到了北国军营，找到了在这里服役的祖父和父亲。亲人们相见，抱头痛哭。祖父和父亲万万没有想到两个孩子会来看望他们，内心得到极大的安慰。

以后，他们兄弟俩每年都到北国去探望亲人。在这个过程中，方观承虽然失去读书中举的机会，却能接触社会实际，不仅使他获得了书本上难以得到的知识，也为后来从政时体察民情奠定了思想基础。

方观承每次途经北京都要挥笔街头，卖字弥补路费。他写的字刚劲潇洒，求者蜂至，终为大清皇族平郡王福彭所赏识。

1732年，福彭出征准噶尔时招方观承为记室。第二年事平，方观承升为内阁中书。后又升军机处章京，再升吏部郎中。

1742年，方观承出任地方官，查勘浙江海塘及江南水道，取得了治理水利的经验。他的决策及时中肯，前后上乾隆帝数十疏，凡被采

■兄弟寻父图

纳者都行之有效。

从1749年起，方观承任直隶总督达20年之久，对境内农田水利进行综合治理，成效卓著。方观承将直隶主要河流子牙河自杨家口至阎儿庄一段改支河为正河，扩大流量，将滹沱河自晋州张岔口改道，南出宁晋入滏阳河顺新河道流出。

又将漳河自临漳东南改流大名，分两支：一支出城北；一支入河间，并在河口筑堤，断水南流，以减轻洪水对东南低洼地区的压力。又疏浚易州安国河，开渠灌田。在大规模水利兴修中，方观承实行"以工代赈"，发动州县总体出动，达到"沥水有归，农田杜患"。

方观承十分重视棉花生产，认为种棉"功同菽粟"，只有使农民种棉纺织，才能使"衣被周乎天下"。

他根据自己长期积累的植棉经验，绘成《棉花图》16幅，每幅附解说，系统地说明了从植棉到成布的全过程，同时列出每道生产程序中的工艺经验，进呈乾隆皇帝，乾隆御笔题诗16首，倍加赞许。

方观承为政一地，造福一方，受到了当地百姓的称赞，也受到了朝廷的褒扬。而方观承和哥哥千里探亲的故事，更是被传为佳话。

方观承这种把孝心献给长辈，把爱心送给百姓的事迹，写就了一首人间完美温馨的爱的乐章，奏出了中华民族仁爱孝悌的强音。

诚信知报

质朴道德的重要表现

中国从尧舜禹时就形成了以"诚"为宗、以"信"为旨的思维方式，经过夏商周三代尤其是孔子及儒家弟子的阐发，"诚信"已经成为儒家为人之道的中心思想，并体现在社会生活的方方面面。

在人伦关系中，中华民族不仅有诚信的美德，还有"报恩"的德行，报父母养育之恩，报师长提携之恩，报朋友知遇之恩，报国家培养之恩。

"诚信知报"以其深厚的历史积淀，已经成为中国人道德良知和道德良心的重要组成部分，是中国道德质朴性的重要表现。

建诚立信

帝喾以诚信赢万民

中华民族的诚信思想源远流长，早在4000多年前的帝喾时期就有了很强的诚信观。它是一种美德，一种品质，为中华民族历代所信奉。诚信思想体现了原始社会人们的精神风貌，是中华民族"诚信"美德的历史渊源，对后世产生了极其深远的影响。

帝喾画像

帝喾，号高辛氏，是黄帝的曾孙，父亲叫蟜极，他的伯父是颛顼。相传帝喾生于穷桑，即西海之滨，他的母亲因踏巨人足迹而生了他。

帝喾少小聪明好学，十二三岁便有盛名，15岁佐颛顼，封有辛这个地方，实住在帝丘。有辛就是后来的河南商丘，帝丘就是后来的濮阳。帝

■ 颛顼（前2514—前2437年），姬姓，本名乾荒，史称高阳，也称姬颛顼、帝颛顼或玄帝颛顼，为五帝之一，是华夏杰出先祖之一。据说他在位78年，到98岁逝世，葬于濮阳。春秋战国的楚王为其后裔。

颛顼去世时，30岁的帝喾继颛顼帝位，迁都至亳邑，这里位于现在的河南偃师县西南。

帝喾养性自律，喜好巡游，他东到泰山、东海；东北至辽宁；北到涿鹿、恒山、太原；西北至宁夏、甘肃；西南至四川；南到湖北、湖南至长沙。他几乎游遍五岳，参观了女娲、少昊、黄帝等前人的遗迹。这些传说虽未必真实，但可略见当时中国地域之辽阔。

帝喾时期可谓上古时期的太平盛世，这和他的诚信观念有很大关系。他在人民群众中尤以诚信而著称。"嫁女盘瓠犬"的故事历数千年而不衰。

据传说，有一次帝喾出巡大泽，就是现在的湖南洞庭湖一带。当时这里有一个古族叫犬戎，犬戎首领房王心怀不轨，与手下大将吴将军一起，率军围困帝喾，帝喾一时间不得脱险。

危急关头，帝喾悬出赏格：谁能打败房王和房王的吴将军，除了赏黄金千镒、封居有万家的土地外，还把自己的女儿嫁给他。

帝喾当初离开京城太远，兵力又少。将士们虽然很奋勇努力，但也无济于事，房王的军队很多。吴将

黄帝 （前2717—前2599年），本姓公孙，居轩辕之丘，号轩辕氏，建都于有熊，即今河南郑州新郑市，亦称为有熊氏。黄帝以姬水成，因有土德之瑞，故号黄帝。华夏上古时代一位著名的部落联盟首领，五帝之首，他被尊为中华"人文初祖"。

至善至美的崇高道德

嫁女盘瓠犬

盘瓠 中国古代神话中的人物。相传上古时南蛮首领高辛帝麾下有一只神犬，名叫盘瓠。帝喾守信嫁女盘瓠犬，盘瓠与辛女在一起生下了6对儿女。盘瓠死后，"其后滋蔓，号曰蛮夷"，成为中族，大家都尊奉他们共同的祖先。后"盘瓠"音转为"盘古"，成为中华民族的祖先。

军想打进去，杀死帝喾。但房王想，那样不好向天下交代。房王想把帝喾围困在那里，让他饿死困死，所以才没有发动进攻。

帝喾出巡时带了他的女儿同行。他的女儿还带着她养的那条叫盘瓠的狗。盘瓠与主人形影不离，时刻都在保护着主人，非常勇敢，每当外出，总是走在主人前面，探察路径好不好走。而且它非常机灵，主人的一个眼神，它都能明白是什么意思。

盘瓠发现主人这几天不开心，似乎觉得主人有了大难。于是，他咬了咬主人的衣角，然后迅速跑出去，左拐右拐，钻进了房王的驻地。

房王和吴将军都认出来了是帝喾女儿的那条叫盘瓠的狗，很喜欢。就对着它自言自语地说："你是不是知道高辛氏要亡，孤家要兴盛，所以才来投奔我的？"

当时有个说法，认为狗会带来财运，而假如一只狗突然不期而至，那就预示着将有更大的财运到来。

盘瓠摇了摇尾巴，趁他们不注意，突然发起攻击，很短的时间就咬死了房王和吴将军，并把两个人的头给衔了回来。

在帝喾生死存亡之际，是盘瓠解了他们的被围之苦。帝喾言出必行、履行承诺，真的把女儿嫁给了盘瓠。盘瓠背着帝喾的女儿跑到深山之中，并与其结婚、生育子女。多年以后，盘瓠和帝喾的女儿都去世了。

帝喾得知消息后，就把盘瓠的子女们接回了京城。但这些子女在深山老林里待惯了，很少驯良，有一股野性。帝喾不让他们到处走，也不让家人与他们接触交往，害怕他们带坏了别的孩子。

帝喾深思熟虑后，决定分封他们每个人一片土地，让他们各自为生，免得他们闹得京城不安。盘瓠的子女求之不得，拍着巴掌叫好。

后来，盘瓠的子女们有的回到当年他们父母原来住过的山洞，有的到了涂山，自相婚配，子女非常多。有的还渡海东去，得到一片周围300里的地盘，建起一个很大的部落，部落里的人被称为犬封氏。

帝喾的诚信之举，在人们的心目中产生很大影响，所有人都觉得帝喾是一个值得信赖、值得依靠的人。在帝喾的诚信精神带动下，上行下效，人们和睦相处，以不讲诚信为耻，以讲诚信为荣，从而使社

帝喾塑像

会树立起了良好的诚信风尚。

帝喾不仅讲诚信，还讲究知人善任，以德治国。他继承颛顼治国策略，并有新的突破。他的治国方略是：

德莫高于博爱人，而政莫高于博利人。故政莫大于信，治莫大于仁。

在当时，人们虽有一年四季的概念，但只是日出而作，日落而息，没有一个科学的时辰顺序，严重制约了农业发展，影响了人们生活质量的提高。

为进一步促进农业发展和人们生活质量的提高，帝喾观北斗四时指向，以定时令；用占卜的方式推算望、晦、朔、迎日，以定周天历变，然后颁告天下。

帝喾治历明时，指导人们按照节令从事农事活动。他的这些活动，极大地促进了当时社会生产力的发展，加快了华夏人民迈入农耕文明新时代的步伐。

帝喾了解民间的疾苦，对天下人都一律平等。他绝不违背自然规律，又恭敬地祭祀天地鬼神，祈求神灵降福万民。由于他德行崇高，因此深受百姓的爱戴。在他的治理下，社会富足，人民安居乐业。

帝喾也能知人善任。大羿的射箭技术天下无双，帝喾选拔他担任射官，赐给他彤弓和嚆矢。大羿立下

■ 虞舜画像

大羿　上古传说中技术高超的射手。据说当时天有10日，大羿一连射下9个太阳，从此地上气候适宜，万物得以生长。大羿曾经奉命平定叛乱，屡建奇功；又曾经诛杀恶兽，为民除害。数千年来，大羿的事迹广为传诵。需要说明的是，上古的大羿是传说人物，而夏代的后羿是历史人物。

誓言，一定恪尽职守，不负帝喾厚望。当有人反叛时，大羿总能凭借高超的射箭技术，将其平定。

咸黑长于音乐和制作乐器，帝喾就命他为乐官，终于创作出《九韶》之乐，是当时尽善尽美的乐舞节目。

咸黑不负帝喾重托，还制作出鼙鼓、笭、管、埙、帘等新乐器，使当时的乐曲更加动听了。

帝喾强调以诚信、仁德使天下治，创造了太平盛世。他前承炎黄，后启尧舜，奠定华夏根基，是华夏民族的共同人文始祖。西汉著名史学家司马迁在《史记》中颂扬帝喾说：

普施利物，聪以知远，明以察微，顺天之义，知民之急，仁而威，惠而信，修身而天下服……日月所照，风雨所至，莫不服从。

帝喾作为华夏上古时期一位著名的部落联盟首领，不仅能养性自律，大公无私，而且倡导诚信，明察善恶，为天下人所景仰，为历代帝王所推崇，时至今日，仍有积极意义。

阅读链接

"二帝陵"是颛顼和帝喾的陵墓，位于河南省安阳市内黄县城南30千米的梁庄镇三杨庄土山之阳，颛顼陵居东，帝喾陵居西，两陵相距60米。这种长辈陵冢大、晚辈陵冢小；长辈陵位趋前、晚辈陵位在后的殡葬方式，正好印证了颛顼帝"长幼有序"的道德伦理。

史书记载，二帝陵建筑宏伟，碑碣林立，松柏蓊郁，汉代修有陵冢，唐时建庙，宋、金时重修，元代后又多次修葺。历代帝王祭祀不绝，宋代以后列为定制。

孔子的信行与报恩

孔子不仅是诚信的倡导者，也是诚信美德的积极实践者，更是一个胸怀仁爱，懂得报恩的大贤。

一天，子路向老师孔子汇报工作，谈到这样一件事：

子路画像

有一位老农，年逾古稀，一生以务农为本，勤劳俭朴，遵纪守法，在乡里享有名望。可是他有一个儿子对他不孝顺，每天不让他吃饱饭，而且吃的都是粗粮。

老农听到中都有了父母官，就想打官司告儿子虐待他，但一生忠厚的老农不敢面见官府。

正当这时，子路来到了这个村子，在乡邻们引领下，老农找到了子路，诉说了儿子不孝的情形。

子路听了十分生气，就把他儿子找来，教育他要孝顺父母，并限他立即改正，儿子当面答应了子路所提出的要求。但是，事情过后，这个不孝子不但不改正错误，反而变本加厉地虐待父亲，经常不给他饭吃。

老人这次在乡邻的指引下，来到中都向子路投诉。子路答应在3天内一定把这件事办好，并嘱托同来的乡邻照顾好老者。也许是事情太多，子路就把这件事情给忘记了。十多天后，老农来到衙门告状。当时孔子担任中都宰，掌管民事刑事案件。

孔子问道："老人家，你来有什么事？"

■ 孔子杏坛讲学图

老者把几次见子路的经过和子路的答复一一告知了孔子。孔子对子路处理问题的拖沓作风十分不满。他先亲自扶着老人进入内间，交代用餐事宜，然后，立即叫人传来了子路。

孔子表情庄重，严肃地对子路说："一个人没有信用，就难以立足。你答应了老农的事又拖着不办，失信于百姓，这怎么行呢？"

子路知道错了，也没有辩护，只诚恳地说："我对这老者是十分同情的！"

孔子说："同情而不解决问题，同情就只能是一句空话。一个有道德的人在处理问题时应该忠诚信

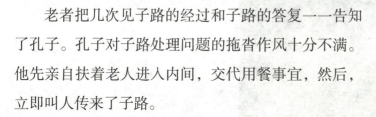

官司　"官司"一词是民间从古到今的通俗说法。"官"和"司"旧时本意都指"官方""官府""官吏""掌管"等意思，因而，发生利害冲突的双方到官府或官员那里去请求裁决是非，官府或官员根据查明的事实作出裁断的整个活动，民间就称之为"官司"。

实，答应的事情就应该去做完、做好。你叫人去把这个不孝子给我带来，我亲自来处理。"

子路遵照老师的指示，立即将这个不孝儿子带来了。子路发现，老师看到这个人后，肃穆庄严的面容中，还带有几分怜悯痛惜的神情。子路又一次感受到了老师的仁慈之心。

孔子沉吟片刻，才开口问道："你有儿子吗？"

不孝儿子说："有。"

孔子问："儿子生下来时有多长呀？"

不孝儿子说："不过一尺。"

孔子问："那现在有多高了？"

不孝儿子说："六尺有余。"

孔子问："是谁养他这么高的？"

孔子讲学图

不孝儿子说："是我和他的母亲。"

孔子问："那你是谁养大的呢？"

不孝儿子说："是我的父母。"

孔子问："你知道是你父母将你养大的，这就好了。"孔子又问，"你现在多大？"

不孝儿子说："32岁。"

孔子说："再过20年，你的年纪将是你父亲今年的年龄。那时你也不能种庄稼了，谁来养活你呀？"

■ 孔子讲学图

不孝儿子说："靠儿子来养活。"

孔子说："你今天不愿赡养你的父亲，到时，你的儿子也向你学习，以你今天对你父亲的态度来对待你，你有什么办法？"

不孝儿子无言以对。

孔子说："生你养你的父母你不赡养，应由哪个来养？"

不孝儿子哑口无言。

孔子说："父母养育之恩，应该尽心尽力报答。羊尚有跪乳之恩，乌鸦有反哺之义，你这不孝子，连禽兽都不如，谈何有半点人性，你可知罪？"

这时，不孝儿子说："小人一时糊涂，小人知罪！"

孔子说："知罪就好。今后你应该如何对待你的父亲？"

不孝儿子说："我一定赡养他，让他有饭吃。"

孔子又说："你的所谓孝，只要有饭给他吃，养活他就行了吗？如果不真心孝敬你的父母，这和你饲养的狗、马又有什么区别呢！"

不孝儿子连忙说："大人饶恕，小人今后一定恭敬诚心地赡养他

孔子周游列国

孔子是杰出的政治家，政治上的不得意，使孔

至善至美的崇高道德

老人家。"

孔子说："那就好了。你今天既是父亲又是儿子，做父亲就应该像个做父亲的样子，做儿子就要像个做儿子的样子，这才是美德。今天你有悔改，我就不再追究你的罪过了，快快将你父亲接回去吧！"

不孝儿子说："大人的教诲，小人终生难忘！"

孔子要子路将老者扶起来，儿子对父亲痛哭流涕，悔愧不已。孔子又将老者送出门外。

孔子处理的这件事，给子路树立了表率，使子路很受教育，知道了诚信的重要，从此以后，实实在在地履行诚信，做到了"无宿诺"，即当天答应的事情不放到第二天才完成。同时，这件事也教育了中都的百姓，人们知道了后，就很少有不孝的事情发生了。

孔子不仅凡事讲诚信，还宽心仁厚，以仁为本去看待事情，并且注重报恩。下面这个典型事件，集中反映了孔子这方面的思想。

　　公元前492年，孔子带领弟子子路、司马牛等人进入宋国边界，见一群军校手持鞭子正在驱赶上百民工搬运石头，为只有38岁的宋国大司马修造坟墓。有一位年近70岁的老者，因精疲力竭昏厥倒地，军校见了走过去，皮鞭像雨点似的落在他身上。

　　孔子目不忍睹，叫子路前去劝阻。军校举鞭向子路抽来，子路拔剑将他手中的鞭子削成两截。

　　孔子上前对军校说："老人家已被折磨成这样了，你们就放过他吧！"接着拿出钱打发军校，又令弟子将尚存一息的老者扶上车送去调治。

　　为了方便拜见国君宋景公，孔子师徒选择了商丘一家较宽敞的石记客店住下来，店主名叫石头。

　　军校回去把发生的事情报告了大司马。大司马恨得咬牙切齿："务必将那伙人斩尽杀绝！"军校得令，便装寻访，很快在石记客店

至善至美的崇高道德

■ 孔子讲学图

蘧伯玉（约前585—约前484年），姓蘧名瑗，字伯玉，谥号成子。春秋时期卫国大夫。自幼聪明过人，饱读经书，能言善辩，外宽内直，生性忠恕，虔诚坦荡。孔子周游列国时数次投奔蘧伯玉，他曾称赞蘧伯玉是真正的君子。

找到了孔子一行。

军校叮嘱石头："严密监视这伙人，今晚大司马将派兵杀他们！不要走漏风声，否则，灭你九族！"

石头唯唯诺诺，等军校一走，立即将消息报告了孔子。孔子大惊，带领弟子就要出逃。石头说："这样易暴露目标，须改扮成商人！"说完，他找来商人服饰叫他们穿上，并做向导带他们出城直至国境。

孔子问石头："你我素昧平生，为何舍命相救？"

石头说："先生在墓场救下的老者，正是我的父亲啊！大恩大德，岂能不报？"

孔子感激万分，怕石头回去惨遭大司马毒手，亲自修书一封，介绍石头到卫国去找朋友蘧伯玉，求他为救命恩人谋个职业。

数年后，孔子又到了卫国。一天，他正给弟子们讲学，弟子司马牛哭着跑来告诉他："那个石头病故了！"

孔子闻言，立即带领弟子前去奔丧。在破旧狭小的茅屋里，孔子见石头衣衫褴褛赤脚躺在木板上，身上盖着一张破席，泣不成声："恩人啊，你为何落到如此地步？"

司马牛说："蘧伯玉在世时，石头生活得很好。伯玉去世后，他连糊口的差事也没有了。"

孔子虔诚跪下："恩人在上，请受孔丘一拜！"孔子行完大礼，马上对颜回说："快将我的马卖掉，我要厚葬恩人！"

颜回为难地说："请老师三思，依礼，大夫不可无车。再者，吾辈将不知奔波何方，路途遥远，您……"

孔子果断摆摆手说："无须多言，如果没有恩人当年冒死相救，我等早成大司马刀下之鬼了，岂能苟活到今日？快去！"

孔子卖了坐骑，为救命恩人石头举行了隆重的葬礼。

孔子"卖马报恩"，给世人做出了表率，被人尊敬。孔子践行的"知恩图报"，也成了中华民族的传统美德。

阅读链接

中国有句古语："百善孝为先。"意思就是说，孝敬父母是各种美德中占第一位的。这句话反映了古人知恩图报的美好情操。

子路是孔子的弟子，他小的时候家里很穷，长年靠吃粗粮野菜等度日。有一次，年老的父母想吃米饭，可是家里一点米也没有。子路就想到翻过几道山到亲戚家借点米，以满足父母的这点要求。于是，小子路翻山越岭走了10多里路，从亲戚家背回了一小袋米，看到父母吃上了香喷喷的米饭，子路忘记了疲惫。

荀子践行诚信思想

荀子生活在战国后期的赵国，他从小就非常聪明，10岁已有神童美誉，学问很好。长大后游学于齐国，因学问博大，"最为老师"，曾3次担任当时齐国稷下学宫的祭酒，可谓"学富五车，名满天下"。

约公元前264年，荀子应秦昭王之聘，西游入秦。当时的秦国重在武力扩张，荀子批评秦国只注重耕战，没有大儒来宣讲诚信。秦昭王却不以为然，哈哈大笑。

荀子画像

公元前255年，领兵援救赵国的楚国令尹春申君黄歇，得胜之后专程请荀子去楚国。到了楚国，被春申君聘为兰陵令。不久，春申君因受自己的门客蛊惑，对荀子不够友好。于是，荀子就离开楚国回到了自己的国家。

赵孝成王听说大儒荀子回来了，亲自用自己豪华的御车去旅店接荀子。荀子觉得这有些不恭，连连摆手。

赵孝成王真诚地说："寡人仅是一国之君，你乃列国儒学之尊，理当如此，请上车吧！"

赵孝成王将荀子接入王宫，两人并坐于丹墀。大臣在下面陪坐。宫人献上茶果，赵孝成王恭敬地问过寒暖之后，说："荀老夫子，昔日，因寡人错听误国之言，用将不当，致赵军损失严重，元气大伤，国力一时难以恢复，寡人每日甚是忧虑。荀老夫子到来，乃是喜从天降。寡人欲求教荀老夫子用兵之道，请问老夫子，用兵之要术是什么呢？"

■ 荀子布衣画像

荀子一直把诚信当作"化万物""化万民"的"政事之本"。他认为，当政者带头讲诚信，既是实现社会诚信的关键和前提，也是称霸天下的重要条件，所谓"诚信生神""信立而霸"就是这个道理。

因此，荀子答道："用兵攻战之本，在于使人民诚心诚意，心意一致。如果弓与箭不协调，神射手后羿也难射中微小的目标。如果6匹马配合不好，就是再好的驭手也驾不好车。如果百姓与朝廷离心离德，再好的将军也一定不能打胜仗。所以，以诚信和仁义争取百姓者，才是善于用兵者。"

祭酒 古代学官名。汉代有博士祭酒，为博士之首。西晋时期改设国子祭酒，隋唐时期称国子监祭酒，为国子监的主管官。以后历代多沿用。为国子学或国子监的主管官。清代末期始废。

中原 为中华民族、中华文明、中原文化的发源地，万里母亲河黄河两岸，千里太行山脉、千里伏牛山脉东麓，在古代被华夏民族视为天下中心。广义的中原是以中原洛阳、开封、商丘、安阳、郑州、南阳、许昌等七大古都群为中心，辐射黄河中下游的广大平原地区。狭义的中原即指天地之中、中州河南。

■ 荀子木雕像

在座的大臣中，有个叫临武君的带兵之人，他说："荀老夫子，此话讲得不当吧！兵家所重视的是形势和条件，所实行的是变化和诡诈，善用兵者，神出鬼没，无诚无信，莫知从何而出。孙武、吴起就以此无敌于天下。"

荀子说："不是。我所说的是诚信和仁义，是欲称王天下者的意志。你所重视的是权谋势利，欺诈诡变，这是诸侯国才使用的方法。诚信和仁义之兵不可以欺诈，能受欺诈的只是那些君臣上下离心离德之兵。诚信和仁义之兵上下一心，三军同力，臣民对待君主，下级对待上级，如同子女对待父亲，弟弟对待兄长一样真诚。"

赵孝成王与临武君对于荀子的论述甚为钦佩，两人同时合掌称好。赵孝成王说道："请问荀老夫子，诚信和仁义之兵该行何道呢？"

荀子说："一切在于大王，将帅次之。君王贤者其国治，君王不贤者其国乱；注重信义者其国治，轻贱信义者其国乱。请让我说一说王者和诸侯强弱存亡与安危的道理。"

接着，荀子从历史上寻找事实根据来论证"信"的作用。齐桓公、晋文公、楚庄公、吴王阖闾、越王勾践，都是地处偏僻的国家，威力却可以震动天下，强盛可以危及中原，这是什么原因呢？荀子明确回答道，没有别的原因，就是能大体上讲信用。这就是所谓的树立诚信就能称霸天下。

荀子

荀子回头对赵孝成王说："信义，是治国的最高准则，强国之本，立威之道，建功立业之纲。在一个国家中，诚信是对一定的社会行为规范和法律规章制度的诚信遵守，既然定出了一定的社会行为规范和法律规章制度，以及盟约，就要遵守它，即使后来觉察到这些制度有不足之处，暂时也要遵守，而不能'朝令夕改'，自己首先不遵守。否则，人人都以自己的意愿为标准而破坏这些制度，那么整个管理体系就会混乱，从而导致整个社会的混乱。"

接着，荀子又列举殷纣王失信于民，暴政治国。结果周军一到，令不能行下，民不听调遣。这不是殷纣王令不严，刑不繁，而是殷纣王没有遵行信义。

赵孝成王握住荀子的手："寡人久闻荀老夫子大名，今日聆听教诲，方知老夫子果是难得的治世贤才！"

就在荀子在赵国受到礼遇时，春申君觉得失去荀子这样的天下大贤是一种损失，于是派人到赵国请荀子，结果却请不动荀子。最后，春申君只好亲自驾着马车，悄悄来到赵国，请荀子到楚国去，继续做兰陵令。并信誓旦旦地说，再也不会发生以前那样的事情了。

荀子看到春申君和楚王有一统天下的态势，就随他而去。刚到兰

至善至美的崇高道德

■ 荀子的传世作品
《劝学》

武士 古代武士有以下几种含义：一是有勇力的人；二是指宫廷卫士，三即武卒。武士在不同的历史背景中可以有以下的意思，在春秋战国时期诸侯列国中的特殊阶层，后世泛指习武练兵之人。

陵，荀子就看到十字街头的人很多，预感到前面似乎发生了什么事。他让车马远远地停下来，自己向人群走过去。原来，县丞今日监斩3个囚犯，百姓们拥挤观看。

荀子从人群中向前挤。武士厉声喝道："滚开！再往前挤，用皮鞭打你！"

荀子的手下上前握住武士的手："你想干什么？他可是荀县令！"

武士惊呆了："什么？"

荀子被百姓和武士围在中间，一老妪哭叫着："荀老爷，你可回来了！冤枉啊，我儿子冤枉啊！"另一中年女子也喊叫着："荀老爷，你回来了，快救救我的丈夫吧！"

这时，县丞走过来，指着一个满脸横肉的中年汉子说："这第一个人，是个杀人凶犯，他为霸占朋友妻室，竟把朋友用毒药害死。"

荀子说："嗯，杀人者不惩，伤人者不刑，是谓惠暴而宽贼。当斩。"

县丞指着一个青年说："这第二个人是一农夫，他竟然抗税不交。"

荀子问："第三人呢？"

县丞说："第三人乃是一贩马的齐国人，他竟敢偷闯关卡。"

荀子走到青年农夫与中年商贩的面前，注目良久，开口问青年农夫："你为何抗税不交呢？"

青年农夫说："禀老爷，赋税太重，交了赋税，我一家人就没有吃的啦！"

荀况问商贩："你为何偷闯关卡？"

商贩说："老爷，我的马在关卡前已经被困了3个月，马饿瘦了，病死了不少，再也耽误不得了，马是我一家的性命啊！"

荀况稍一思索，对县丞说："把这两个人放掉。"

县丞说："什么？"

荀子又说道："把他们两人放掉！"

县丞说："大人，我是按照大王的旨意行事的。"

荀子说："在这里我是县令。放掉！"他的话不容置疑。

县丞　官名。始置于战国时期，为县令之佐官。秦汉时期相沿。县丞是古代地方职官名。在县里地位一般仅次于县令或县长，汉代每县各置丞一人，以辅佐令长，主要职责是对文书、仓库等进行管理。后代虽有变革，但历代大多设置一两人，迄于清代末期。

215

■ 荀子石刻

县丞无奈，只好挥手让武士将青年农夫与中年贩马人放掉。

老妇赶忙去搀自己的儿子，中年女子去扶自己的丈夫。他们一齐来到荀子面前双膝跪地叩头，连连谢恩。

荀子扶起他们，然后走向了栽有木桩的刑场，站在一个高处，向众人说："兰陵的百姓听着，我荀况又重归兰陵来了！愿意衣食富足，乃人之本性。缺吃少穿乃是一种祸患。作为一县之长，我愿兰陵百姓人人富足，家家平安。自今日起，兰陵之农夫开荒种田，仅收什一之税，多者不取。集市关卡，畅通有无，赋税一概免征。我一定说到做到，决不食言！"众百姓闻声欢腾。

荀子接着说："我兰陵百姓，必须隆礼法贵信义，遵守法度。信义乃立国之本，法律为治国之端，法令行，则风俗美。"荀子指着杀人犯说："似这等抢夺杀人的奸人，必杀。"众人又是一阵欢腾。

荀子做兰陵令前后共18年，他以信取民，隆法尊贤，励精图治，清正廉洁，为当时兰陵经济的发展和汉时的繁盛，打下了坚实的基础，自此以后，兰陵成为历代郡县治所、经济文化中心。

约公元前230年，荀子病逝后葬于兰陵。荀子墓位于现在的山东临沂苍山县兰陵镇东南处，墓前有清代立的石碑，上刻"楚兰陵令荀卿之墓"。

阅读链接

荀子是一位非常注重真诚守信的思想家，每当碰到或谈论到无知妄为的人时总是愤愤不平，认为那种夸夸其谈，言行不一，言而无信，人格分裂的人是"奸人之雄"，比盗贼还坏。

荀子写过一篇文章，题目叫《非相》，他在文章中说："圣明的君王一出现，就先要诛杀这种人，然后才诛杀盗贼。盗贼可以得到改变，这种人是改变不了的。"从这句话可以看出，荀子那憎恨虚伪、疾恶如仇的性格。

秦汉时期，为了加强中央集权的需要，儒者更加注重对儒家思想的传承，使古代礼治思想进一步走向了成熟，诚信思想也得到了前所未有的发展，儒家提倡的孝、仁义、诚信、报恩等道德伦理，对当时的人们遵守诚信起到了积极的作用。

　　两汉时涌现出许多杰出之人，如知恩图报的韩信、知书达理的乐羊子妻、立信于民的郭伋、守信履约的范式、传承诚实家风的杨家、以诚服人的诸葛亮。他们之所以杰出，是因为诚信起到了很大作用。

应运而生

守诚报恩

韩信诚守诺言报大恩

韩信塑像

诚信思想贯穿于汉代社会的政治、经济、文化和生活等各个方面，对当时的人们产生了极大的引导作用。西汉王朝的开国功臣韩信，就是诚守诺言，以德报恩的典范之一。

那是在韩信小的时候，他喜读兵书，积累了不少学识，立下了很大志向，想着有一天能披挂上阵，在战场上建功立业，当个将军。当时的韩信很贫穷，日子过得清苦。他跟着哥哥嫂嫂住在一起，靠吃剩饭剩菜过日子。韩信白天帮哥哥干活，晚上刻苦读书，可是刻薄的嫂嫂非常讨厌他读书。

有一次，韩信的嫂嫂看到韩信又在点灯读书，就呵斥道："你读书有什么用，光是浪费我买的灯油！白天又不好好干活，以后不许再读了！"

可是，韩信还是偷偷地读书。结果又被嫂嫂发现了。她大发雷霆，要把韩信赶出去。他哥哥也不敢阻止，韩信就这样被赶出了家门，什么也不能带，只带走了祖宗传下来的一把旧剑和一本残破的兵书。

韩信画像

应运而生 守诚报恩

韩信从此流落街头。他年纪还小，也没有什么本事，就想帮人做做劳力活，可没什么人愿意雇他。他找不到活干，东乞西讨过着衣不蔽体、食不果腹的艰辛生活。

为了糊口，韩信经常到江边去钓鱼，运气好，倒也能换些钱来勉强度日。可是钓鱼也很不容易，每当钓不到鱼的时候，他就要饿肚子了。

有一天，韩信又到江边去钓鱼，眼看着已经过晌午了，可是连一条鱼也没有钓上来。韩信又饿又累，最后晕倒在河边。

这情景刚好被一位在河边洗衣服的老婆婆看到了。老婆婆心地善良，她看到这孩子瘦成这样，知道他一定是饿坏了，就赶紧从家里端来一碗饭，给韩信吃。饿昏的韩信闻到饭的香味，慢慢醒了过来，他马上狼吞虎咽地吃起来，转眼间就把饭吃完了。

这样一连几十天，老婆婆都端饭给韩信。韩信很受感动，便对老

刘邦（前256—前195年），汉代开国皇帝。历史上杰出的政治家、战略家。汉民族和汉文化伟大的开拓者，对汉民族的发展，对中国的统一和强大，以及汉文化的保护发扬做出了突出的贡献。

■ 韩信画像

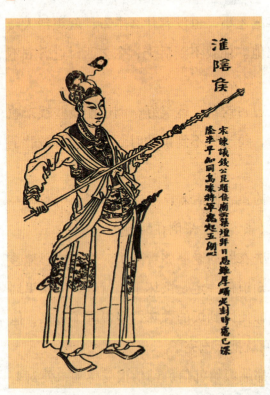

婆婆立下誓言：

总有一天，我一定会好好报答你的！

老婆婆听了韩信这话，说："你是男子汉大丈夫，却不能自己养活自己，我看你可怜才给你饭吃，只希望你有出息，不要再说报答我的话。"

韩信听了很惭愧，立志要做出一番事业来。他想尽办法去找活干来养活自己，即使工钱少得可怜，他也愿意干。他要的工钱低，也就有人来找他干活了。就在这样艰难的环境中，韩信逐渐长大了。除了给别人干活，他有空时就翻看那本破得不能再破的兵书，也常温习书上画的剑术套路。

在韩信的家乡淮阴城，有些年轻人看不起韩信。韩信常常受到这些人的白眼，甚至有人欺负他。

有一天，一个少年无赖看到韩信身材高大却常佩带一把剑，认定他是个胆小鬼，便在闹市里拦住韩信，说："你这小子，挂着把剑是吓人的吗？你要是有胆量，就拔剑刺我；如果是懦夫，就从我的裤裆下钻过去！"

■ 汉初三杰雕塑

围观的人知道他这是故意找碴羞辱韩信，都想看看韩信到底会怎么办。

韩信对街头打架斗殴很鄙视，他的志向是做大将军，怎么能因为这等小事误了远大目标！只见韩信想了一会儿，一言不发，趴在地上，就从那人的裤裆下钻过去了。

当时在场的人，无不认为韩信是胆小怕死、没有勇气的人。这就是后来流传的"胯下之辱"的故事。

后来，韩信投入项羽的楚军，没有得到重用；他又改投到刘邦的汉军，依然只是无名小卒。他觉得在军队中没有出头之日，就决定逃走。但刘邦的军师萧何认定他是个将才，于是"月夜追韩信"，将他追了回来，推荐给刘邦。

刘邦听从萧何的建议，拜韩信为大将。果然，韩信胸怀韬略，率领军队常打胜仗，成为著名的将领，

萧何（约前257—前193年），秦代末期做沛县狱吏，后辅佐刘邦起义。攻克咸阳后，他接收了秦代的律令和图书等资料，掌握了全国的山川险要、郡县户口，对日后制定政策和取得楚汉战争胜利起到了重要作用。

■ 韩信点兵雕塑

至善至美的崇高道德

立下许多功劳。刘邦建立大汉王朝后，成为汉高祖，封韩信为"楚王"。韩信与萧何、张良并列为"汉初三杰"，成为名载史册的人物。

韩信功成业就后，想起了那位在河边给他饭吃的老婆婆，就说："我说过一定要报答她老人家的，现在是时候了。"

韩信派人到原先河边那一带去找那个老婆婆，没费多少事就找到了。韩信很高兴，立即带着仆从们赶回家乡淮阴。楚王威风的队伍到了淮阴，轰动了全城。当年让韩信钻过裤裆的那个少年无赖已变成了牛高马大的汉子，被韩信的卫士抓到了他的跟前。

那汉子吓得苦胆也破了，跪在地上直哆嗦。韩信对他说："我还要谢谢你！当年要不是你那样侮辱我，我就不会这样发愤，也就不会有今天！"韩信赏给他一些银子。那汉子感动得直流泪，围观的人无不佩服韩信那大度包容的胸襟。

随后，韩信赶快去见老婆婆，对她说："老大娘，您还记得，多年前有一次去河边洗衣服，给一个饿坏了的孩子吃了一碗饭吗？后来又连续几十天给他饭吃。那个孩子就是我呀！那时候我说以后会报答您，现在我来实现我的诺言了！"说完，命人拿来1000两黄金，双手捧给老婆婆。

老婆婆说："你不要拿这些钱给我，一来我已经老了，活不了几天了，要这么多钱没有什么用了；二来我也没有为你做过什么大不了的事，哪能要你这么多的钱呢！"

韩信恳切地说："当年我饿肚子的时候，您给我吃的虽然是粗茶淡饭，但对我来讲这帮助是很可贵的，更何况您那时是在自己生活也很困难的情况下帮助我的。现在我有能力了，理应报答您老人家！而且当年我也说过等我以后做了大事，一定要好好报答您的！"

他还说："我知道，您当年不是为了要我报答才帮助我的。也正因如此，我更感到您是真心对我好。所以，我就更应当好好地感谢您、报答您！"

济困、报恩，都是中华民族的传统美德。韩信在困顿时得到过那位老婆婆的接济，并声称要好好地报答她老人家，这实属常理。

韩信帮助刘邦打下了天下，封了侯后，报答那位老大娘，这是践诺，是守信。

> **阅读链接**
>
> 萧何曾经多次同韩信交谈，十分赏识韩信的才能，就向刘邦力荐，予以重用。韩信果然不负众望，为辅佐刘邦立下了汗马功劳。
>
> 韩信熟谙兵法，自言用兵"多多益善"，为后世留下了大量的战术典故：明修栈道、暗度陈仓，临晋设疑，夏阳偷渡，背水为营，拔帜易帜，传檄而定，沉沙决水，半渡而击，四面楚歌，十面埋伏，等等。其用兵之道，为历代兵家所推崇。
>
> 司马迁评价韩信说：他对于西汉王朝的贡献，简直就可以和周代的周公旦、召公奭和姜太公齐名。

诚实善良的乐羊子妻

　　韩信践诺报恩感动了世人，而乐羊子妻的诚实善良，知书达理，同样被载入史册，至今流传。

　　乐羊子妻是汉代洛阳有名的贤惠女子。她的家境贫寒，她善于自律，也希望自己的丈夫做个谦谦君子，更希望他能够有所建树。

乐羊子妻

　　有一次，乐羊子在路上捡到一大块金子，就高高兴兴地拿回家，把金子交给了妻子。

　　妻子问道："这金子是哪里来的？"

　　乐羊子说："是在路上捡的。"

　　妻子说："这是别人的东西，我们不能要。"

　　乐羊子辩解道："反正也找不到主人了，留下也没关系。"

妻子严肃地说："别人的东西就是别人的，即使是人家不小心丢掉，被你捡来了，也不能就把它当作自己的东西。"

为了让丈夫明白其中的道理，妻子这样说道："我听说，有志气的人连叫'盗泉'的水都不喝，诚实廉洁的人不接受他人傲慢侮辱施舍的食物。依我看，对于这捡来的东西更不应该要。如果你贪图小利，把这块金子留下了，就是不诚实的表现。你得到了这块金子，却丢失了诚实守节、廉洁自律的高尚品行。"

乐羊子听了妻子的话，觉得非常惭愧，就把金子扔到野地里去了。

后来乐羊子按照妻子的话收拾好行李出远门去了。一天，妻子正织着布，忽然听见有人敲门。她过去开了门一看，站在面前的竟然是自己日夜想念的丈夫。她高兴极了，忙将丈夫迎进屋坐下。

可是惊喜了没多久，妻子似乎想起了什么，疑惑地问丈夫："才刚刚过了一年，你怎么就回来了，是出了什么事吗？"

乐羊子望着妻子笑答："没什么事，只是离别太久了，实在忍受不了，就回来了。"

妻子听了这话，半晌无语，表情很是难过。她抓

■ 乐羊子妻

洛阳 位于河南洛水之北，水之北乃谓"阳"，故名"洛阳"。与西安、南京、北京并列为中国四大古都，也是历史上唯一被命名为神都的城市，它是中华文明和中华民族的主要发祥地。被称为"千年帝都""牡丹花城"。

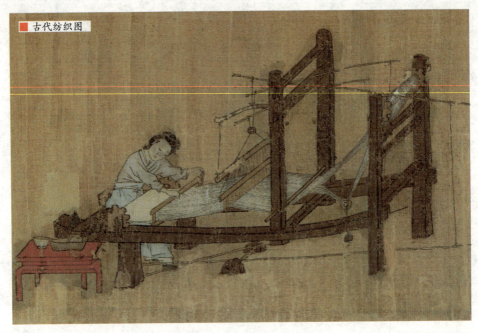

■古代纺织图

起剪刀，快步走到织布机前，"咔嚓咔嚓"地把织了一大半的布都剪断了。

乐羊子吃了一惊，问道："你这是干什么？"

妻子回答说："这些丝织品都是从蚕茧中生出，又在织机上织成。一根丝一根丝地积累起来才达到一寸长，一寸一寸地积累，才能成丈成匹。现在割断这些正在织着的丝织品，那就会丢弃成功的机会，迟延荒废时光。您要积累学问，就应当每天都学到自己不懂的东西，用来成就自己的美德；如果中途就回来了，那同切断这丝织品又有什么不同呢？"

乐羊子听了这话恍然大悟，意识到自己错了，羞愧不已。他再次离开家去求学，整整过了7年的时间，最终学有成就。

乐羊子在外求学期间，乐羊子妻对乐羊子的妹妹，也就是自己的小姑子很是照顾，常常抢着干家里的活。姑嫂两人原本感情就很好，现在又加深了一步。

有一天，乐羊子妻到地里去干活了，只有小姑子在家。她看见邻居家的一只母鸡跑到自己家的菜地里，于是她就想：嫂子待我像亲妹妹一样，并且为了哥哥的学业整日操劳，一年到头也吃不上几次肉，不如杀了这鸡炖给嫂子吃，让嫂子补补身子。于是，她就把那只母鸡抓住，给嫂子做了一顿可口的肉食。

傍晚，乐羊子妻从田里干活回来，看到碗里的鸡肉，就问："妹子，咱们家的鸡一只也不少，这是哪来的鸡肉啊？"

小姑子不敢欺瞒嫂子，就如实回答了。

嫂子听了之后说："咱们家虽然穷，但是无论如何也不能拿别人的东西。你想一想，这也是人家辛辛苦苦养的鸡，我们怎么能白吃呢？"说完就把自己家一只最大的鸡送到邻居家，并向邻居道歉。

小姑子被嫂子的行为品德感动了，不但向嫂子承认错误，还在心里暗暗发誓：以后一定要向嫂子学习，做一个诚实正直的人。

这天乐羊子妻嘱咐小姑子照顾好家，自己拿上砍柴刀去山上砍柴。乐羊子妻走后，快到中午的时候，突然一个盗贼闯入她家抢劫。盗贼见只有一个女孩在家，先是逼问把钱藏在了什么地方，后来见逼问不出来，又起歹意，想要施暴。

《后汉书·列女传》

就在这危急时刻，乐羊子妻砍柴回来，刚进院门，就见一个大汉劫持了小姑子。她知道遇见盗贼了，就快速卸掉柴火，毫不犹豫地持刀奔了过来。

盗贼见到又来一个少妇，就淫邪地说："只要你放下刀依从了我，我就保全你们的性命，如果不从我，我就先杀了她！"

乐羊子妻看着膀大腰圆的盗贼，自知力不能敌，反抗也是徒劳的，心想只有自己以死抗争，才能震慑盗贼，解救小姑子。想到这里，她毅然举起砍柴刀，刎颈自杀了。盗贼见出了人命，就逃跑了。

洛阳太守知道了这件事后，称赞乐羊子妻是贞节烈妇。太守先抓捕了那盗贼绳之以法，然后赐给乐羊子妻丝绸布帛，为她举行葬礼，赐予"贞义"的称号。

乐羊子学成归来，眼见贤妻为保护自己的妹妹献出了生命，悲痛欲绝。他又从妹妹这里得知了家里发生的其他事情，更加思念自己的妻子。据说他此后一生未娶，直至终老于世。

由于乐羊子妻具有高洁的品德和过人的才识，后来南北朝时期南朝宋的史学家范晔撰写《后汉书·列女传》时，将乐羊子妻的故事写入其中，被后世永远传颂。

阅读链接

《后汉书·列女传》是南北朝时期南朝宋的史学家范晔撰写的纪传体史书，其中记有乐羊子妻的事迹。

纪传体史书叙事简明而周详，记事有重点而不遗漏，具有鲜明的"概括性"特征。比如其中记载的"乐羊子妻劝夫弃金""劝夫求学""教育小姑子""自刎解救小姑子"这4件事情，言简意赅，观点鲜明，褒贬一语见地。

从范晔记载的这几件事中，后人完全可以感受到乐羊子妻这个人的性格，更能体会到主人公那种深明义理、诚实善良的胸襟。

范式诚实守信于约定

东汉明帝永平年间，一个晴朗的秋日，在汝南郡的一个村子里，青年学者张劭在自家庭院中来回踱步，不时侧耳听听院外的动静，好像在等什么人。他嘴里不住地叨念："巨卿兄，你怎么还不到呢？"

张劭说的这个巨卿，就是山阳郡人范式，字巨卿，是张劭在太学里的同学，两人多年寒窗相伴，结下了深厚的友情。

两年前，他们同日离开京都洛阳回家，分手的时候，两人依依不舍，他们约定，两年后的今天，范式来汝南郡探望张劭。

光阴飞逝，两年的时间转眼就过去了。越是临近约定的日期，张劭的心情就越是不能平

张劭故事图

山阳郡 是古代郡名，西汉时期始置。公元前144年，梁王武薨，其封国梁国一分为五。汉景帝封梁王武之子刘定为山阳王，分梁国东部数县置山阳国，其名称为"昌邑国"，国都为昌邑县，即现在的山东巨野。之后，屡经变化。

静。他急切地盼望着与好友重新欢聚，以至于坐卧不宁，寝食不安。

张劭母亲怕他急坏身子，劝他道："儿啊，何必如此心焦，朋友之间，总有机会见面的。再说，山阳郡离咱们这里有上千里的路程，又是两年之前随口说的话，到现在人家怕是早忘了，你也别太认真。"

张劭认真地答道："娘，您不了解巨卿，他做事情从来没有违反过大义；他说过的话从来没有不兑现过。讲好要来，他是绝不会失约的。"

母亲说："你这孩子啊，真是实心眼！好吧，我就给你准备酒宴。唉，我只是怕你急坏了身子啊！"

张劭说："不会的，巨卿一到，我还会高兴得年轻几岁呢！您就放心地去准备吧！"

■ 古代学士图

重阳节终于到了，张劭一家人早早起来，设酒杀鸡，忙活了半天，备好了一桌丰盛的酒菜。可是，范式还没出现。张邵简直望眼欲穿了，他整好衣装，急步走到村头，立在大树下等候。

看看到了正午，正是两年前他们分手的时刻。就见一辆马车从远处飞奔而来，车到大树下停住，下来一个书生打扮的中年人，向张邵疾步跑来，张邵定睛一看，来人正是范式！

两人跑到一起，各施大礼，然后紧紧拥抱。

张劭说："大哥果然不远千里赶来赴约。不过，为何不早到几天，让小弟等得好心焦啊！"

范式说："贤弟，只怪我心里着急，又加上饮食不慎，途中病倒在客栈里。要不是店家好心照看，我几乎要丧命了。"

张劭一看，范式果然是一副病容，身子轻飘飘的，好像还站不稳似的。张劭很有点不过意，说："大哥为了看我，病成这样，小弟真是有罪了。"

■ 范式画像

范式笑了起来，说道："你我两人还要说这些客套话吗？我要是今天见不到贤弟，那才是会急死呢，快领我去拜见伯母吧，我还带了些薄礼来孝敬她老人家呢！"

范、张两人久别重逢，更觉得难分难舍，他们白天一起谈论学问，夜晚在一张床上安眠。

一天，范式感慨地说："我们两人就像古时候的伯牙和钟子期一样啊，真是生死之交。"

张劭说："我们虽不是同年同月同日生，但是将来谁要是先走一步，另一个一定要在他身边为他送葬。"

范式说："那当然是我这做兄长的先死，你可要为我送葬呀！"

郡 古代行政区域，始见于战国时期。中国秦代以前郡比县小，从秦代起郡比县大。汉又增46郡，21国，凡郡国103个。隋朝废郡制，以县直隶于州。唐朝道、州、县，武则天时曾改州为郡，旋复之。明清称府。

范式梦境图

功曹 古代官名。汉代、北齐和唐代都设有该职。汉代郡守设有功曹史、县有主吏，功曹史简称"功曹"，主吏即为功曹。除掌人事外，得以参与郡或县的政务。唐代，在府的称"功曹参军"，在州的称为"司功"。

张劭开玩笑说："要是我先走一步了呢？"

范式说："那不管我在何处，一定会驾着白马素车，身披白练，赶来为你送葬的，你要等我呀！"

说完，两人都大笑起来。

几天之后，范式辞别张劭一家回山阳郡去了。这边张劭继续读书种地，奉养老母。不料，没过一年，张劭忽然得了暴病，不到几天，就已经奄奄一息了。

临终之际，张劭的同乡老友郅君章、殷子征来看望他。他们拉着张劭的手，流泪说："元伯，你放心去吧，还有什么心事就请对我们讲吧！"

张劭叹了口气说："我死而无怨，只是等不及我那生死之交的好友来给我送葬了。"

郅君章、殷子征两人奇怪地问："难道我们还不能算是你的生死之交吗？"

张劭说："你们对我友情深重，但你们只是我活着时的朋友，而山阳范巨卿却无论我是死是活，都是我的好友啊！"顿了一下，张劭又说，"有件事情，想托你们办一下。请你们务必派人去山阳郡通知范巨卿，请他尽快赶来，不然，我就等不及了。"

郅君章、殷子征两人答应了张劭的请求，派人骑快马到山阳郡报信去了。

范式回到山阳郡后，当地的郡守听说了他的名声，就请他做了郡府的功曹，掌管全郡的礼仪、文教事情。官虽不大，公务却很繁杂。范式尽心职守，把事情办得井井有条，郡守对他十分赏识，有心要再提拔他。

这一天，范式梦见了张劭，只见张劭头戴黑色王冠，长长的帽带一直垂到脚下，脚上穿的是一双木鞋，好像一位古代的君王。再看张劭脸上一副焦急的样子，好像在呼喊自己，可就是喊不出声音。

范式从梦中惊醒，浑身冷汗。他想，难道贤弟已经作古了吗？这个梦实在不吉利。不行，我要去汝南看看贤弟。

第二天，范式辞别郡守，郡守再三挽留不住，心中十分惋惜。因为，范式这一走，不但提升职务的事吹了，而且连功曹的官职也要丢掉。范式哪里顾得了这多，他借了匹快马，日夜兼程向汝南郡赶去。

范式在途中正遇上张劭派来向他报信的人。他一听这消息，当时就口吐鲜血晕了过去。醒来之后，范式买了白马素车和奔丧用的物品，亲自驾车飞奔而来。一路上，人们都看见这辆飞奔的丧车：白色的马，白色的车，车上的人穿着麻衣，身披白练。

可是，就在范式赶到的前几天，张劭已经去世了。老母亲记着儿子的嘱咐，一连等了范式3天，后来实在不能再等，只好把丧事办了。到出殡的这天，当地仰慕张劭名声的人都赶来了，送殡的队伍少说也有上千人。

说来也奇怪，那辆载着张劭灵柩的马车走到村口大树下时，车轮突然陷进一个土坑，任凭众人死命地往外拉，车也是纹丝不动。

张劭的母亲哭倒在灵车上说："儿啊，娘知道你的心愿，可是，山阳郡离这里千里之遥，巨卿实在是赶不到啊！"

正在这时，远处一辆白色马车飞驰而来。张母回首一望，说道："这一定是山阳郡范巨卿来了。"

应运而生

守城报恩

果然，这正是范式的白马素车。车到近前，范式跳下车来，扑到张劭的灵柩上痛哭起来，边哭边说道："贤弟，哥哥来迟一步，让你等急了啊！"

过了一会儿，范式止住哭声，说道："贤弟，你该去安息了，哥哥送你下葬。"说着他招呼众人扶住车辕，大家使劲一推。真是怪了，这回灵车一下子就出了土坑，又向墓地移动了。

众人见此场面，又感动又吃惊，都赞叹范、张两人真是生死之交、诚信君子，说是由于他们两人的信义感动了上天，才出现了这样的奇事。

范式安葬张劭后，信守当初的诺言，为好友守墓3年。

范式和张劭生死之交，其信义之风，为后人所敬仰。为纪念这两位信义贤者，范式家乡的人们遂将其村子改名为"鸡黍"，并建立了"二贤祠"供奉范式、张劭。

阅读链接

范式对朋友张劭真诚笃信，为官清廉贤达，他在士人尤其是知识分子当中有很高的声望。他所荐举的都是为人称颂的贤达之士。

一次，范式视察来到新野县，无意之中遇到同游太学的学友南阳人孔仲山。孔仲山因家庭贫穷，父母亲年迈，不得不更名换姓，被雇佣当了新野县阿里街卒。范式知孔仲山高风亮节，立即命县令另派人替代孔仲山，回府后又上了奏章举荐孔仲山。后来，孔仲山官至南海太守。范式因举荐得当，升迁为庐江太守，掌管一郡之政。

黄雀衔环报恩传奇

杨宝是成语"结草衔环"中"衔环"典故的主人公。杨宝是东汉弘农郡华阴人。据说杨宝9岁时，在华阴山路上，看到一只被猫头鹰咬伤的黄雀，从天空掉下来，接着又有无数的蚂蚁爬在黄雀的身上，吸食它的血。杨宝见黄雀痛苦地挣扎，于心不忍，就把这只受伤的黄雀带回家饲养，等到它伤愈之后，又放它飞走了。

有一天晚上，杨宝梦见黄雀飞回来报恩，它自称是西王母娘娘的使者，同时口里衔着4枚白环要献给杨宝，并且说将来杨宝的子孙都会像这白环一样晶莹高贵。

果然，日后杨宝的儿子杨

杨宝画像

杨震塑像

震、孙子杨秉、曾孙杨赐、玄孙杨彪，一个个都飞黄腾达，而且他们的品德操守方面都非常清白，在当时成为了传奇。

杨震少年时候，家贫而与母亲独居，靠租种别人家的地养活母亲，乡里人都称赞他孝顺。他在注重品德修行的同时，还笃学儒家学说，被人称为"关西孔子"，后来成为远近有名的贤良才子。

杨震先后任过东来和涿郡太守、太尉。任职后，不忘品德修养，秉公办事，不徇私利。

有一次，杨震的学生王密，拿了10斤黄金深夜来访，谢他栽培之恩。杨震说："我是看你有才，才荐你做官，你怎么不了解我呢？"

王密说："夜里无人知晓，收下吧！"

杨震说："天知，地知，我知，你也知，怎么能说无人知晓呢？做官一任，造福一方，为民当官，以廉为本，如以为人不知晓而受贿，岂不是伤天害理，欺世盗名！"

说得王密十分惭愧，持金而退。

非但如此，杨震还要把清正廉洁的家风传给后代。一些亲朋故友见他公而忘私，就劝他为儿孙打算，置办些家产留给儿孙。他说："让后代成为清官后代，不也是一份很贵重的遗产吗？"

东汉末年，宦官当道，外戚专权。杨震受到陷害，太尉印绶被收，官职被免，朝野都被震动。

杨震回到故里，对儿孙家人说："清廉刚直、以诚为民，是做官的本分。怕只怕不能杀掉那些狡猾的奸臣，我有什么面目重新见到日月！我死之后，用杂木做棺，用单被盖上即可，不要设置祭祠。"

杨震说完这话，为表心志，毅然饮鸩而死，以此正气守节教育他的儿子们。

杨震生有5个儿子，都受到家庭熏陶。其中杨秉尤为出类拔萃。杨秉少年时秉承父业，博通书传，在家乡教书。直至40多岁被举荐，拜侍御史，后历任豫州、荆州、徐州刺史。杨秉不仅继承了父亲的学问、气节，还继承了父亲清廉刚直品格。

一次，他检举揭发地方贪官昏官50人，上报朝廷严肃处理，"天下莫不肃然"，全国为之震动。

杨秉的儿子杨赐，也继承了祖父辈传承下来的正直清廉家风，因"少传家学，笃志博闻"，被推荐为汉灵帝刘宏的讲学老师，后来拜为太尉，经常为国直言上书。

杨赐曾上疏抨击朝政用人不论德才，善恶同流。汉灵帝不以为然。后来，杨赐因向汉灵帝面谏，请求改弦更张，罢斥奸邪官吏，结果触怒宦官曹节。杨赐因为对汉灵帝有"师傅之恩"，才免于死罪。

太尉 太尉之名最早见于《吕氏春秋》。西汉早期，设太尉官多半和军事无关，汉武帝时以贵戚为太尉，一变过去由立武功之臣充任太尉的惯例，而又和丞相同等。汉光武帝刘秀时将大司马改为太尉，以太尉、司徒、司空为三公，太尉管军事，司徒管民政，司空管监察，分别开府，置僚佐。

237

应运而生

守诚报恩

■少年杨震图

杨门第四代杨彪为杨赐的儿子，少传家学，举为孝廉，终生不畏强暴。最初因通晓典章制度，被朝廷征为议郎，与父杨赐同朝为官。

当时的宦官王甫的门生独占官府财物价值七千余万，杨彪发现之后立即揭发，汉灵帝准奏后，王甫的养子王荫、王吉、太尉段颍同被处死。这件为民除害的事，大快天下，杨彪本人声名大振。后因阻止奸臣董卓乱权，被董卓罢官。

汉献帝时，任杨彪为太尉。为了有利于国家统一，杨彪一直"尽节卫主"，几经被害。曹操"挟天子以令诸侯"时，只因杨彪声望影响很大才免于一死。

曹丕建立魏国自立皇帝后，要杨彪出任太尉，杨彪固辞不受，表现了他对大汉王朝的忠诚。杨彪的儿子杨修"好学，有俊才"。曹操嫉恨他的才能，借故把他杀了，以解自己杀不了杨彪之恨。

杨修虽没有像他的前辈那样铸成彪炳品德，但也表现了他的为人耿直，也为后人所崇敬。据《汉书·杨震列传》记载：

自震至彪、四世太尉、德业相继。能守家风，为世所贵。

这就是杨家公而忘私，忠诚守信，持节不渝的家风。

阅读链接

在现在的华阴市东宫村有一个巨大的牌坊，上面写着"汉太尉杨震故里"。牌坊上的小字则是李白的一首诗："关西杨伯起，汉日旧称贤。四代三公族，清风播人天。夫子华阴居，开门对玉莲。何事历衡霍，云帆今始还。"

这首诗所赞扬的人和事，就是杨宝和他的儿子杨震、孙子杨秉、曾孙杨赐、玄孙杨彪的故事。这个故事宣扬的就是杨家的家风，就是杨家代代相传的忧国忧民，刚正廉洁，公而忘私，忠诚守信，持节不渝的品质。

阎敞代人存金无欺

在东汉时期汝南郡的平舆，有一个叫阎敞的人。他虽然只是个穷困的读书人，但是他在逆境中，却有着异于常人的高洁志向。

有一天，阎敞学习累了，在外面散步。这时，他看见一个老先生

阎敞画像

牵着一头牛从那边走来。阎敞一看，这不是自己家的那头病牛吗？就走上前去，对牵牛人说："老先生，您这牛是从隔壁阎家的仆人那里买的吗？"

牵牛人说："是啊！"

阎敞双手作揖道："老先生，在下向您赔礼了。这牛其实是一头病牛，在下将钱还与老先生。"说着，赶

紧回屋拿来钱，递给老先生。

牵牛人说："呵呵，年轻人，你叫什么名字呀？"

阎敞说："在下姓阎，名敞。"

牵牛人说："看你这样子是个读书人吧？这牛，老夫还是要了。"牵牛人把钱还给阎敞，接着说，"你的信义远远超过这牛的价值！眼下正是进京赶考的时候，聊表寸心，你不要推辞了。"说完，牵着牛就走去了。

阎敞看着手里的钱，抬头对已经走远的牵牛人喊道："不好意思，请老先生慢走，您让我再摸摸这头牛吧！"

牵牛人不再搭话，牵着牛径自走去。走着走着，他忽听身后"哗啦哗啦"的响动，觉得奇怪。回身一看，只见方才给阎敞的那串钱被拴在了牛尾上。这时，牵牛人点了点头，脸上露出了欣慰的笑容。

阎敞进京赶考，最终考取了功名，被派往家乡，任郡五官掾，成为太守第五常的左右手。而这也遂了他回报家乡的心愿。这一天，阎敞来到郡衙，对太守说道："太守大人，下官初次上任，特

汝南郡 汝南郡在周代属于蔡国和沈国的辖地。秦始皇统一全国后属颍川郡。西汉高帝于公元前205年始建汝南郡。东汉时的永平年间，汝南郡为国，封皇子畅为汝南王。汉顺帝时，领平舆、新阳、西平、上蔡等37个县。

240

至善至美的崇高道德

■ 阎敞画像

■ 阎敞故事图

来向太守大人报到。"

太守第五常说："哈哈哈，读书人，这算是你我的缘分吧！"

阎敞听到太守说"缘分"，不由得抬头观看，原来，眼前的太守就是那个买了他家牛的人！阎敞说："老先生，怎么会是您呀?！"

第五常笑了笑，说道："每年赶考之际，都有许多贫寒学子，因经济受困无法赴试，着实遗憾。本官就微服探访，恰遇你，清贫却不忘清廉。阎敞啊，从那时起，本官就看出你将来必是好官，所以千方百计地把你调到我的身边。"

阎敞躬身施礼，说道："原来是大人成全了下官回报家乡之职！下官无以回报，只有尽心辅佐，不负大人良苦用心，造福家乡百姓！"

第五常笑着说："好啊，好啊！"

五官掾 古代官名。西汉时期置。汉代郡太守自署属吏之一，掌春秋祭祀，若功曹史缺，或其他各曹员缺，则署理或代行其事，无固定职务。为太守的左右手，地位与功曹史不相上下，可顾问各方面事务，而职责不如功曹繁剧。在祭祀时，又位居功曹之前。

从此，这对有缘人成了莫逆之交。

阎敞在辅佐第五常的过程中，恪尽职守，尽心尽力。与此同时，也和太守的幼孙第五清越来越熟悉了，两人犹如叔侄般亲热。阎敞常常教导第五清做人的道理。

第五常知道了这件事后，非常感谢阎敞教导自己的幼孙，为自己能有这样的子孙而感到欣慰，庆幸得无以言表。同时，与阎敞的情谊愈加深厚了。他赞赏阎敞的为人，凡事都放手让阎敞去做，以此锤炼他的才干。

这一天，从京城洛阳传来一道圣旨：征调第五常进京，另有委任。阎敞向太守表示祝贺后，就派人为太守收拾行李，开始为太守全家搬入京城做准备。

可是第五常并不高兴，他认为自己的年纪已经太大，快要告老退休了，此时赴京，恐怕担不起什么重

■ 古代访友图

任。临行，他把阎敞叫到身边，说："谢谢你这些年忠心耿耿协助我办事，使得郡境安宁。现在我要赴京了，还有一件事我想只能拜托你办，我才放心！"

阎敞说道："大人有事尽管吩咐，我一定竭诚以赴！"

第五常指着几个箱子说："这里装的是我几十年的积蓄，大约有130万五铢钱。我本想告老返乡时，用这些钱置办一些田产房舍留给子孙。此番皇上调我进京，我想，这几个箱子没有必要随我进京，因此想寄存在你这里，以待需要时取用。"

阎敞说："我愿为大人效力！"

第五常离去之后，阎敞立即把箱子搬到自己家中，封存在一间屋子的地窖里。

时间一年一年过去，第五常一去10年，竟然杳无音信。阎敞守着这几箱五铢钱，不敢辜负第五常所托，年年都要定期擦拭箱子，生怕锈坏箱内的铜钱。

一天，一位20岁左右的青年来敲门。阎敞问："公子有何贵干？"

青年说："奉先祖父第五常之命，前来拜见阎叔叔。"

■ 班超像

五铢钱 是中国钱币史上使用时间最长的货币，也是用重量作为货币单位的钱币，在中国5000年的货币发展史上有一定的影响。公元前118年，在中原开始发行五铢钱，从此开启了汉五铢钱的先河。五铢钱奠定了中国钱币圆形方孔的传统。

阎敞定睛一看，只见他的手腕上有一朵莲花痣，果然是第五常的孙子第五清！离去的那一年，第五清只有9岁，现在已经长大成人了，差一点没有认出来。阎敞急问："大人可好？"

这一问，第五清不禁潸然泪下，说："先祖父到了京城不久，全家患病，一一身亡，只剩我孤身一人了。先祖父临终之际，拉住我的手说，'你长大，一定要寻到你阎叔叔，我曾有所拜托。'那时我还小，直至今天才来看望叔叔。"

阎敞听了，拉住第五清的手，打开那间存箱屋子的门，从地窖里搬出箱子，对第五清说："你祖父托我办的事，就是看护这里面的130万五铢钱。全都在此，请你一一清点吧！"

第五清一听，睁大了眼睛说："祖父说的是30万五铢钱，阎叔叔，不是130万啊！"

阎敞眼眶一红，说："听你这话，让我想到大人临终前病得是多么厉害啊，连130万五铢钱都记不清了！清儿啊，你就全部拿去吧，不必迟疑了。你应当继承的不是30万，而是130万啊！"

为了朋友的嘱托，阎敞遵守一诺十年不变，在朋友临终记错钱数时，他也如实相告并如数奉还。这种诚信无欺的品德为后世所传扬。

阅读链接

阎敞在辅佐第五常时，第五常的幼孙第五清只有9岁，他经常随同阎敞一起去周济百姓，充当一个小账房先生，计算着阎敞布施了多少钱、多少衣物，帮助了多少人。

第五清的手腕上有一个胎痣，形如莲花，阎敞曾经问过第五清跟着做善事高不高兴，第五清觉得很开心。因此，阎敞就给这颗胎痣取名"清莲痣"，并告诉他为人要清廉，不可放纵欲望。钱财多了容易成灾，只有约己周人，才能保持节操。第五清小小年纪，就受到了清廉品风的熏陶。

以诚相待

唐代是一个诚信思想大发展的时代，唐太宗的诚信之道，开启了唐代诚信建设新世风，涌现出张说、李固言那样清廉的人。

而两宋时期的科举改革，促进了诚信知报伦理道德的新发展。晏殊的诚实正直，体现了当时人的精神风貌。

明代帝王不忘大恩，以诚回报，为人们树立了遵守儒家道德准则的典范。而宋濂的坚守信义、曾彦的依律休妻，无不体现了诚信精神的巨大感召力。

唐代张说不做假证

　　唐代政治家提倡以诚信为国家之本，国家强大也在于有信有礼，这些都发展了唐代政治诚信理念。唐代著名政治家、文学家、诗人张说就做到了对自己自信和对他人讲诚信。

　　张说是宰相魏元忠的部下。魏元忠曾经为贞观之治向开元盛世的顺利过渡起了一定的积极作用。张说为人正直，不畏权势，他不替权奸做伪证陷害忠良的行为，表现出高尚的品格。

张说画像

　　张说"不做伪"这件事，还要从武则天当政时说起。

　　690年，武则天即位，她最宠幸"两张"，即张昌宗和张易之，这两个人十分奸佞，权势很大，满朝文武都怕他们三分。可是宰相魏元忠却不把他们放在眼里。

魏元忠还在洛州当刺史的时候，张易之的一个仆人仗势欺人残害百姓，洛阳官员因他是张易之的人，谁也不敢处置他。魏元忠知道了此事就把他抓起来重罚。张易之从此怀恨在心，伺机报复。

弘扬传承

以诚相待

■ 武则天

魏元忠当了宰相以后，武则天想把张易之的弟弟张昌期任命为长史。一些大臣为了迎合武则天都称赞张昌期能干，魏元忠却说张昌期不适合当此重任，武则天因此就没有提拔张昌期。

经过这件事，张昌宗、张易之更把魏元忠视为眼中钉，千方百计想把他除掉。他们就在武则天面前诬告魏元忠，说魏元忠曾经在背后议论，"太后老了，不如跟太子靠得住。"

武则天一听大怒，把魏元忠给抓起来打进了监牢，还要亲自审讯，并要张昌宗、张易之当面对证。

张昌宗怕此事败露，又想出一个毒计，想找一个假证人陷害魏元忠。他们想来想去，最后物色到魏元忠的部下张说。他派人把张说找来，逼迫他答应此事，并答应他事成之后，不仅有重赏，还要提拔他。

张说明知魏元忠冤枉，但是又害怕张昌宗等人的权势。思想斗争得很厉害，他知道这将关系到他个人的生死存亡。

洛州 唐代初期将河南郡改名为"洛州"，治所在洛阳县，位于现在洛阳市东北。唐玄宗开元元年改名为"河南府"。在唐代洛阳，有一个说法叫"洛州无影"。洛州，即洛阳，其位置在北回归线以北，从天文的角度讲，这里一年之中任何时候都不可能出现"无影"的情形。

右丞相 古代官名。自汉代始有尚书左丞、尚书右丞。元代及明代初期有中书右丞、中书左丞。基本上右丞相的官职大于左丞相。不过也有种说法：每个朝代都是不同的，南宋时右相大，北宋时左相大，秦代时右相大，汉代右相大，明代左相大，清代也是以左为尊，比如左督御史比右督大。

第二天，武则天上朝，召集文武官员、太子和宰相，要张昌宗和魏元忠当面对质。魏元忠原本没有此事，自然坚决不承认。魏元忠就同张昌宗争论起来，半天没有结果。

这时，张昌宗就对武则天说："魏元忠部下的张说就听到过这些话，可以把他找来做证。"

武则天立刻传令让张说进宫。其实官员们都知道发生了什么事，知道张说受到了胁迫，听到张说要上朝做证，大家都非常担忧。

这时，右丞相宋璟见到张说，对他说："此事关系甚大，千万不要附和奸臣，陷害好人啊！一定要说真话，即使得罪了皇上，被流放脸上也光彩。一个人的名誉是最可贵的。"

史官刘知几也提醒张说道："不要玷污你的清白，不要连累后代子孙啊！"

■ 宋璟像

张说心里早就拿定了主意，他不慌不忙地上了朝堂。

武则天两眼盯住张说，问道："你听到魏元忠诽谤朝廷的话了吗？"

魏元忠一见张说，就说："张说你要分辨是非，千万别跟张昌宗一起陷害我。"

张昌宗在旁边威胁催促张说说："你别去理他，不要害怕，赶快大胆做证！"

■ 张说直言图

张说一见这种情景，就势就向武则天说道："陛下请看，在陛下您面前，张昌宗还敢这样胁迫我，可以想见他在宫外是怎样霸道了。我不能不说实话了，我确实没有听到魏元忠说过反对陛下的话，是张昌宗逼迫我来做假证人的。"

张昌宗见张说变了卦，气急败坏地叫了起来："好你个张说，你是魏元忠的同谋犯！"

武则天是个聪明的人，听了张说的话，明知魏元忠的确冤枉，但她又不愿让张昌宗他们下不了台，就斥责张说说："你真是反复无常的小人。"并下令把张说也抓起来。

事后，武则天又多次派人审讯张说，可是张说已经横下一条心，坚决不做伪证。耿直的张说保住了魏元忠。武则天虽然没有抓住魏元忠谋反的证据，但她还是撤了张说的职务，又把张说判了流放。

不久，唐玄宗当政。宰相张柬之和一些官员把张昌宗和张易之等都抓了起来。由于张说以诚为本，尊重事实，不做假证，在朝廷大臣中获得了很高的声誉。

张说在流放期间，精心构思了一组诗，题名为《五君咏》，咏赞初唐名臣魏元忠、苏瑰、李峤、郭立振、赵彦昭五人。其中的一首《魏齐公元忠》写道：

至善至美的崇高道德

> 齐公生人表，迥天闻鹤唳。
> 清论早揣摩，玄心晚超诣。
> 入相廊庙静，出军沙漠霁。
> 见深吕禄忧，举后陈平计。
> 甘心除君恶，足以报先帝。

张说找到同事的儿子苏颋，请他把《五君咏》转交给当今皇上唐玄宗李隆基，以明心志。苏颋看后，当堂呜咽流涕，悲不自胜。等上朝时，他就在唐玄宗面前盛赞张说。最后，沦落荒蛮之地的大臣张说再次回到朝中。

阅读链接

传说张说少年时勤奋好学，乐于助人。一次，受到张说帮助的一个老者赠送给他一颗颜色深青而泛红的绀珠，并告诉他："绀珠名叫记事珠。读书行文办事时，将它握在手中，就能记事不忘。"老人讲罢，转身就不见了。

张说认为这是神佑好人，上天要助他成就功名。因此，张说就将这颗绀珠秘藏于身，终身携带。后来，张说在朝廷中出将入相，文经武纬，吟诗作赋，笔墨文章，无一不通，广负盛名，传说就与这颗绀珠有很大关系。

诚实为官的李固言

唐代儒生以文化和思想的传承与创新为己任，继承和发展了先秦时期对诚信之德的阐释。他们不仅自觉地将诚信视为士大夫必备的道德操守，并将其作为为人处世的基本准则。唐代儒生以诚交友、诚信为官现象比较普遍。唐代中期的儒生李固言就是其中之一。

李固言出身低微，自幼勤奋好学。他为人忠厚老实，有一年去参加京试住在表亲柳家。柳家的表兄弟们和他闹着玩，偷着写了"此处有屋出租"的字条贴在李固言的头巾上。李固言自己一点不知道被兄弟们贴了字条，他出门时，看见的人都偷着笑。

在当时，来京城考试的举子为求登科，有"行卷"之说，即将自己的佳作呈交于达官贵人，求他们赏识，

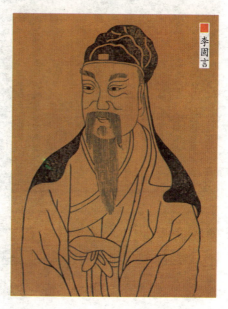

李固言

状元 科举考试以名列第一者为"元"，乡试称"解元"，会试称"会元"，殿试称"状元"。唐代制，举人赴京应礼部试者必须投状，因称居首者为状头，故有"状元"之称。从隋代开始实行科举制以来，经历唐宋元明清各代，直至清代废除，历经近1300年。

提高声誉，以便中第。李固言想拿自己的文章去求教人，就跟柳氏兄弟商量。柳氏兄弟就带他到一个地位比较低的官员许孟容的住地，让李固言进去求见。

许孟容说："我是个闲官，没能力帮你。但是，你的心意，我记在心里。"许孟容又看到李固言头巾上的纸条，知道他忠厚，是被同龄人取笑了。

后来，许孟容升了官，当了科举考试的主考官，李固言参加考试。许孟容原来就知道李固言忠厚，现在又见他的文章不但文笔流畅，而且见解独到，就把李固言选为科举考试的状元。

李固言任华州刺史时，严惩奸吏，打击地方豪强。他处事认真不谋私利，不为亲友谋官。为政不计亲疏，主张任人唯贤。任河中节度使期间，也积极革除弊政。

李固言有口吃的毛病，平常不善言辞，然而每

■ 唐代科举图

每议事论政则头头是道，很有条理。

唐文宗半身像

唐文宗李昂执政时期李固言在朝廷做官。当时身处牛李两党争斗之中，他既要明哲保身，又要与邪恶势力争夺实属不易。

牛党头面人物李宗闵、牛僧孺等大都是科举正途出身，对新进士特别重视，而李固言又是赵郡李姓的世家子弟，与李党代表人物李德裕同宗。因此，他既是牛党拉拢的对象，又是李党乐于接纳的对象。

李固言身在朝廷仍然保持自己诚实耿直的本性，不像其他官员处事那么圆滑。他心里怎么想的就怎么说，从不做不诚实的事情。有一次，唐文宗让李固言颁布诏书，内容是让降职的官员王堪去做太子的宾客，辅佐太子。可是李固言手捧诏书，站立不动。

皇帝觉得很奇怪，就问他："爱卿，你还有什么事吗？"

李固言思虑说："陛下，臣以为此事有些不妥。"

唐文宗很不高兴地说："有何不妥！事情已经决定了，你宣读诏书就是了。"

李固言仍然没有宣读诏书，他想如实地对皇帝说出自己的想法，但本来就有些口吃，一着急，不知怎样表达自己的意见才好。

唐文宗看李固言仍不肯宣读诏书，就生气地离开了朝堂。

李固言回去后，写了一份奏折给皇上，意思说，太子是未来的接班人，应该由有贤德的大臣陪伴，被降职的大臣不适合做太子宾客。

皇上看了，觉得很有道理，就把王堪改任了。

还有一次，群臣议事，唐文宗突然问文武百官："朕听说有些州县官员不称职，这事是真的吗？"

众大臣不知皇上心里想的是什么，又怕得罪人。虽然知道确实有些州县官员不称职，但是没人敢说。有的说没有，有的说这是谣传，有的则低头不说话。这时，李固言站出来说："启禀圣上，臣得知确有此事，而且邓州刺史李堪，随州刺史郑襄尤其不称职。"

李堪是朝中大臣郑覃举荐的，郑覃怕李堪的失职对自己不利，就马上站出来辩解："微臣了解李堪的为人。再说管理那么多事情，有些疏忽是难免的。"

李固言还想说话，但是唐文宗把话题引开了，谈起别的事来。

其实，唐文宗知道李固言是个诚实人，不会胡说，是郑覃怕受责备才巧言狡辩。可是他怕朝臣之间闹矛盾，不利于国家，就没再追问下去。李固言的诚实却记在了唐文宗的脑子里，不久唐文宗就提拔了李固言，让他做尚书右丞。

诚实的李固言靠自己的功绩连连高升，后为太子少师、东都留守、太子太傅。他出将入相，历仕4朝，去世后被追赠为太尉。

阅读链接

传说在唐宪宗李纯执政时期，李固言曾经遇到一个老妇对他说："郎君不久将及第，22年后当宰相。"

李固言当时对此将信将疑。20年后的一天，老妇突然来拜访已经是宰相的李固言。他想起了当年的事情，穿着官服拜谢了老妇，将她请到大厅里。

李固言为老妇摆设了丰盛的酒宴，但她不吃，只喝了几杯酒，便要告辞。并拿了李固言妻子的一枚象牙梳子，要求李固言题字留作纪念。李固言将她送到大门口。从此，李固言再也没见过她。

晏殊的诚实与正直

北宋时期对诚信思想的发展，除了在宰相李沆身上有很好的体现外，另一位宰相晏殊也是这一时期的典型。晏殊是北宋时期抚州临川文港乡人，素以诚实著称。

晏殊小时候就诚实、正直，并且聪明过人，7岁能作文。14岁时，被江南安抚使张知白当作"神童"推荐给宋真宗赵恒。1005年，晏殊来到京城，与来自全国各地的3100多名举人同时入殿参加考试。晏殊本可以直接由皇上面试，但他执意要参加科举会考。他认为只有会考所反映出的成绩，才算是自己的真实才学。

晏殊像

至善至美的崇高道德

主考官同意了晏殊的要求，决定让他同其他举人一起会考。在考场上，晏殊非常的沉着冷静，卷子答得又快又好，受到了宋真宗的赞许，赏他"同进士出身"的称号。

第二天又复试，题目是《诗赋论》。晏殊看见题目，发现考题是自己曾经练习写过的。于是，他毫不犹豫地向主考官说明实情："考官大人，这个题目我曾经练习写过，请另外出一个题目给我做吧！"

主考官不以为然，以为晏殊多事，就说："做过的题目也不要紧，你写出来，如果做得好，也可录取。再说，另外换个题目，万一做不好，就要落第，你要三思而行。"

晏殊似乎已经深思熟虑了，他说："不换题目，即使考中了，也不是我的真才实学；换了做不好，说明我学问还不够，我不会有一句怨言的。"

考官听了，同意给晏殊另外出一个题目。

■ 晏殊参加科考图

晏殊拿到新题目以后，反复看了看，思考了一会儿，就拿起笔来一气呵成。考官惊呆了，觉得此人文思敏捷，真乃奇才。晏殊诚信为本要求重新出题，而且真真实实地"考"出了自己的水平，受到人们的敬重，不仅在考生中传开，也传到了宋真宗那里。

宋真宗马上召见了晏殊，称赞说："你不仅有真才实学，更重要的是，具有诚实不欺的好品质！"

■ 宋真宗赵恒

晏殊遇上自己熟悉的考题，原本可以轻松答出，在3000多举人中一举成名，却请求另给题目，是晏殊傻吗？不，因为他诚实，更因为他相信自己的真才实学。宋真宗也正是因为如此，所以才特别喜欢他，并破格任用为翰林。

晏殊初出茅庐当职时，正值天下太平，京城的大小官员便经常到郊外游玩，或在城内的酒楼茶馆举行各种宴会。晏殊家贫，无钱出去吃喝玩乐，只好在家里和兄弟们读写文章。

有一天，宋真宗要为太子挑选老师，但不叫大臣推荐，自己直接点名要晏殊担任。大臣们很惊讶。宋真宗说："我听说晏殊常闭门读书不参加各种宴会，这是一个忠厚谨慎的人，放在太子身边最合适。"

晏殊拜见皇帝谢恩时解释说："我不是不愿游玩，不愿参加宴会，因为我家贫穷办不到。我要是有

太子 又称皇储，储君或皇太子，是中国封建王朝中皇位的继承人。唐朝时太子的地位仅次于皇帝本人，并且拥有自己的、类似于朝廷的东宫。东宫的官员配置完全仿照朝廷的制度，还拥有一支类似于皇帝禁军的私人卫队"太子诸率"。

■ 晏殊画像

至善至美的崇高道德

翰林 是皇帝的文学侍从官，翰林院从唐代起开始设立，始为供职具有艺能人士的机构，但自唐玄宗后演变成了专门起草机密诏制的重要机构，院里任职的人称为翰林学士。北宋时期，翰林学士开始设为专职。

钱，也是会去的。"宋真宗见晏殊如此肯讲实话，对他特别赞赏，更加信任他，眷宠日深。

晏殊以难能可贵的坦率诚实品格，在皇帝和群臣面前树立了信誉。宋仁宗赵祯登位后，晏殊得以大用，官至宰相。晏殊做了宰相，也没有矫揉造作，很得百姓拥戴。

晏殊虽多年身居要位，却平易近人。他唯贤是举，范仲淹、孔道辅、王安石等均出自其门下；韩琦、富弼、欧阳修等皆经他栽培、荐引，都得到重用。晏殊诚恳地对待每一位学子。

有一次，晏殊路过扬州，在城里走累了，就与随从进大明寺休息。晏殊进了庙里，看见墙上写了好些题诗。他挺感兴趣，就找把椅子坐下。然后，让随从给他念墙上的诗，可不许念出题诗人的名字和身份。

晏殊听了会儿，觉得有一首诗写得挺不错，就问："哪位写的？"随从说叫王琪。晏殊就叫人去找这个王琪。

王琪被找来了，拜见了晏殊。晏殊跟他一聊，挺谈得来，就高兴地请他吃饭。两人吃完饭，一起到后花园去散步。这会儿正是晚春时候，满地都是落花。一阵小风吹过，花瓣一团团地随风飘舞，好看极了。

晏殊看了，猛地触动了自己的心事，不由得对王琪说："王先生，我每想出个好句子，就写在墙上，再琢磨下句。可有个句子，我想了好几年，也没琢磨出个好下句。"

王琪连忙问："请大人说说是个什么句子？"

晏殊就念了一句："无可奈何花落去。"

王琪听了，马上就说："您干吗不对'似曾相识燕归来'？"这句的意思是说，天气转暖，燕子从南方飞回来，这些燕子好像去年见过面。晏殊一听，拍手叫好，连声说："妙，妙，太妙了！"

晏殊对这两句非常喜欢，他写过一首词《浣溪沙》，里边就用上了这副联语：

一曲新词酒一杯，去年天气旧亭台，夕阳西下几时回。
无可奈何花落去，似曾相识燕归来，小园香径独徘徊。

晏殊对王琪很赞赏，回到京都后向宋仁宗推荐，得到宋仁宗认可，就调王琪入京城。王琪先任馆阁校勘，后又担任许多其他重要职务。晏殊在北宋文坛赫赫有名，这和他的诚实、才气有密切关系。

阅读链接

晏殊在宋代江西籍名人中是开风气之先人物，其后的欧阳修、王安石、曾巩、韩琦、富弼、范仲淹等人无不深受其影响。就以范仲淹来说，要不是晏殊着意荐拔，以至曲意回护，他恐怕很难成为叱咤风云的人物。

晏殊最早兴办官学，居官达50年，政治上虽无重大建树，但公忠谋国、知人善任，对推动庆历新政是有贡献的。他自奉廉洁，为人风范为当世后人所仰慕。他的词上承南唐，媚中求雅，对宋词的发展起着承前启后的作用。

明太祖知恩报乞丐

儒家知恩图报伦理思想经历了漫长的历史发展，传统伦理道德早已植根人心。至元末明初，即使当时社会正经历着翻天覆地的变化，

明太祖朱元璋画像

但中华民族的有恩必报意识依然是那么的强烈。明太祖朱元璋就是一个知恩图报的典型例证。

那是在元代末年一个风雨交加的夜晚，一个和尚跌跌撞撞地闯进了一座破庙，刚推开庙门，就一头栽在地上，晕了过去。庙里住着4个乞丐，正在煮汤喝，见到和尚晕倒过去，连忙将他抬到火堆边，用刚刚熬好的汤喂给他，好让他暖暖身子。

过了一会儿，和尚醒过来，

明太祖朱元璋

弘扬传承

以诚相待

见到旁边有吃的，不管三七二十一抢过汤锅就一顿猛吃，不一会就吃了个精光。

3个小乞丐见状勃然大怒，叫嚷道："你这和尚太不懂事，我们辛苦要来的食物，你怎么能一个人都吃光？"说完就要揍他。

一个老乞丐连忙劝住大家："这个人正在生病，多吃点就多吃点吧，何况已经吃光了，即便揍他一顿又有什么用呢！"说完将和尚安顿在破庙的一个角落里休息。

和尚觉得刚才吃得很香，就问老乞丐说："请问，这是什么东西做的？怎么这么好吃？"

老乞丐笑着说："都是些剩菜剩饭，不过我们都叫它'珍珠翡翠白玉汤'。"

和尚心里记住这个名字，并问老乞丐姓名，说以后一定报答他。老乞丐连连摇头，始终没有告诉和尚他的真实姓名。

第二天清晨，乞丐睡醒后突然发现那个和尚不见了，连带着那个汤锅也不见了踪影。大家都知道是那个和尚干的，纷纷咒骂不停，只有老乞丐不吱声。

许多年过去后，当年的和尚成了大明帝国开国皇帝，他就是明太祖朱元璋。

朱元璋出生于安徽凤阳，当年这里缺水，十年九荒，经济十分落后。在这个艰难的环境下，朱元璋出家做了和尚，后来又到处流浪乞讨。破庙里的故事就是在流浪期间发生的。

朱元璋最后投在郭子兴旗下。郭子兴见朱元璋状貌奇伟，异于常人，遂留置为亲信兵，朱元璋作战勇敢，又有智谋，屡次率兵出征，有攻必克。

■ 明太祖朱元璋

应天 南京的古称，也叫"集庆""金陵"。1356年，朱元璋亲自带兵分三路，用了10天时间攻破了集庆，并改集庆为"应天"。建立明朝后，朱元璋将集庆路改为"应天府"，定为首都，1378年改称"京师"。1421年明成祖北迁，以北京为京师，恢复南京之名，作为留都。

1368年正月，朱元璋在应天称帝，史称明太祖。这一天，明太祖忽然想起了落魄时吃过的那顿汤，就命人四处张贴皇榜，重金寻找会做"珍珠翡翠白玉汤"的人。

皇榜发出之后几个月，那4个乞丐偶然听到了这个消息，这才知道当今皇帝竟然是当年的落魄和尚，欢呼雀跃。他们想，当年怎么说也救过皇帝一命，这回要是能进京见到皇帝，一定能得到赏赐。

于是，3个小乞丐就嚷着要进京，但老乞丐不但不想去，还处处阻拦不让他们去，神态渐渐有些疯癫，不是偷他们的铜钱，就是撕破他们的衣服，打破煮饭的锅碗。3个小乞丐气恼不过，狠狠揍了老乞丐一顿后，这才上京觐见皇帝。

明太祖热情地接见了小乞丐们，确认是当年破庙的乞丐后，高兴地赏赐他们每人一份厚礼，并追问老乞丐的下落。

3个小乞丐看着手里的金银，心里却记恨老乞丐阻挡他们获取荣华富贵的恶行，又担心老乞丐得到比他们更多的赏赐，就异口同声地说老乞丐病死了。

明太祖连连惋惜，下旨追封老乞丐为"天下第一义丐"，并要求3个小乞丐为群臣做一次"珍珠翡翠白玉汤"。

3个小乞丐拿出毕生所学，按照这么多年的一贯做法，用白菜帮子、烂菜叶子、馊米饭做成了那道让群臣闻名已久的"珍珠翡翠白玉汤"。

第二天，皇帝大宴群臣，主菜就是那道著名的"珍珠翡翠白玉汤"。谁知，大臣们非但不说好喝，几个侍郎竟然当庭呕吐不止。有的大臣身体原本虚弱，喝了这个汤，连连呕吐，竟然不省人事。

明太祖勃然大怒，痛斥小乞丐们冒名顶替，谋害大臣，最后以欺君之罪将3个小乞丐治了罪。

早已逃离破庙的老乞丐闻知此事，就上京要求面见圣上。几番周折，他终于见到了皇上。

明太祖对老乞丐说："怪我事务比较繁忙，竟没有早些找到您。现在好了，您可以享享福了！"说完，也请老乞丐做那道"珍珠翡翠白玉汤"。

老乞丐很聪明，他暗想：皇上其实已经对真的"珍珠翡翠白玉汤"不感兴趣，我不妨来个仿制品

263

弘扬传承

以诚相待

碰碰运气。因此，他便以鱼龙代珍珠，以红柿子切条代翡，以菠菜代翠，以豆腐加馅代白玉，并浇以鱼骨汤。

老乞丐将此菜献上之后，明太祖和群臣一吃，感觉味道好极了，明太祖更是感觉与当年给他吃的一样美味。

吃过了"珍珠翡翠白玉汤"，朱元璋说："皇榜上说得清楚，有会做珍珠翡翠白玉汤者，重重有赏。今天您做的'珍珠翡翠白玉汤'味道鲜美，我和众爱卿一致赞扬。那就赏你白银5000两，回去娶媳妇，买点地，好好过日子吧！"

老乞丐得了赏钱后，便告病回家了，并且把这道当今皇帝喜欢的菜传给了凤阳父老。

至善至美的崇高道德

阅读链接

朱元璋小时候给人放牛，有一天正仰在地上睡觉，刘伯温路过此地，发现这个放牛娃的样子很像一个"天"字，就折了一根草在他脚板底下挠起了痒痒。朱元璋脚下难受，又翻个身摆个姿势。

刘伯温看到这个睡姿，不觉大吃一惊，这不是一个"子"字吗？和刚才的那个"天"字合在一起，正是"天子"二字。

刘伯温这次出门，是寻找能安邦定国的人。从此，刘伯温就跟定了朱元璋。后来，朱元璋在刘伯温的协助下，果然打下了天下，建立了大明王朝。

宋濂一生坚守信义

除了明太祖朱元璋、明成祖朱棣不忘报恩外，明代儒生宋濂的坚守信义，同样值得大书特书。他是元末明初的著名学者，学识渊博，为人处世也非常讲信用。

宋濂从小时候起，就非常喜欢读书学习，钻研学问。但是他家里很贫穷，上不起学，连书都买不起，只好向有书的人借书读。宋濂学习十分刻苦，在学习条件相当困难的情况下，还是阅读了大量书籍。当他遇到好书的时候，爱不释手。可是书是借别人的，不能不还，于是他就夜以继日地把书抄写下来。

冬天，有时天气特别冷，外面滴水成冰，室内也非常冷，连

宋濂像

砚台都结了冰，手指也冻得几乎拿不住笔了，但是他仍然坚持加紧抄书，抄完之后，及时把书还回去，从来没有耽误过还书的日期。

由于宋濂诚实守信用，不少人都信得过他，才肯把书借给他读。那些藏书多的人家，原本就对求学者支持，所以常常把书借给他读。

宋濂成年时，当地能读到的书，他几乎都读遍了。可是求学的要求更加迫切了，就常常到百里以外的地方去寻师求学。他手拿着经书向有道德有学问的前辈求教。

前辈道德高，名望大，门人学生挤满了他的房间，宋濂就站着陪侍在他左右，提出疑难，询问道理，低身侧耳向他请教；有时遭到他的训斥，表情更为恭敬，礼节更为周到，不敢再说一句话；等到他高兴时，就又向他请教。就这样，最终还是得到不少教益。

在求学过程中，有时还要背着行李，赶不回去，就随便找个地方住下来，忍饥挨冻也不灰心。

有一次，宋濂和一位名师约定要上门求学，正好碰上下大雪的天气。上路之后，雪越

砚台 称为"研"，是由原始社会的研磨器演变而来。初期的砚，形态原始，是用一块小研石在一面磨平的石器上压墨丸研磨成墨汁。唐宋时期，广东肇庆的端砚、安徽歙县的歙砚、甘肃洮州的洮河砚、山西绛县的澄泥砚最为突出，称"四大名砚"。

■ 宋濂书法

下越大，路上的积雪几尺深，但他为了不失约，顾不得天降大雪，还是步行赶去了。宋濂背着书箱，拖着鞋子，行走在深山大谷之中，严冬寒风凛冽，大雪深达几尺，脚上的皮肤受冻裂开都不知道。到学舍后，四肢冻僵了不能动弹。

明成祖朱棣像

先生的仆人很热心，见这个书生为了求学受苦，很受感动，就用热水给他浇洗，用被子围盖在他身上，过了很久才暖和过来。

宋濂在外地学习，有时寄居在客店里，生活很艰苦，为了节省开支费用，一天只吃两顿饭，衣服穿得补了又补，很破旧。但他以求知为快乐，别的什么都不在意。就这样，宋濂数十年如一日地刻苦求学，终于取得了成就，被朝廷重用，就任江南儒学提举。

宋濂曾被明太祖朱元璋誉为"开国文臣之首"，他与高启、刘基并称为"明初诗文三大家"。开私家藏书风气者，首推宋濂。

宋濂庆幸自己得以置身于君子的行列中，承受着天子的恩宠荣耀，追随在公卿之后，每天陪侍着皇上，听候询问。因此，他在官场一直坚守"信义"二字，严于律己，从不说半点假话。

有一次，宋濂与客人饮酒，明太祖暗中派人去侦探察看，以考察他的诚实度。第二天，问宋濂昨天饮酒没有，座中的来客是谁，饭菜是什么，宋濂都以实话回答。

明太祖笑着说："确实如此，你没有欺骗我。"

宋濂说："身为臣子，欺骗皇上，就犯了大逆。这绝不是为臣者该做的事情！"

明太祖曾经向宋濂问起大臣们的好坏，宋濂只举出那些好的大臣说说。明太祖问他原因，宋濂回答道："好的大臣和我交朋友，所以我了解他们；那些不好的，我不和他们交往，所以不会了解他们。"

宋濂的回答，有一说一，有二说二，这让明太祖十分满意。

有一次，主事茹太素上奏章1万多字。因行文太长，明太祖听说以后，便询问朝中的一些臣子。有人指着茹太素的奏章，说有的地方不合法制。

明太祖问宋濂，宋濂回答说："他只是对陛下尽忠罢了，陛下正广开言路，怎么能够重责他呢？"

不久，明太祖认真看了茹太素的奏章，觉得有值得采纳的内容。于是，又把朝臣都招来，斥责那些妄加评判的人。然后，口呼宋濂的名字说："如果没有宋濂，我几乎错误地怪罪进谏的人。"

宋濂诚实做人做事，尽到了为臣之道，不仅受到明太祖的喜爱，也在同僚中树立了威信，更对明初的务实精神产生了积极的影响。

至善至美的崇高道德

阅读链接

在古代文学史上，宋濂与刘基、高启并列为"明初诗文三大家"。宋濂坚持散文要明道致用、宗经师古，强调"辞达"，注意"通变"，要求"因事感触"而为文，所以他的散文内容比较充实，且有一定的艺术功力。

明王朝立国，朝廷礼乐制度多为宋濂所制定，刘基赞许他"当今文章第一"，四方学者称他为"太史公"。他的文章能抓住细节，突出性格，渲染无多，感染却深。有的篇章如《送东阳马生序》，成为后世教材。

曾彦执法依律休妻

明代信义之士能与宋濂媲美的还有曾彦。他以自己的方式，演绎了以诚处世的高风亮节。曾彦是明代泰和县沙村南坑人，他看到当时缺少一部完备的法律，许多事情处理起来非常难办，于是就想编著一部完备的法典。

曾彦为了尽快编出一部法典，就在荒郊野外搭起了一座茅房，整天在那里写呀、写呀，无论冬夏，连家也不回，一日三餐都由妻子送来。

这一天，曾彦的妻子又来给丈夫送午餐。曾彦望着日渐消瘦的妻子，心疼地说："为了让我写好这本书，你受了不少苦。现在好了，我的书就要

曾彦夫妻图

■ 曾母训子图

写完了，很快就可以回家了。"

妻子一听很高兴，温柔地说："那太好了，可是你一定饿了，还是先吃完饭再说吧！"

曾彦掀开盖着饭篮的布，忽然发现3个水灵灵的大桃子放在篮子里，就问妻子："我们家这么穷，你怎么还有钱给我买桃子吃？"

妻子笑着说："不是买的，刚才我给你送饭正好路过李家的桃园，就顺手摘了几个，想让你尝个鲜，也好补补身子。"

曾彦愣了一下，问道："李家的人在场吗？"

妻子说："不在，可能是回家吃饭去了。"

曾彦突然大声说道："你偷人家的桃子！"

妻子不以为然地说："你说话怎么这么难听，都是熟人，摘几个桃子怎么能叫偷呢？"

曾彦说："不经别人允许拿别人的东西就是偷。按照我编的法律，女人偷东西应该被休。"

曾彦拿起笔就写了一封休书，两眼含着泪水递给妻子，说："虽然我也舍不得你走，可是法律是我编的，我必须诚实地遵守。你就回到娘家，另嫁一个好人家吧！"于是把休书交给他妻子。

妻子原以为丈夫是和她开玩笑，也没抬头看，只顾着给丈夫补衣服。后来发现丈夫的声音不对，抬头一看，他已经流下两行眼泪，这才知道丈夫是认真的。

妻子知道丈夫向来很讲诚信，没有特殊情况，说出去的话是不会更改的。于是，她就拿着休书找到婆婆，哭着向婆婆讲事情的经过。

婆婆听了很生气，当时就领着儿媳妇去找儿子，见到儿子就大声训斥："你这个没心肝的畜生，你整天躲在这里又写又画的，哪一件事情不是你媳妇操心，可是她却从无怨言。这么勤快贤惠的媳妇，你打着灯笼也难找，可是现在，你竟然还要休她。"

曾彦受封图

曾彦红着双眼，对母亲说："我也知道她好。可是，做人一定要讲诚信，孩儿制定的法律，孩儿自己首先应该遵守。"

曾母生气地说："你以为你是皇帝呀，可以颁布法律，真是不知道天高地厚！"

聪明的儿媳妇听婆婆这么说，受到了启发，理直气壮地说："只有皇帝才有权颁布法律，你写的法典在没有被皇帝批准之前，只是一张废纸，现在，你根本就没有权力休了我！"

曾彦听妻子这么一说，顿时哑口无言。事实上，他自己原本也不想休掉跟随他多年的妻子，所以休妻的事就算了。但是他让妻子向桃园的主人道歉，他不想让妻子做一个不诚信的人。

后来，曾彦在明代成化年间中了状元，任翰林院修撰、侍讲学士等职。他把自己编的法典呈给皇上，皇上很高兴，还专门让他带领一批人重新修订法律。曾彦退休回乡后，在居所的门楼上亲笔书写一副对联表明了他甘于淡泊的心迹：

至善至美的崇高道德

尚诗书琴瑟之清素，远钟鼓纨绮之哗喧。

阅读链接

曾彦在中状元之前，曾经在一家小店做工。

有一天他挑着货物回店，在一栋祠堂的廊下歇肩时，突然听祠堂后厅传来琅琅读书声，就连忙走进祠堂前厅，坐在天井里听。不知过了多久，天下起了大雨。等下课了，雨也停了，曾彦却发现斜飘的雨水淋湿了箩筐里的货物，他硬着头皮将货物挑回店里。

店主本是个读书人，听说曾彦是因听讲入迷而损了货物，很理解他，便不再让曾彦当挑夫，留在店里打点生意。茶余饭后，两人谈古论今，成为忘年之交。

梁启超的诚实与信守

清代末期是个大变革的时代，传统道德伦理也在经历着现实环境的考问。而当时的著名学者梁启超却能够以异于常人的诚实与守信，在"万马齐喑"的环境中，为世人树立起一座不朽的道德丰碑。

梁启超自幼即有"神童"美誉，6岁入私塾学习，8岁学写文章。这都源于他小时候接受了很好的家教。

梁启超的祖父叫梁维清，是梁氏家族有史以来的第一个秀才，曾做过管理一县文教事业的教谕。但因看不惯官场的腐败，不久他便辞职回乡执教，并购得十多亩地，过起了"半为农者半为儒"的生活，成为一个典型的

梁启超画像

书香 古人为防止蠹虫咬食书籍，便在书中放置一种芸香草，这种草有一种清香之气，夹有这种草的书籍打开之后清香袭人，故称为"书香"。书香亦可指书中文字的内容，亦指有读书先辈的人家，书香人家、世代书香，以及读书风气、读书习尚等。

乡村士绅。

梁维清在家庭里十分重视对子孙的教育。他除在自家空地上筑一小书斋，供诸孙读书识字外，平常特别注意引导儿孙树立忠孝观念。

茶坑村有一座古庙，构筑精细，风格典雅，内藏40多幅古画，另挂有历史上有作为的24位忠臣图像和在民间流传极广的24位大孝子的肖像画。每当元宵佳节，庙内灯火通明，彩带飘舞，百姓在赏灯之余，也能领略这些名臣、孝子的忠孝精神。

梁维清把这种节日观光看作是教育子女的一个很好机会，每年正月十五必带子孙进庙观画，一一向他们讲述。梁维清身上表现出来的儒家文化品格，使梁启超从小受到了积极的熏陶。

梁启超的父亲叫梁宝瑛，在科场上很不得意，屡试不第，30岁以后便绝意仕途，教授乡里，靠着从父亲那里继承的六七亩田和教书所得，继续过着半耕半读的生活。

在待人处事上，梁宝瑛秉承父风，勤奋，俭朴，自尊，诚信，律己严，待人宽，在乡邻中间也颇有威信。在家教上，梁宝瑛由于自己未能博取任何功名，因此把全部的希望都寄托在下一代身上，对梁启超要求也特别严格。他除教梁启超读书作文外，还教导他注意道德品质的修养，注重修身济世。

为不使梁启超染上游手好闲的纨绔之习，败坏勤俭节约的家风，梁宝瑛要求梁启超在读书之余，必须参加劳动。他一再告诫梁启超，不能以普通孩子要求自己，要从小立志，做一个摆脱平庸的人。

梁启超的母亲赵氏，出身于书香门第，以贤孝闻名全乡。梁启超6岁时有一次撒谎，赵氏严以管教，让他再也不许撒谎。母亲的教诲使他逐渐明白了诚实为人的道理。在这样的家教环境中梁启超健康成长。

1884年，12岁的梁启超离开自己的家乡熊子乡，坐船前往广州参加学院考试。到广州后他租了一间公寓，认真读书、学习。

考试时他对答如流，中了秀才。主考官是广东学政叶大绰。他看到学子们的成绩很好，心中十分高兴，特地接见了被录取的学子。学子们被接见后，一

■ 梁启超创办的《知新报》

个个都走了，只剩下年少的梁启超没有动。

叶大绰感到奇怪，问他为什么不走。

梁启超很有礼貌地说："叶大人，学生有件事恳求您帮忙。"

小小的学子，竟敢在三品大员学政面前提出要求，叶大绰先是吃惊，然后笑着说："你有什么请求，请说来听听。"

叶大绰态度和蔼可亲，梁启超听后，十分激动，说："学生临来考试时，对祖父许下了诺言。如果我这次考试被录取，就请求主考大人给祖父写一副诞辰寿言的对联。"

主考官想弄清梁启超的想法，问道："你为什么

■ 戊戌变法时的梁启超

■ 戊戌风云中的梁
启超（左四）

想要这样做呢？"

梁启超深情地说："我的祖父虽然一生没有中举人，但他用毕生的精力辛勤地培养我。我今天能够考上，全亏祖父培育之恩。今年，祖父刚好七十大寿，作为孙子，我应该感谢他，最好的礼物就是写一条寿言，既肯定他的一生，又表扬他的精神。我想来想去，觉得只有学政大人写的寿言才能满足这两个条件。如果您能写一赠言给他，这是最大的安慰和礼物。因此，我冒昧地求大人帮忙。"

叶大绰听了梁启超的话，觉得他是个诚实的孩子，说的是真心话。他被梁启超的忠诚感动了，于是接受了梁启超的请求，挥笔为梁老先生写了寿言。

梁启超回到家乡，他的父母都很高兴，祖父接过寿言，早已乐得合不拢嘴了。

父亲问梁启超是怎么想起让学政大人写寿言的。

举人 本意是指被荐举的人。汉代实行取士制度，无考试之法，朝廷令郡国守相荐举贤才，因以"举人"称所举之人。唐、宋时期设有进士科，凡应科目经有司贡举者，都被称举人。到了明清时期，则称乡试中试的人为举人，也称大会状、大春元。

■ 梁启超塑像

梁启超说："我临走时，祖父问我，这次考试有没有把握。我说，有把握。如果我考中了就请主考官大人给您写一条寿言。考试后我被录取了，我要实现我的诺言。于是，我就如实地将我的想法告诉了学政大人。学政大人听了我的话后，答应了我的请求！"

祖父说："超儿很诚实，而学政大人喜欢诚实的孩子，于是，学政大人就写下了如此有意义的寿言，这正是'心诚则灵'嘛！"

梁启超成家立业后，在对几个子女的教育中，始终把诚信教育摆在非常重要的地位。他要求子女待人真诚、不准撒谎。他经常告诫子女，一个不诚实的人要想在社会上立足是很困难的。

梁启超对待朋友更是以诚为本。曾习经是清代晚期的官员、著名诗人，他与梁启超友谊深厚，是莫逆之交。梁启超十分佩服曾习经的诗才，两人不仅志趣爱好相投，而且同为国难忧心如焚。

梁启超参加变法失败后，清代朝廷到处捕杀维新派人物时，曾习经曾在暗中为梁启超提供帮助，使他得以逃亡日本，免遭惨杀。

1926年农历六月，曾习经60岁生日，梁启超亲自

学政 古代学官名。管教育科举，简称"学台"，与巡抚、巡按属同级别正三品。"提督学政"是由朝廷委派到各省主持院试，并督察各地学官的官员。学政一般由翰林院或进士出身的京官担任，主管行政。

登门为曾习经祝寿。刚坐下不久，曾习经便拿出由他亲手选定的诗稿交给梁启超，希望他能为其校定刊行。梁启超欣然应诺。

不久，曾习经因长兄、老母相继去世，自己也患痈疽恶疾，一病不起。梁启超去探望曾习经时，只见痈疽已溃破，十分痛苦，梁启超伤感之下唯有送点钱以表慰问。

曾习经病逝后，梁启超在悲痛之余，便履行诺言，会同叶玉虎等人把曾习经的遗作影印出版，定名为《蛰庵诗存》。梁启超还应叶玉虎之请，为该书作了热情洋溢的序言，对曾习经在官的功绩及其诗才、为人等作出了很高的评价。

林徽因在美国留学期间，梁启超积极予以鼓励和支持，给了她巨大的精神动力和安慰。由于她父亲的突然去世，她失去了经济来源。

正当林徽因准备中断学业时，梁启超给梁思成去信说："徽因留学，总要以和你同时归国为度。学费不成问题，只算我多一个女儿在外留学便是了。"

为了实现诺言，梁启超动用自己的存款，甚至说"只好对付一天是一天，明年再说明年的"话。可见，梁启超早已把林徽因当作自己的家人，因而才如此关爱有加。

正是在梁启超的大力帮助下，林徽因才得以完成学业。后来成为了著名建筑师、诗人和作家。

梁启超塑像

梁启超对于自己参加的社会活动，他本着自己的心，真诚地说："这绝不是什么意气之争，或争权夺利的问题，而是我的中心思想和一贯主张决定的。我的中心思想是什么呢？就是爱国。我的一贯主张是什么呢？就是救国。""知我罪我，让天下后世评说，我梁启超就是这样一个人而已。"

古代的史官为了给后代留下"信史"而不惜杀头，梁启超也是毅然拒绝袁世凯的重金收买，而写出了揭露窃国大盗意图恢复封建帝制的《异哉所谓国体问题者》。

梁启超具有真诚的宽容之心。1926年3月8日，他因尿血症入住协和医院，一时舆论哗然。梁启超毅然在《晨报》上发表《我的病与协和医院》一文，公开为协和医院辩护，并申明：

> 我盼望社会上，别要借我这回病为口实，生出一种反动的怪论，为中国医学前途进步之障碍。

梁启超以诚信之心做人做事，在近代史上树立了一个坐标，是儒家诚信道德思想的积极实践者，值得后人学习。

阅读链接

梁启超被公认为是清代最优秀的学者，中国历史上一位百科全书式人物，而且是一位能在退出政治舞台后仍在学术研究上取得巨大成就的少有的人物。他于学术研究涉猎广泛，在哲学、文学、史学、经学、法学、伦理学、宗教学等领域，均有建树，以史学研究成绩最显著。

梁启超是中国第一个在文章中使用"中华民族"一词的人，他还从日文汉字中吸收了非常多的新词，"经济、组织、干部"等，皆始于梁启超先生。

笃实宽厚

宽厚品德的生活体现

崇实包容

中国古人从舜帝开始，就崇尚宽厚质朴的精神，在为人处世方面，以宽厚为标准，反对虚伪虚妄。春秋战国时的伯牙和钟子期、管仲和鲍叔牙等人，也在人际交往中表现出以笃实宽厚为价值标准的情操。

经过先秦时期的长期实践与发展，古代的笃实宽厚道德精神，已经具有了崇实性和包容性，后来成为了中华民族的传统美德。

伯牙和钟子期之谊

　　友情，是笃实宽厚美德中所包含的一项重要内容，它要求人们以欣赏和包容之心对待他人，注重彼此友情，达到心灵交汇。比如在人际交往中，应该做到"将心比心""以心换心"。战国时期的伯牙与钟

伯牙弹琴图

子期之间的友情，就彰显了交友知音之道，成为后人们崇尚的交友楷模。

伯牙，是战国时期楚国郢都人，郢都即现在的湖北荆州。他虽为楚人，却任职晋国上大夫，而且精通琴艺。

钟子期，战国时期楚国的一个樵夫，就是打柴的人。也许是久闻自然之声的缘故，他对音律有着非常敏锐的感觉。

伯牙和钟子期之间高山流水遇知音的友情故事，还要从一次偶然的相遇说起。

■ 伯牙与钟子期

那是在某一年的农历八月十五这一天，晋国上大夫伯牙奉晋王之命出使楚国。他乘船来到了汉阳江口的长江边，因遇大雨无法继续前进，只好停泊在一座高山下。

这天晚上，风浪渐渐平息了下来，云开月出，景色十分迷人。伯牙望着空中的一轮明月，琴兴大发，拿出随身带来的琴，专心致志地弹了起来。

伯牙从小就酷爱音乐，他的老师成连曾带着他到东海的蓬莱山，领略大自然的壮美神奇，使他从中悟出了音乐的真谛。他弹的琴声优美动听，虽然许多人赞美他的琴艺，但他认为一直没有遇到真正能听懂他琴声的人。

伯牙出使之旅，羁绊于途，唯有临江对月，抚琴

上大夫 战国时期诸侯国中的爵位分为卿、大夫、士三级，大夫比卿低一等。在大夫之中，有长大夫、上大夫、中大夫等。秦代有御史大夫，中大夫为郎中令属官。汉代初分为中大夫、太中大夫、谏大夫，后改中大夫为光禄大夫。唐宋时期有御史大夫及谏议大夫之官，明清时期时废。

冲担 是一种荷担的农具。其两头尖，用铁皮包住，中间圆。一般是用松柏等硬质而又有韧性的，而且较直的木料做成。常常用于担柴火、稻捆、麦捆等。樵夫有"三宝"，冲担、柴刀和柴耙。冲担应用了锥体力学性能，使扁担功能得以进一步丰富。

抒怀。此时此刻，江风低唱，明月高悬，他多么渴望有知音出现，与他一起分享琴曲的意韵。

伯牙弹了一曲又一曲，正当他完全沉醉在优美的琴声之中的时候，猛然看到一个人在不远处一动不动地站着。伯牙吃了一惊，手下力道稍偏，"啪"的一声，琴弦被拨断了一根。

伯牙很是疑惑，就叫书童去问船夫，这儿是什么地方。

船夫答道："刚才躲避风雨，停泊在山脚下，这里没有人家。"

伯牙更加疑惑，心想没有人家，怎么会有听琴的人呢？或许，是强盗要拦路抢劫吧？想到这里，不由得有些紧张。

这时，只听岸上的人用平静的口气向伯牙喊道："船上的先生，我是樵夫。今天打柴回来晚了，遇到暴风雨，就在这岩石下避雨，正听到船上有人弹琴，觉得琴声绝妙，不由得站在这里听了起来。很抱歉，在下打扰了您的雅兴。"

伯牙借着月光仔细一看，只见那人头戴斗笠，身披蓑衣，后背冲担，手拿板斧，身旁还放着一担柴。果然是个打柴的樵夫。

■ 伯牙鼓琴图

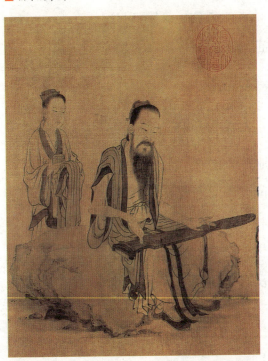

伯牙心想，一个樵夫怎么会听懂我的琴呢？于是就问："你既然懂得琴声，那就请你说说看，我弹的是一首什么曲子？"

听了伯牙的问话，那打柴的人笑着回答："先生，您刚才弹的是孔子赞叹弟子颜回的曲谱。歌词是，'可惜颜回命早亡，叫人思想鬓如霜，只因陋巷箪瓢乐'，你弹到这里，琴弦断了，没再弹下去，我记得第四句是'留得贤名万古扬！'"

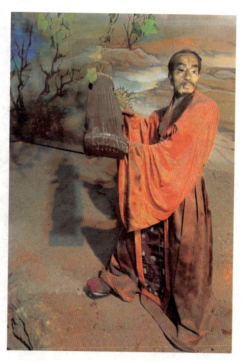

287

■ 伯牙抚琴蜡像

打柴人的回答一点不错，伯牙大喜，邀请他上船，请那人在自己对面坐下，又叫书童端上茶来。

那打柴人看到伯牙弹的琴，说道："这把瑶琴，确为非凡之物。"接着他把这瑶琴的来历说了出来，"此琴本为伏羲氏创制。据说有一次伏羲看到凤凰来仪，飞坠在一株梧桐树上。那梧桐高三丈三尺，按三十三天之数。伏羲氏按天、地、人三才，将梧桐截为三段，取中间一段放在长流水中，浸润七十二日，按七十二候之数，选良时吉日，制成此琴。"

听了打柴人的讲述，伯牙心中不由暗暗佩服。他想，这个樵夫到底能懂多少音乐呢？我来试试他。

伯牙问道："从前孔子在房间里弹琴，颜回听到琴声中低音幽沉，就问孔子是否有什么不高兴的事。孔子说：'我弹琴时，看见一只猫在捉老鼠，我希望

琴 古代弦乐器，又称瑶琴、玉琴，俗称古琴。最初是五根弦，后加至七根弦。古琴的制作历史悠久，许多名琴都有可供考证的文字记载，而且具有美妙的琴名与神奇的传说。琴，作为一种特殊的文化，代表古老神秘的东方思想。古琴，目睹了中华民族的兴衰，反映了华夏传人的安详寂静、洒脱自在的思想内涵。

伯牙和钟子期蜡像

它能捉到，又担心到嘴的食物跑掉，这为猫担心的心情，不知不觉地在琴声中流露出来了。'这个故事说明，同一支曲子，弹奏时的心情不同，效果也会不同。如果我弹琴的时候，心里在想什么，你能听出来吗？"

樵夫说："那先生你先弹一曲，我试着听听，若猜得不对，请不要见怪。"

伯牙重新装上琴弦，调好音准，看到不远处高山的雄伟姿态，开始弹奏起来。

樵夫凝神听着，脸上现出愉快的表情，仿佛整个身心都沉浸在庄严优美的旋律中。一曲完了，他赞叹地说："这琴声，表达了高山的雄伟气势。"

伯牙听了不动声色，他沉思片刻，看着附近浩浩荡荡的长江水，又继续弹奏了一曲。

琴声刚停，樵夫便高兴地站起来，连声称赞道："好极了！这琴声，表达的是无尽的流水。"

伯牙万万想不到，自己的心意竟完全被樵夫猜到了。他惊喜万分，赶忙站起身，紧紧握住樵夫那粗壮的大手，激动地说："美玉原来是藏在石头中的啊！我怎能凭地位、衣着来看人呢？真是太不应该！多少年来，我一直梦想着会有一个能真正听懂我的琴，了解我的志趣的人，今天我找到了！这个知音就是你呀！"

伯牙问明打柴人名叫钟子期，接着和他喝起酒来。俩人越谈越投机，相见恨晚，就结拜为兄弟。

第二天，伯牙和钟子期洒泪而别，两人约定：明年的中秋之日，还在这里相会。

光阴似箭，日月如梭，转眼到了第二年农历八月十五这一天，伯牙如约来到了汉阳江口的那座高山下。他等啊，等啊，怎么也不见钟子期来赴约，于是他便弹起琴来召唤这位知音，可是又过了好久，还是不见人来。

伯牙等了整整一天，傍晚时分，发现一位鹤发童颜的老者，赶紧上前揖礼，向他打听钟子期的消息。

伯牙古琴台

老者告诉他，钟子期不幸染病已去世了。临终前，他留下遗言，要把坟墓修在江边，到八月十五这一天，要听好友伯牙的琴声。

听了老人的话，伯牙万分悲痛，他来到钟子期的坟前，凄楚地弹了一曲《高山流水》。弹罢，他挑断了琴弦，长叹了一声，把心爱的瑶琴在青石上摔了个粉碎。他悲伤地说："我唯一的知音已不在人世了，这琴还弹给谁听呢？"

朋友易寻，知音难求。钟子期死了，伯牙的心也死了，所有对生活的希望也都随钟子期而去了。从此以后，伯牙终生不再弹琴。

两位"知音"的友谊被传为千古佳话，更感动了后人，人们在他们相遇的地方，筑起了一座古琴台。直至今天，人们还常用"高山流水觅知音"这样一句话来形容朋友之间的情谊。

伯牙和钟子期的相遇、相知、相惜、相念，体现了儒家以"仁爱"之心待人，建立友情和珍惜友谊的思想。

儒家创始人孔子曾说："有朋自远方来，不亦乐乎？"这句话集中体现了儒家对交友之道的重视，是古代交友之道中最早、影响最深远的一句名言。

阅读链接

琴曲《高山》《流水》和《水仙操》都是传说中伯牙的作品。前两曲是在与钟子期相遇时所作，后一曲是当初学琴时所作。

伯牙的老师是著名琴家成连。伯牙跟成连学琴三年却没有长进，成连说自己只能教琴技，而其师万子春善陶冶和改变人的性情，便带伯牙去东海找万子春。伯牙到了东海蓬莱山，并没有见到万子春，只看见汹涌的波涛，杳深的山林和悲啼的群鸟，心中大豁，感慨地说："先生是在陶冶我的性情啊！"于是有感而作《水仙操》。

管鲍之交流芳千古

管仲是春秋时期齐国政治家，早年经商，后从事政治活动。鲍叔牙是春秋时期齐国大夫，以知人著称。

管鲍两人自幼结交，相互非常了解，非常知心。管仲少时家里很

穷，又要奉养母亲。鲍叔牙知道了，就找管仲一起投资做生意。他们一起做生意的时候，因为管仲没有钱，所以本钱几乎都是鲍叔牙拿出来的。可是，当赚了钱以后，管仲却拿得比鲍叔牙还多。

■ 管仲（前723年或前716年—前645年），名夷吾，史称管子。生于春秋时期的颍上，即今安徽省西北部，淮河北岸。周穆王之后代，谥号"敬仲"，故又称管敬仲。春秋时期著名政治家和军事家。他凭借自己的才能，辅佐齐桓公成为春秋第一霸主。有"春秋第一相"之誉。

鲍叔牙的仆人看了说："这个管仲真奇怪，本钱拿的比我们主人少，分钱的时候却拿得比我们主人还多，显然他是个贪财的人。如果我是管仲的话，我一定不会厚着脸皮接受这些钱的。"

鲍叔牙对仆人说："不可以这么说。管仲的家里十分困难，他比我更需要钱，我和他合伙做生意就是想帮帮他，我情愿这样做。以后不要再提此事。"

■ 管仲画像

后来管仲和鲍叔牙一起充军，两人更是相依为命。有一次齐国和邻国开战，双方军队展开了一场大厮杀。冲锋的时候管仲总是躲在最后，跑得很慢，而退兵的时候，管仲却跟飞一样地奔跑。当兵的都耻笑他，说他贪生怕死，领兵的想杀一儆百，就要拿管仲的头吓唬那些贪生怕死的士兵。

这时的鲍叔牙已当上了军官，关键时刻又站了出来替管仲辩护，他道："管仲的为人我最了解了，他家有80多岁的老母亲无人照顾，他不能不忍辱含羞地活着以尽孝道。"

鲍叔牙（前723年或前716年—前644年），姒姓，鲍氏，也称"鲍叔""鲍子"，是鲍敬叔的儿子。颍上人，春秋时代齐国大夫，管仲的好朋友。鲍叔牙推荐管仲做宰相，被时人誉为"管鲍之交""鲍子遗风"。

管仲知道了鲍叔牙为自己所做的一切，感动得流下了热泪。

过了两年多，管仲的老母病逝，他心中没了牵挂，这才放下心来为齐国效命，果然是比谁都作战英勇，很快就得到了提拔重用。

齐襄公的弟弟公子纠发现管仲是个人才，便要他当自己的谋士。鲍叔牙则被齐襄公的另一个弟弟公子小白看中拜为军师。两个好朋友各自辅助一个公子，都很尽心尽力。

可是好景不长，由于齐襄公总是疑心他两个同父异母的弟弟要篡夺他的王位，就让手下的人找机会干掉公子纠和公子小白。两个公子听到了风声，公子纠就带着管仲跑到了鲁国避难，公子小白也带着鲍叔牙跑到莒国避难去了。

公元前686年的冬天，齐襄公被手下的将士杀死，他的一个弟弟公孙无知做了齐国君王，但不久也被手下大臣给杀掉了，齐国当时一片混乱。流亡在莒国的公子小白和寄居在鲁国的公子纠得到消息后，都觉得自己继承王位的机会来了，急忙打点行装，要回国争夺王位。

管仲为了让公子纠能顺利当上国王，就打算除掉公子小白，可惜管仲在袭击公子小白的时候，把箭射到了公子小白的腰带上，公子小白没死。

后来，鲍叔牙和公子小白还是比管仲和公子纠提前回到齐国，公子小白就当上了齐国的国王，称为齐桓公。

齐桓公当上了国王以后，决定封鲍叔牙为宰相。没想到

■ 齐桓公和管仲

■ 管仲塑像

鲍叔牙死活不肯接受，他说："以前我帮君王做了些事情，那全是凭我对您的忠心而竭尽全力的，现在您要把国相这么重要的职务交给我，这绝不是仅凭忠心就可以做好的，您应该找个比我更有才能的人才行。"

齐桓公说："在我手下的大臣中，还没发现比你更出众的人才呢！"

鲍叔牙说："不如让我举荐一人，保证能够帮您成就一番霸业。"

齐桓公急忙问："这个人是谁？"

鲍叔牙笑着说："此人就是我的老友管仲，我把他从鲁国请来，就是要他帮您的。"

齐桓公一听，拍案而起，他说："管仲拿箭射过我，这一箭之仇我还没报呢，你反而让我重用他？我不把他杀了就不错了！"

鲍叔牙恳切地说："管仲不顾一切地用箭来射杀您，这不正好说明他对公子纠讲忠义吗？各为其主是起码的做人准则。他当时那样做没什么不对的，现在要治国了，若论才华，他远远超过我鲍叔牙。您要成就霸业，非得到管仲的辅左不成。您现在不计前嫌地重用他，他必定心存感激，全力效劳的！"

齐桓公是个很有度量的人，为了齐国的利益，他还是听了鲍叔牙的劝说，尽弃前嫌，拜管仲为国相。管仲很感激好友鲍叔牙，更为齐桓公的大度和睿智所

公子小白（前716年—前643年），春秋时齐国国君，史称"齐桓公"。在位时期任用管仲改革，选贤任能，加强武备，发展生产，国力强盛。又安定周朝王室内乱，多次会盟诸侯，成为中原霸主。

至善至美的崇高道德

折服，决心鞠躬尽瘁，竭尽全力报效齐桓公。

管仲积极改革内政，发展经济，重新给农民划分土地，由于他从小经商，也很重视和其他国家通商和发展手工业。他还对国家常设的军队实行严格的训练和管理，使之成为一支战斗力很强的军队。

由于管仲实行了改革，齐国在几年内就兴盛起来，最后获得了"九合诸侯，一匡天下"的地位，齐桓公成就了霸业，成为"春秋五霸"之首。

管仲常说："我当初贫穷时，曾和鲍叔牙一起做生意，分钱财我拿得多，鲍叔牙不认为我贪财，他知道我贫穷啊！我曾经多次参战，多次逃跑，鲍叔牙不认为我胆怯，他知道我家里有老母亲。

"我曾经替鲍叔牙办事，结果使他处境更难了，鲍叔牙不认为我愚蠢，他知道时运有利有不利。我曾经多次做官，多次被国君辞退，鲍叔牙不认为我没有才能，他知道我没有遇到时机。公子纠失败了，鲍叔牙不认为我不懂羞耻，他知道我不以小节为羞，而是以功名没有显露于天下为耻。生我的是父母，最了解我的是鲍叔牙啊！"

鲍叔牙推荐管仲以后，自己甘愿做他的下属。鲍叔牙和管仲共同辅佐齐桓公长达40余年，为齐国建立了不朽的功业。

管仲病重的时候，齐桓公考虑他将不久于人世，问他是否可以让鲍叔牙接替他为相。管仲说："鲍

管仲塑像

叔牙善恶过于分明，以善待善尚可，以恶对恶谁能忍受得了？他是位君子，但不可以委以国政。"

有人将管仲这些话告诉了奸臣易牙，易牙以为这正是离间管仲与鲍叔牙的好机会，就到鲍叔牙面前传话，以挑拨两人的关系。鲍叔牙听了易牙的话，对他说："这正是我推荐管仲为相的原因。管仲忠于国家，没有私心。若让我为相，哪里还有你们这些小人容身的地方？"

一番话说得易牙面红耳赤，连忙狼狈而退。

鲍叔牙对管仲的知遇和推崇，最终让"管鲍之交"成为代代流传的佳话。后来的人们常常用"管鲍之交"，来形容自己与好朋友之间亲密无间、彼此信任的关系。

孔子说："君子和而不同，小人同而不和。"这句话的含义是，君子可以与他周围的人保持和谐融洽的关系，但在对具体问题的看法上却不必苟同于对方；小人习惯于在对问题的看法上迎合别人的心理，但在内心深处却并不抱有和谐友善的态度。

"管鲍之交"之所以永久地被人称道，就在于他们之间的理解和宽容，这样志同道合的人才算得上是朋友。

至善至美的崇高道德

阅读链接

鲍叔牙的墓位于济南东鲍山下，昔日此山附近有一座石城，名叫"鲍城"，是鲍叔牙的封地。鲍叔牙去世后葬于山坡下，后人为纪念这位先贤的功德，便把此山称为"鲍山"，并沿用至今。

鲍山是一处山清水秀、涧幽水潺的美丽的地方。因鲍叔牙葬于此地，所以引得历代文人赞咏。

"唐宋八大家"之一的北宋政治家、散文家曾巩有《登华不注望鲍山》一诗写道，"云中一点鲍山青，东望能令两眼明。若道人心似茅戟，心中那得叔牙城。"

信陵君尊贤救难

　　笃实宽厚美德的核心意义，就是通过宽厚的道德人格来打动别人。战国时期的信陵君，就是一个具有道德人格的人，他通过尊贤救难的实践活动，赢得了世人的广泛赞誉。

　　信陵君，名叫魏无忌，是魏安釐王的异母弟弟，是战国时期魏国著名的军事家和政治家，因被封于信陵而被称为信陵君。他与当时齐国的孟尝君田文、赵国的平原君赵胜、楚国的春申君黄歇都是著名的贵族，被称为"战国四公子"。

春秋战国信陵君

　　信陵君礼贤下士，急人之困，知过即改，其仁厚爱人的道德修养，为世人所称道。信陵君有一句座右铭：

愿天下俊贤皆为我坐上宾客。

他四处招纳贤士，交结五湖四海的朋友，天下闻名。

在当时，魏国有个隐士名叫侯嬴，70岁了，家境贫寒，是国都大梁东门的守门人。信陵君听说这个人，前往邀请，想送他厚礼。

侯嬴不肯接受，他说："我几十年重视操守品行，终究不应因贫困而接受公子的钱财。"

于是，信陵君摆上酒席，大宴宾客。大家就座之后，信陵君带着车马，空出左边的上位，亲自去迎接守东门的侯嬴。

侯嬴撩起破旧的衣服，径直登上车，坐在左边的上位，并不谦让，想用这一举动来观察信陵君的情态。信陵君手执马缰，表情谦卑而恭敬。

侯嬴对信陵君说："我有个朋友叫朱亥，在街市的肉铺里，希望委屈您驾马车顺路拜访他。"

信陵君便驾着马车进入街市，侯嬴下车拜见他的朋友朱亥，斜着眼睛偷看信陵君，故意久久地站着与朋友闲谈，暗中观察信陵君的表情，见信陵君的脸色更加温和。

这时，魏国的将相、宗室等宾客坐满了厅堂，等待信陵君开宴。而此时街市上的人们都在看信陵君手握着马缰在大街上等人。随从的人都偷偷地骂侯嬴。

侯嬴观察信陵君的脸色，发现始终没有变化，才慢腾腾地辞别朋友上了车。到了信陵君家中，信陵君引侯嬴坐在上座，把宾客一个个介绍给他，宾客们都很惊讶。酒兴正浓的时候，信陵君又起身，亲自到侯嬴面前给他祝酒。

侯嬴对信陵君说："我本是一个守门人，您却亲自委屈地驾着马车去迎接我。在大庭广众之下，我本不应该提访友的事，您却同我一起去了。我故意使您在街市里久等，借访问朋友来观察您，但您的态度却愈加恭敬。街市的人都以为我是个小人，而以为您是个宽厚的人，能谦恭地对待士人。我这样做，是为了成就您的名声啊！"

信陵君听罢，万分感激，当着众人的面，宣布让侯嬴做自己的上等宾客。

299
先贤垂范
崇实包容

■ 魏国人物画像砖

宴会结束后，侯嬴对信陵君说："我访问的屠者朱亥，是个贤能的人，世人不了解他，所以才隐居在屠市之中。"

信陵君听了侯嬴的话，立即去拜访朱亥。但多次请他，朱亥故意不回拜。

有一天，朱亥笑着和信陵君说："我不过是市场上挥刀杀牲的屠夫，可是您竟多次登门问候我，我之所以不回答报酬您，是因为我觉得小礼小节无甚大用。从今往后，如您有了急难，就是我为您杀身效命的时候！"

朱亥终于成为了信陵君忠实的门客。他手使一把特别重的铁锤，勇猛无比，后来在信陵君的军事行动中发挥了重要作用。

■ 魏安釐王画像

由于信陵君为人仁爱，尊重士人，无论那些士人才能高还是低，都谦逊而礼貌地结交他们，不敢以自己的尊贵身份稍有慢待，所以，几千里内的士人都争着归附于他，最高峰时门下曾有3000人，以至于各个诸侯10多年不敢兴兵谋取魏国。

公元前257年，秦国的军队包围了赵国的都城邯郸，赵国的形势非常危急。赵国丞相平原君的妻子是信陵君的姐姐，平原君多次向魏安釐王和信陵君送信，请求魏国援赵。

魏安釐王勉强同意，就派出大将晋鄙领兵10万前去救援，但行进半途即按兵不动，只是观望。

信陵君认为，魏赵互为唇齿，赵国灭亡，必然威胁到魏国，于是再三请求魏安釐王下令进兵击秦，但魏安釐王不听。在万般无奈下，他窃得了魏安釐王调动军队的兵符，决定亲自去前线调动晋鄙进兵。

■ 赵孝成王绣像

信陵君让勇士朱亥随从自己，带上兵符，假托魏安釐王的命令，让晋鄙出兵。但晋鄙心有怀疑，朱亥挥起铁锤将其击毙。信陵君接管了晋鄙的军队，然后开始整顿军队，最后击退了秦军，为赵国解了围，也解除了秦国对魏国的威胁。

信陵君救了赵国后，知道自己得罪了兄长魏安釐王，所以就让部将们带领军队回魏国，他自己和门客则留在了赵国。

赵孝成王十分感激信陵君保全了赵国，于是，私下里和平原君商议，要把五座城邑封赏给信陵君。信陵君得知此事，内心十分得意，显露出一副沾沾自喜、自以为有功的样子。

信陵君有一位门客向他进言说："事情有能忘记的，也有不能不忘记的。人家对您有恩德，您就不应该忘记；您对人家有恩德，希望您要忘了它。况且假传魏王命令，夺取晋鄙军队来救赵国，对于赵国来

兵符 古代传达命令或调兵遣将所用的凭证。用铜、玉或木石制成，做虎形，又称"虎符"。制成两半，右半留存在国君手中，左半交给统帅。调发军队时，必须在符验合后，方能生效。兵符之所以造成虎形，与中国古代对虎形象的崇拜有很大关联。

■ 平原君（约前308—前251年），即赵胜，战国四公子之一，赵国贵族。赵武灵王之子，惠文王之弟。因贤能而闻名，号平原君。他礼贤下士，门下食客至数千人，和朋友关系处理得很好。但不注意礼貌对待平民，后在一名门客的指导下和平民搞好了关系，威名大震。

处士 古时候称有德才而隐居不愿做官的人。男子隐居不出仕，讨厌官场的污浊，这是德行很高的人方能做得出的选择。后来泛指没有做过官的读书人。处士是古代历史文化上的特色人物，他们有时为了国家天下人民的利益，也会婉转设法，提出很有影响力的主意，帮助社会的安定。

说，您是有功的，而对于魏国来说您可算不上忠臣。您这样自傲地把救赵看作是一种功劳，我以为您这样是很不应该的。"

信陵君听了门客的这一番话，当即责备自己，惭愧得无地自容。

一天，赵孝成王吩咐人洒扫了庭院，宴请信陵君。他陪信陵君喝酒直至接近黄昏，嘴里始终不好意思说出奉献五城的话，因为信陵君太谦虚了。

信陵君留在赵国后，仍广交朋友。当他听说赵国的处士毛公、薛公素有贤才，胸有谋略，颇有远见，便派人去召请。但毛公、薛公有意躲避，不肯来见信陵君。

信陵君托人四处查寻，听说毛公藏身于赌徒之中，便一个人秘密地到赌徒中去察访，终于结识了毛公。又打听到薛公藏身于卖酒人家，于是又独自悄悄地到卖酒人家去寻访，终于也结识了薛公。

信陵君每日与毛公、薛公促膝交谈，论及天下得失之事。毛公、薛公侃侃而谈，识见高远，睿智启人，信陵君颇得教益，遂引为知己。

赵国的平原君得知信陵君不顾自己身份经常出

入赌徒之中和卖酒人家，便对自己的夫人说："以前听说你弟弟信陵君为人出类拔萃，天下无双，今天看来，是徒有虚名，实际上是个行为荒唐的人！"

平原君夫人把丈夫的一番话转告信陵君，信陵君听后不禁一笑，道："看人识士，不能仅仅看出身门第。我在魏国时，就听说了毛公、薛公的贤名英才，十分地仰慕；来赵后，便一直渴望拜识。为了实现这个心中愿望，才不顾及身份出入那些地方。既然平原君耻笑我，我也该知趣离开这儿了！"

平原君听说信陵君要走，知道自己说错了话，便亲自登门谢罪，盛赞信陵君知人交友的美德，并再三挽留信陵君。信陵君仍留赵国，他的名望更大了，许多贤人学士纷纷投到他的名下。

信陵君久留赵国，这时，恢复了元气的秦国乘着信陵君在赵国，日夜不停地进攻魏国，魏安釐王为此

■ 古代战争场景

门第 古代的家族等第。权贵之家称"高门"，贫贱之家称"寒门"，社会地位完全不同。门第制度形成于东汉时代，它的形成与汉代用以选拔人材的察举制度有关。察举制度始自西汉，由地方官员发现、推荐德才兼备的人才入朝廷开设的大学修习经学等学业，经考试选拔担任汉帝国的各级行政官员。

303

先贤垂范

崇实包容

焦虑不安，就派使者去请信陵君回国。

信陵君仍担忧魏安釐王恼怒自己。这时，毛公、薛公去见信陵君说："您之所以在赵国备受敬重，名扬诸侯，是因为有魏国的存在。如今秦国进攻魏国，魏国危急而您毫不顾念，假使秦国攻破大梁而把您先祖的宗庙夷平，您还有什么脸面活在世上呢？"

话还没说完，信陵君脸色立即变了，嘱咐车夫赶快套车回去救魏国。信陵君和哥哥魏安釐王十多年未见，兄弟重逢，不禁相对落泪。魏安釐王任命信陵君为上将军，让他做魏国军队的最高统帅。

公元前247年，信陵君派使者向各诸侯国求援，各国得知信陵君担任了上将军，都纷纷派兵救魏。信陵君率领5个诸侯国的联军在黄河以南大败秦军，使秦国将领蒙骜战败而逃，紧闭关门，不敢再出关。这次合纵攻秦的胜利，使信陵君的声威震动了天下。

信陵君明智而忠信，宽厚而爱人，尊贤而重士，是完美的道德楷模。他不仅是当时那个时代的道德偶像，也是后世无数人的榜样，这在古代历史上是极其罕有的。

至善至美的崇高道德

阅读链接

有一次，信陵君正跟魏安釐王下棋，北边边境传来警报，说赵国发兵进犯，将进入边境。魏安釐王立即放下棋子，就要召集大臣们商议对策。

信陵君说："是赵王打猎罢了。"接着继续下棋，可魏安釐王已全无下棋的心思了。

过了一会儿，又从北边传来消息，说是赵王打猎。魏安釐王惊讶地问道："公子是怎样知道的？"

信陵君说："我的食客中有人能探到赵王的秘密，赵王有什么行动，他会立即报告我。"从此以后，魏安釐王变得很佩服信陵君的谋略。

蔺相如顾全大局

　　宽厚品德体现为以老实诚恳的态度，反对虚伪虚妄，做到顾全大局，宽以待人。在这方面，战国时期的蔺相如堪称楷模。

　　蔺相如，战国时期赵国上卿，著名的政治家、外交家。他因为将和氏璧完好地从秦国带回赵国，立下大功，被赵王提升任命为上大夫。

　　■ 蔺相如（前329—前259年），今山西省柳林孟门人，另一说是山西古县蔺子坪人。战国时赵国上卿，赵国宦官头目缪贤的家臣，战国时期著名的政治家、外交家。他生平最重要的事迹有"完璧归赵""渑池之会"与"负荆请罪"这三个事件。

至善至美的崇高道德

■ 蔺相如完璧归赵石刻

瑟 中国古代弹弦乐器，共有25根弦。古瑟形制大体相同，瑟体多用整木斫成，瑟面稍隆起，体中空，体下嵌底板。瑟面首端有一长岳山，尾端有3个短岳山。尾端装有4个系弦的枘。首尾岳山外侧各有相对应的弦孔。瑟是中国古老乐器中的代表乐器，对中国音乐乐器发展有巨大影响。

时隔几年后，秦国出兵侵略赵国，攻下石城，后又接连进攻，赵军损失惨重。在这种形势下，秦王派人通知赵王，提出要在西河外渑池这个地方和赵王见面会谈。

赵王害怕秦国想要推辞不去，于是召集大臣们商议。蔺相如和大将军廉颇商议后认为，大王不去显得我们赵国太怯弱，还是以去为好。

赵王最后决定动身，让蔺相如随行。同时，由廉颇带着军队送到边界上，做好了抵御秦兵的准备。赵王到渑池与秦王会见。宴席间，秦王突然对赵王说："我听说你喜欢弹瑟，就请弹一曲给我听听吧！"

赵王弹了一曲。秦王命史官记录下来："某年某月某日，秦王与赵王会饮，命令赵王弹瑟。"以此来羞辱赵国。

蔺相如见此情景，心中十分气愤。他走到秦王面前，说："赵王听说秦王擅长秦国的打击乐缶。现在我奉献瓦盆一只，请大王敲敲缶助兴吧！"

秦王大怒，不肯答应。蔺相如捧着瓦盆再要求，秦王还是不肯敲。蔺相如说："现在我和大王的距离不到5步，大王要是不答应我的要求，我就要把颈上的血溅到大王身上了！"

秦王的侍卫人员立刻抽出刀来要杀蔺相如，蔺相如毫不示弱，瞪起眼睛，大声呵斥他们，把这些人吓得直往后退。

秦王只好不情愿地在瓦盆上敲了一下。蔺相如也叫史官记了下来，说在渑池会上，秦王给赵王敲缶助兴。在整个渑池大会过程中，秦王到最后也未能占上风。赵国大量陈兵边境以防备秦国入侵，秦军也不敢轻举妄动。

蔺相如在渑池会上又立了大功。赵王封他为上卿，职位一下子比廉颇还高。

廉颇非常的生气，他说："我廉颇是大将，攻无不克，战无不胜，出生入死，为赵国立下了许多汗马功劳。蔺相

缶　是古代的一种瓦质的打击乐器。陶土烧制，大肚子小口，形状很像一个小缸。圆腹，有盖，肩上有环耳，也有方形的，盛行于春秋战国。古人用作酒器，敲打时就成了乐器。乐器缶一般作为伴奏乐器使用，先是从中原传至西域，中原少用后，西域仍在用，被秦继承，成为秦的特色乐器。

■ 廉颇（前327—前243年），今山西省太原人。战国末期赵国的名将，与白起、王翦、李牧并称"战国四大名将"。由于列国史书都已经被秦始皇焚烧，从仅存的记载中我们可以看到，廉颇对国家赤胆忠心，不畏生死，对个人宽宏大度，心地纯净，以至于被后人誉为"德圣""武神""国栋"。

廉颇负荆请罪

至善至美的崇高道德

如有什么能耐？他就凭着一张嘴，一下子爬到我的头上？哼，我路上碰到他非给他个难堪不可！"

这话传到了蔺相如的耳朵里，他想：强横的秦国为什么不敢侵略赵国？这是因为文的有我，武的有廉颇。如果我和廉颇闹起来，两虎相争，必有一伤，那时秦国就会乘机打进来。还是国家要紧，个人受点委屈有什么呢？

这样想来，蔺相如就装病不上朝，以避免和廉颇撞见，引发不必要的争斗。

一天，蔺相如带着随从外出，老远看见廉颇的马车过来，他赶紧叫车夫退到小巷里去躲一躲，让廉颇的马车先过去。

蔺相如的门客对主人回车避见廉颇的做法实在看不下去了，就找到他说："我们离开亲戚朋友，到您这里办事，是羡慕您智勇双全，道义高尚。如今您的地位在廉颇之上，他说您的坏话，您不回击；您

见到了他，像老鼠见了猫，又是躲又是藏，一般老百姓也受不了这个窝囊气！您身为上卿，却一点也不感到羞耻，我们可忍不下去，请让我们走吧！"

蔺相如笑了，说："你们说，廉将军的威风与秦王的威风相比，谁大呢？"

门客说："当然是秦王！"

蔺相如点点头说："是啊！秦王那么厉害，我敢在大庭广众之下痛斥他，侮辱他的左右大臣。我虽然很愚笨，难道独独怕一个廉将军吗？我们两人好比是两只老虎，两只老虎要是打起架来，不免有一只要受伤，甚至死掉，这就给秦国造成了进攻赵国的绝好机会。"

随后，蔺相如就把他自己为了国家利益，应当宽厚、忍让、团结对敌的想法告诉他们。

门客感叹地说："看来是我们短见了，相国的气量真大呀！"

蔺相如的话，很快传到廉颇的耳朵里。这话让他坐立不安，越想越受感动，内心十分惭愧。于是他脱掉上衣，光着膀子，背上荆条，跑到蔺相如家里，跪在蔺相如面前，真诚地说："我心胸狭窄，为个人名利斗气。没想到上卿品质这么高尚，以国为重，宽以待我。我实在对不起你，特来向您请罪。"

蔺相如赶忙双手把他扶起，十分感动地说："老将军请起。您是为赵国出了大力的大功臣，这是谁都知道的。您这样体谅我，我已经万分感激了，'请罪'两字我就担当不起了！"

两个人都激动得流下了热泪。从此以后，两个人变成了同生死、共患难的好朋友。他们将相团结，为国效力，共同抗秦，使秦国不敢轻举妄动攻打赵国。

正所谓"海纳百川，有容乃大"。蔺相如智勇双全的品质和宽厚待人、顾全大局的风格，以及廉颇勇于改错的优秀品质，成为世人学习的榜样。人们根据这件事总结出"负荆请罪"这个成语，表示诚心向人认错赔罪。

阅读链接

赵惠文王得到楚国的和氏璧，秦昭王听说这件事，派人给赵王送信说，愿意用15座城换取和氏璧。赵王跟大将军廉颇及许多大臣商量，后来，宦官头目缪贤举荐自己的门客蔺相如出使秦国。蔺相如果然不辱使命，既保全了赵国的利益，又把和氏璧完整地带回赵国。

完璧归赵后，秦昭襄王恼羞成怒，起兵攻赵。后因为要攻楚，于是主动交好，才有渑池之会。

渑池之会上，蔺相如于国有功，获得封赏，廉颇一时妒忌，才有了"负荆请罪"的典故。

先秦时期灿烂的笃实宽厚品德之花，经过秦汉时期的革世致新，逐渐成为泽及后人的精神成果。随着西汉时期儒家思想正统地位的确立，笃实宽厚意识已不仅仅停留在思想层面上，而是作为一种传统被继承下来，在实际生活中得到广泛重用。

从汉代初期萧何的顾全大局，到刘秀注重君臣之谊，再到汉末三国时期的诸葛亮等，无不具备笃实宽厚的品德。他们在处理日常事务中，务实兴业，以德服人，将务实立德作为他们对人对事的重要原则。

革世致新

务实立德

萧何惜才追韩信

　　西汉初年虽然实行道家的无为政治，但儒家思想也在汉代初期政治中发挥了不可或缺的辅助作用。而儒家的笃实宽厚美德，在汉代初期体现为"崇尚实干，反对空谈"的务实精神和实践精神。萧何惜才追韩信的故事，最能说明当时的务实精神。

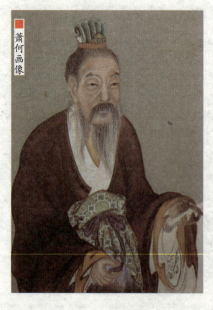

萧何画像

　　萧何，西汉王朝开国丞相。他胸怀大汉事业，慧眼识人，重视人才，尤其是在对待韩信的去留的问题上，表现出了顾全大局、礼贤下士的胸襟。

　　那是在刘邦被项羽封为汉王时，刘邦带着人马来到封地南郑，然后拜萧何为丞相，曹参、樊哙、周勃等为将军，养精蓄锐，准备和项羽争夺天下。因为南郑偏处北方，再加上刘邦当时的实力处于弱势，所以部队官兵开始出现了思乡情绪，兵士们都想回老家，差不多每天都有人开小差、逃走，急得刘邦连饭也吃不下。

有一天，忽然有人来报告，说萧丞相逃走了。刘邦一听，就像突然被人斩掉了左右手一样难过。没想到一夜过后，萧何却突然回来了，刘邦又气又高兴。

他问萧何为什么要逃跑，萧何说是去追回了逃走的韩信，刘邦疑惑不解。

■ 刘邦、韩信和萧何雕塑

萧何所说的韩信，本是淮阴人。淮阴就是现在的江苏淮安。秦代末期著名起义军首领项梁率兵路过淮阴时，韩信去投奔他，在军营里当个小兵。项梁去世后，他便跟随项梁的侄子项羽，项羽见他比一般兵士强，就让他当了个小军官。

韩信好几次向项羽献计，项羽都没有采用。韩信十分失望。后来听说刘邦率部到了南郑，就投奔了刘邦。在这里，刘邦也只给他当个小官。

有一次，韩信犯法，要被砍头。这时，刘邦的一个将军夏侯婴经过，韩信高声喊道："汉王难道不想打出汉中，重建天下吗？为什么要斩壮士？"

夏侯婴闻言大惊。当时刘邦被项羽赶到汉中，就烧掉了入秦栈道，以示自己再无争夺天下之意，这是以退为进的高明战略。这个战略除刘邦集团少数高层了解实情外，极少有人知道，而这个面临死刑的小

南郑 属陕西省汉中市所辖。南郑历史悠久，在周代即为汉水上中游地区重镇，战国时期置县。为陕西置县最早的县之一。自公元前451年秦筑南郑城后，历为汉中郡、道、府、附郭首县。汉高祖刘邦为汉王时曾以南郑为都城。

栈道 栈道原指沿悬崖峭壁修建的一种道路。又称"阁道""复道"。中国在战国时期即已修建栈道。秦惠王始建陕西襄城堡谷至眉县斜谷的襄斜栈道，长235千米。秦伐蜀时修了金牛道，被后世称为"南栈道"，长247.5千米。现在交通闭塞的山区，仍有类似的栈道，供人、畜通行。

吏，却一语道出了刘邦之志！

夏侯婴看韩信不比一般人，就命人把他给放了，他还向刘邦推荐。于是，刘邦就派韩信做了个管粮食的小官。

后来，萧何见到了韩信，跟他谈了几次话，认为韩信胸中韬略，实在非比寻常，是个难得的人才，就很器重他，两个人的感情也越来越深。

萧何几次三番劝刘邦重用韩信，但刘邦总是不听。韩信知道刘邦不肯重用他，就趁将士纷纷开小差的时候，也找个机会走掉了。

韩信背长剑，驰快马，一路东行，到了第二天夜里，还是没能走出汉中。继续往前走却被一条雨后新涨的河流挡住了去路。他正在河边徘徊，忽然听见一个声音在他身后响起："韩公慢走！"

韩信回头，发现竟是萧何，一时间心里五味杂陈，脱口喊了一声："丞相！"

■ 萧何月下追韩信

"可追着你了！"萧何喜极而泣，转而一脸怒容地说："韩公为何如此绝情？你我相处数月，竟于一夕离我而去，你于心何忍啊！"

韩信无语，感觉一下子无从说起。良久，他终于叹了口气，道："唉，丞相又何必在意我这么一个无用之人！"

萧何大步上前，双手抓住韩信的胳膊，诚恳地说："公乃天下大才，汉王不听我言，这是我萧何之愧。公且随我回去，我以全家性命力保于你。汉王若再不用，我便与公一同走。公千不念万不念，只念你我当初一见如故，念我萧何不顾山高水深路险途远，心似火燎，披星戴月，苦寻于公！"

韩信终于忍不住，泪水"哗哗"地流了下来，于是说道："丞相真乃大汉忠纯笃实之臣。古人云，'士为知己者死'，丞相既视为我生平知己，信敢不倾心从命？从此以后，愿为门下贤士！"就在这一刻，韩信决定将自己的成败与生死托付给萧何。

萧何开心地说："好，你我速速赶回，免得汉王挂念。我急急忙忙地来追你，也没有向汉王禀报，汉王一定是急坏了！"

韩信欣然拨马，向前望去，但见朗朗月华，已明晃晃地照亮了前面的路。

萧何追回韩信，就马上来见刘邦汇报情况。刘邦听说萧何追的是韩信，说道："逃走的将军有十多个，没听说你追过谁，偏偏去追韩信，为什么？"

萧何说："一般的将军有的是，像韩信那样的人才，简直是举世无双。您要是准备在汉中待一辈子，那就用不着韩信；要是准备打天下，就非用他不可，您到底准备怎么样？"

刘邦说："我当然要打出汉中！"

萧何说："您如果要这么做，就赶快重用韩信吧！若不重用，韩信这样的大才早晚还是要走的！"

革世致新　务实立德

刘邦说："那好吧，我就依你的意思，让他做个将军。"

萧何说："您叫他做将军，还是留不住他。"

刘邦说："那就拜他为大将军吧。"

萧何很高兴地说："您这样才是英明的！"

刘邦叫萧何把韩信找来，想马上拜他为大将。萧何说："拜将是件大事，不能像小孩子闹着玩似的。您决心拜他为大将，要选个好日子，还得隆重地举行拜将仪式才好。"刘邦点头称是。

刘邦要拜大将的消息传出后，跟随刘邦多年的将军个个兴奋得睡不着觉，认为这次自己一定能当上大将了。等到拜大将的日子，大家知道拜的大将竟是平日被他们瞧不起的韩信，一下子都愣了。

就在大家震惊之际，韩信已经自信满满地登上了拜将高坛，从刘邦手中接过代表大将军权力的虎符、玉节、金印、宝剑、铁钺等，双方行君臣之礼，祷告天地，剖符结誓。经过一番庄重的仪式之后，韩信终于正式成为大汉的三军统帅。这一年，韩信年仅23岁。

韩信拜帅后，征战天下，屡建奇功，最后在垓下围住项羽并将其彻底击败，为刘邦建立大汉基业，立下了不世之功。萧何惜才爱才，以礼待之，在月夜之中不辞劳苦，长途跋涉，终于追回韩信，成为了贤臣识人、用人、惜人的千古佳话。

阅读链接

萧何与张良、韩信被称为"汉初三杰"，三人为大汉王朝建立了汗马功劳，其中以萧何功劳最大，地位最高。

据说萧何去世后，刘邦为缅怀功臣萧何，下令为萧何铸金头随葬。但后来萧何的黄金头像被盗墓人盗走。盗墓人用船载萧何金头辗转沿河北省滏阳河行至何家庄西河湾时，因湾大水急，船翻了，萧何金头沉入水底，虽打捞数日但却不见踪迹。

后来，有善良的打鱼人把萧何金头打捞上来，就地埋在了西河湾畔，此后西河湾就被人们称作"萧何头"。

刘秀王霸的君臣情

自西汉武帝时实行"独尊儒术"的文化政策，儒学与政治结合，并加速在社会中的传播。东汉王朝开国皇帝刘秀，是历史上著名的政治家和军事家，被誉为"中兴之主"。他身为一介布衣最后能够君临天下，不仅由于他本人具有雄才大略，更因为他能够以儒学修养宽厚待人，得到一批文臣武将的辅佐。

光武皇帝刘秀

在刘秀的辅臣中，王霸曾经几次出生入死，全力帮助刘秀兴复汉室，他们之间也由此建立了深厚的君臣之谊。

西汉末年，外戚王莽篡权称帝，搞得民不聊生，各地纷纷举旗造反。公元22年，汉宗室刘秀

易水 也称"易河"，河流名。源出易县境，入南拒马河。分为南易水、中易水和北易水。因燕太子丹送荆轲刺秦于此作别，高渐离击筑，荆轲和着音乐高歌："风萧萧兮易水寒，壮士一去今不复还！"而名扬天下。

在宛县起兵，响应绿林起义军。

当刘秀率领起义军路过颍阳时，当地人王霸带门客见刘秀，说："将军起义兵，我不自量力，仰慕您的威信品德，愿意在您军中当兵。"

刘秀热情地接纳了他们，随后转战各地。王霸随军参战，英勇杀敌，立下了战功。不久，王霸因父亲老弱多病，便辞别刘秀，回家侍奉父亲。临别时，刘秀送与王霸许多金银，并嘱咐他安心在家侍奉父亲。

后来，刘秀带领大军开赴洛阳，中途路过颍阳，便亲自去看望王霸。

王霸深受感动，并征得父亲同意，又跟随刘秀离家出征。那时候，刘秀还不是最高统帅。被起义军拥为更始皇帝的刘玄，对足智多谋、能征善战的刘秀十分猜疑。刘秀为了躲过杀身之祸，保存实力，便请求刘玄让他到河北去招抚各州郡的义军，刘玄答应了。于是王霸随刘秀而去。

风云变幻，前途险恶。那时，更始皇帝的权力还

■ 汉光武帝陵

没布及到河北。刘秀此去，凶吉未卜，成败难测，并且长途跋涉，人困马乏，十分劳苦疲惫。但这些都没有动摇王霸的意志，他依然忠心耿耿地保护刘秀。

这时，仅有的几个随从人员，担心刘秀成不了大事，而且受不了艰苦，就纷纷在半路上不告而别。走掉的人越来越多，人马逐渐稀少。渡过黄河以后，刘秀环顾四周，见身边只剩下王霸和少数几个亲兵，寥寥几人而已。

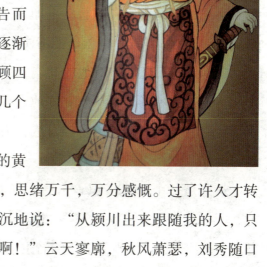
汉光武帝刘秀画像

刘秀良久凝望着滔滔不息的黄河水，凝望着连绵不断的远山，思绪万千，万分感慨。过了许久才转过身来，拍着王霸的肩头，深沉地说："从颍川出来跟随我的人，只剩你一个了，真是疾风知劲草啊！"云天寥廓，秋风萧瑟，刘秀随口吟道："风萧萧兮易水寒，壮士一去兮不复还。"

这句话是当年燕太子丹在易水河边送别荆轲去刺秦王时，荆轲伴乐所歌，表达了无比慷慨苍凉的心情。

王霸忙说："将军，您还有希望。我们不能气馁，只要将军坚持下去，兴复汉室指日可待！"在王霸的劝说激励下，刘秀信心大增，便催马加鞭向前赶去。

刘秀到达蓟县，还没有站稳脚跟，一天，听说盘踞在邯郸的王郎派兵捉拿他，军兵已到了附近。刘秀只好连夜仓促南逃。在南逃路上，王霸尽心竭力地卫护刘秀左右，终于帮助刘秀脱离了险境。

刘秀对王霸说："让我们安心并得以渡河，是你王霸的功劳。"

王霸推辞说："这是您的恩德，是神灵的保佑，即使是周武王的'白鱼之兆'，也不比这强。"

刘秀对部下说："王霸之功成就了我们安全渡河，大概是上天的吉祥之兆。"众人皆以为是。刘秀任用王霸为军正，封关内侯。后来，王霸又亲自带领部队讨平了王郎，缴获王郎的官印。刘秀封王霸为王乡侯。

经过几年征战拼搏，刘秀做了皇帝，成了东汉的开国君主。但他仍然不忘王霸的忠心和才智，更加信任他了，就拜任他为偏将军。后来又改封他为富波侯、向侯、淮陵侯。

王霸始终不忘刘秀对他的知遇之恩和友爱之情，在任何岗位都倍加努力，孜孜不倦，恪尽职守。他亲自同士兵们垒土堆石，治隘口，筑亭障。并且冲锋陷阵，身经百战，为巩固和保卫东汉王朝做出了卓越的贡献。

刘秀是一个聪达多识，仁智明恕，乐施爱人的人，其才能和品德，无愧于一代"中兴之主"的盛誉。在历史上，像他这样知人善任、实现儒家"治国平天下"的君主，是值得称道的。

至善至美的崇高道德

阅读链接

据《东观汉记》记载，公元前5年一月十五日的夜里，光武帝刘秀出生在洛阳县城，也就是今天的兰考县境的一座行宫里。在当时，刘秀的父亲刘钦是洛阳县令。这座行宫原是接待皇帝用的，自从汉武帝去世后就封闭着。因为妻子临产没有合适的地方，刘钦也就顾不得许多，让妻子住进了行宫。

据说，刘秀降生之时，红光照彻行宫。而在洛阳县内，当年又有嘉禾生长，一茎生出九穗。刘钦为此给孩子起名"秀"，因他是第三个儿子，所以字"文叔"。

马援的笃实品德

　　由于儒学在东汉时期的传播，儒家笃实宽厚的传统美德得到了进一步继承和发扬，以"实"为标准的笃实品格，被时人看作是处世的行为准则。东汉初期名将"伏波将军"马援就是一个典型。

　　马援，他虽然南征北战，屡建战功，但居功不傲，谦虚谨慎，孝悌传家，其高尚的笃实品德修养，被传为佳话。

　　有一次，马援又打了大胜仗，率军凯旋，将要进都城洛阳，就有许多老朋友前来欢迎慰劳他。在欢迎的人群中，有一位素以谋略才能而名闻朝野的人，名叫孟冀，与马援是很要好的朋友。

　　马援见到孟冀也和别人一

马援彩像

■ 马援将军雕塑

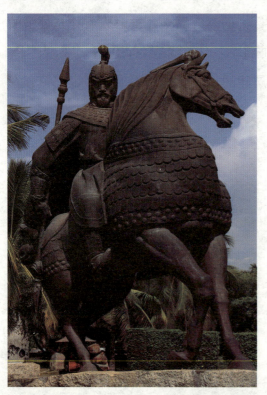

样在祝贺自己，心里感到很不是滋味，于是便对孟冀说："你是富有谋略的名臣，我本期望听听您的金玉良言，指出我的努力方向，您怎么反而像普通人那样说起客套话来呢？"

孟冀听了很窘，一时不知如何应对才好。

马援见他不说话，继续说道："从前，汉武帝时的伏波将军路博德设置7个郡，才加封了几百户。现在我功劳微薄，却享受3000户赋税的领地，实在深感惭愧。这样功小赏大，我真担心用什么行动来报偿！您该用什么谋略来帮助我呢？"

孟冀摇了摇头，说："我还没考虑到呢！"

马援见此情景，接着说："如今匈奴、乌桓还在扰乱北方，我打算主动请求出征。大丈夫应战死沙场，用马革裹着尸体回来埋葬罢了，怎么能安然地在家里等着寿终正寝呢？"

孟冀钦佩地说："你心系边患，豪情不减，确实是一个胸怀壮志的大丈夫，应当像你说的那样啊！"

马援批评孟冀与人同祝，体现了马援处世谨慎、谦逊的优秀品格。马援不说空话，在洛阳仅待了一个多月，匈奴和乌桓又发起侵袭，他主动请求出征，前往北方迎战。这时的马援已经是62岁高龄了。

汉光武帝考虑马援年纪大了，不放心他出征。马援见没有下文，直接找到汉光武帝说："我还能披甲骑马，请皇上让我带兵去吧！"说罢，当场向汉光武帝表演了娴熟的骑术。

汉光武帝见他精神矍铄，矫健的动作不减当年，便批准了他的请求。

马援率兵征战沙场，但由于他长期辛劳，患了重病，在军中病故。他以实际行动，实现了自己马革裹尸、不死床箦的愿望。

■ 东汉光武帝刘秀

孟冀闻听马援噩耗，悲痛万分，更加钦佩他的高尚情怀，由衷地赞叹道："马援忠勤国事，马革裹尸，令人钦佩，真是一个一心建功立业的男子汉！"

马援不仅严于律己，也严于告诫自己的亲属，积极向上，凡事不可懈怠。他秉承孝悌传家的精神，将侄子视同己出，严加教诲。

马援哥哥的两个儿子马严和马敦，常喜欢在别人背后议论人家的过失，他很生气，立即写信告诫他们。这封信就是流传至今的《诫兄子严敦书》。

马援写《诫兄子严敦书》的时间，是在他率军远征交趾的时候。在戎马倥偬，军务缠身的非常时刻，他还惦记着侄子的教育。忙中寻暇，万里传书，殷切之情，溢于言表，肃严之意，沁人肺腑。

乌桓 古代民族之一。也称"乌丸"，乌桓族原为东胡部落联盟中的一支。其族属和语言系属有突厥、蒙古、通古斯诸说，未有定论。公元前3世纪末，匈奴破东胡后，迁至乌桓山，遂以山名为族号，大约活动于今西拉木伦河两岸及归喇里河西南地区。

马援雕像

至善至美的崇高道德

马援在信中说：

　　我希望你听到人家的过失，能像听到你们父母的名字那样严肃对待。耳朵可以去听，但嘴巴不可以去乱说。好议论别人的长短，拨弄是非，是最可恶的行为，我很讨厌它。

　　我宁愿去死，也不愿听到子孙有这种可恶的行为。我之所以这样叮嘱你们，就像母亲叮嘱一个将要出嫁的闺女一样，目的是希望你们不要忘记我的告诫。

　　马援在这封信中，还介绍了自己的两个好朋友，一个叫龙伯高，一个叫杜季良。

　　龙伯高为人敦厚谨慎，出言皆善，谦和节俭，清廉无私。杜季良为人豪侠好义，忧人之忧，乐人之乐，各色人等皆有交往，他的父亲去世，数郡都有朋友来吊唁。

　　在马援眼中，龙伯高和杜季良两人都是高尚的人，但马援希望两个侄子向龙伯高学习，而不能像杜季良那样陷入轻薄。这是阅历丰富的马援在晚辈成长过程中给予的最大关照。

马援认为，学龙伯高则还不失为一个老实谨慎的君子所为，所谓"刻鹄不成尚类鹜"。因为他笃实周慎，谨严敏行，稳重谦逊，廉洁勤俭的品性，完全符合马援做人的标准。

马援对杜季良的评价则一分为二，杜季良虽然能忧人之忧，乐人之乐，行侠仗义，但结交朋友不分人品清浊，这不符合士大夫的保家全身的长久之策。所以马援明确规劝侄儿们务必诚厚谨慎，切勿华而不实，陷于轻薄。所谓"画虎不成反类犬"。

后来，马援的两个侄子果然没有辜负叔父的告诫，改正了自己的缺点，成为了被人们称赞的好后生。这说明马援言传身教、孝悌传家的实践是正确的。

马援不爱权势声名，不屑毁誉，老当益壮，马革裹尸，公忠为国，孝悌传家，言传身教，这些精神品质，是我们中华民族的优良传统。马援的精神，滋养着一代又一代中华儿女。

阅读链接

马援率军征匈奴和乌桓时，由于长期南征北战，年事又高，不幸病故在军中。后来汉明帝刘庄即位，励精图治，内外无幸曲之私，断狱得情，吏治比较清明，境内安定。他提倡儒学，使汉初确定的儒家的正统地位进一步巩固。

汉明帝为马援做了几件值得称颂的事：一是为马援建庙修墓；二是亲自题写金匾"马革裹尸"派人送到马家；三是将"马革裹尸"谱上曲子，作为军歌，规定汉军出征前，要高唱3遍，以鼓舞士气。可惜这首曲子失传久已。

甄宇谦恭能礼让

瘦羊博士甄宇像

　　一个人能够谦恭礼让，也是笃实宽厚的体现，说明他严于律己，并且宽宏大量，以宽厚为美。东汉时期的甄宇就是这样的一个人。

　　甄宇，东汉初年太学博士。他学识渊博，为人憨厚，谦恭礼让，太学里的学生都很尊敬他。

　　甄宇从小就特别喜欢读书，对于儒家的经典无所不读。年龄渐长以后，就专门研究孔子编著的《春秋》，在学问上有自己独到的见解，在思想上完全尊奉孔子，在行动上也遵照儒家提倡的道德要求去做，因而在乡里有很好的名声。

　　汉光武帝刘秀建武年间，朝廷听说甄

■ 汉代太学图

宇很有学问，又待人宽厚，就把他征召到京城洛阳，任命他为博士。博士是教授官，在当时最高学府太学里任职，为太学生讲授儒家经典。

古时候，每年农历十二月初八为腊八节，是祭祀百神的日子。每至腊八，汉光武帝都要向太学颁诏，表示慰问，并赏赐每个博士一只羊，以资鼓励。

这一年，又到了腊八节，汉光武帝派大臣到太学里去慰问。大臣宣读诏书说："博士们讲学兢兢业业，焚膏继晷，十分辛苦。现在每位博士赐羊一只，带回家中，与家人团聚，欢度节日。"

诏书宣读完毕，博士们叩谢圣恩。随后，使臣命随从把羊群赶进了太学院中，点过数目，交给太学的长官祭酒，祭酒和博士们高兴地把使臣送出大门外。

祭酒一回到院中，心中就犯了难。原来，皇帝赐

太学 是古代的大学。最早的大学在夏代为东序，在殷代为右学，在周代曾设东序、瞽宗、成均、上庠、辟雍五大学。至汉武帝时，董仲舒提出"兴太学，置明师，以养天下之士"的建议，于是在京师设太学，为中央官学、最高学府，太学祭酒兼掌全国教育行政。

瘦羊博士选羊

至善至美的崇高道德

的羊大小不等，肥瘦不一。这怎么往下分发呢？分到肥羊的，当然会高兴，而分到瘦羊的，难免会说分配不公、待人有亲有疏。

祭酒想来想去，也没有想出个万全的办法来。最后，只好把博士们都召集来，让大家商量，想一个众人都满意的方法。

有一个博士说："羊本来就有肥有瘦，如果每人领一只，怎么也不会平均。依我看，不如把羊全都宰了，大家分肉，每人一份，肥瘦搭配，就不存在不合理的事了。"对这个主意，有的人赞同，但多数人不同意，认为血淋淋的肉不好往家拿。

有人主张用投钩的办法来分，也就是抓阄，把大小肥瘦的羊编上号，就凭个人运气来撞。这个主张又引起大家的议论，有人认为这种方法可行，也有人认为不妥。

大家七嘴八舌地吵嚷了老半天，仍然没有商量出一个好办法。这时，站在一边没吱声的甄宇忽然对大家说："大家不必争吵了，我看还是大家各牵走一只吧，我先牵一只去。"说着，他走向了羊群。

甄宇的话引起了大家的注意，大家一齐望了过去，都用好奇而又怀疑的目光注视着甄宇，想看看他到底牵什么样的羊。有的人在心里说：要是这样先下手去挑，把大的挑走了，剩下的给谁呀！

此刻的甄宇心里想的是：为人处世，只有不怕吃亏，敢于吃亏，宁可自己吃点亏去照顾大家情面，才能与人和谐相处，并赢取别人的信任，这样才会使自己处处受欢迎。想到这些，甄宇走到羊群跟前，左挑右选，仔细观看，最后竟把羊群里最瘦最小的一只羊牵走了。

看到甄宇的所作所为，一些存有私心的博士羞红了脸，深深地感到自己不如甄宇品德高尚。人们不再争执了，大家纷纷来到羊群前，你谦我让，各自牵上一只羊，高高兴兴地回家去了。

这件事很快传了出去，京师洛阳城里的人，纷纷赞扬甄宇，还有人给他起了个绰号，叫作"瘦羊博士"。从此，这个带有敬意的绰号就在京师传扬开来，人们都这样称呼他了。后来，这件事被汉光武帝知道了，认为甄宇宁愿自己吃亏，也要让同事高兴，大家都不伤面子，实为君子之所为，这样的人是最能让人信赖的。于是，就对甄宇进行嘉奖。

甄宇在利益面前做到了克己让人，这既是做人的一种素质，也是一种智慧，更是做人的一块金字招牌，赢得了世人的赞誉。后来，人们就用"瘦羊博士"这个典故，来形容那些谦恭有礼的人。

阅读链接

甄宇是东汉光武帝刘秀时的太学博士。汉光武帝注重儒学，他称帝后，戎马未歇，即先兴文教。于公元29年起访求雅儒，四方学士云会京师，在洛阳城南开阳门外建太学，设立五经博士，重开学业。甄宇就在这些学士之中。

在当时，光武帝曾多次亲赴太学欣赏博士们相互论难，考其学业，观看学生的"雅吹击磬"等娱乐活动，并物质奖励博士弟子以劝学。

孙权察人律己之德

　　如果说曹操有严于律己之美，那么孙权更有察人律己之德。三国时期的孙权反对空谈，雅量容人，知错能改，因而能坐镇江东，成就一番事业。同样体现了儒家一贯提倡的笃实宽厚精神。

　　孙权的父亲与兄长在东汉末年群雄割据中打下江东基业，孙权自19岁执掌政务，后来建立东吴政权。其过人之处不仅在于他文治武功，英明有为，更在于他明察秋毫，明辨是非，而且自己也能够知错必改。

　　孙权在少年时，在哥哥孙策

■ 孙权（182—252年），字仲谋，吴郡富春，即今浙江富阳人，三国时代东吴的建立者。据传他是春秋时期兵法家孙武的第22代孙，是孙坚的第二个儿子。生来紫髯碧眼，目有精光，方颐大口。形貌奇伟，异于常人。自幼文武双全，早年随父兄征战天下。善骑射，年轻时常常乘马射虎，胆略超群。

庇护之下，养成一些纨绔习气，每日呼朋唤友、吃喝玩乐，手头未免吃紧。而孙策虽为江东之主，却对弟弟要求严厉，平时很少给零花钱。

孙权惧怕哥哥，又想花钱舒服，便去找管钱的吕范通融，试图弄些银两来花。不料吕范非常坚持原则，他正色说："银子不是没有，但必须按程序办事，我得先向主公报告，主公如果同意，我立刻给钱，否则不能擅动，请您包涵。"

■ 孙权画像

这话说得不卑不亢，孙权碰个软钉子，灰溜溜走了。回去后，经手下人怂恿，孙权放出狠话："待我掌权，一定杀了吕范。"

此话传到了吕范的耳里，吕范倒不害怕，只是微微一笑，之后遇到孙权来要钱，照旧秉公办事，并不买账。

两年之后，孙策让孙权到阳羡做代理县令。孙权有了权力，如鱼得水，时常公款私用。一天，孙策突然安排人对孙权进行"任中审计"，孙权知道在责难逃，吓出一身冷汗。

这时，孙策身边有一个叫周谷的功曹，惯于察言观色、心眼活络，见孙权忧心，以为邀功之机来临，便站出来替孙权连夜制造假账，成功地骗过孙策，使

江东 指长江以东地区，金陵至九江段古人以东为左，故又称"江左"。古以中原为中心，长江以南为外，外即表，故称江南为"江表"。江表，又因位于长江之东，所以又称"江东"。三国时期江东是孙吴政权的属地，所以也有把孙吴统治的全部地区都叫"江东"。

■ 孙权与孙策雕像

张昭 （156—236 年），字子布，江苏徐州人。三国时期孙吴重臣。张昭在孙权面前敢于说出自己的意见，指责孙权做得不对的地方，对于孙权有良性的作用。张昭晚年一度不参与政事，在家著《春秋左氏传解》及《论语注》，今佚失。

孙权躲过一场责罚。

孙权当时很高兴，拍着周谷肩膀说："日后等我掌权，肯定重用你。"周谷自然满心欢喜。

不久孙策亡故，孙权执掌政务，重新审视周围大臣。这时他才发觉，曾拒绝自己的吕范，为人忠诚可信，而迎合自己的周谷，却毫无操守，难以让人放心。于是，他对吕范委以重任，而毅然将周谷辞退。

成大业者，并非生而伟岸。孙权也曾不肖，但他成为江东首领后迅速完成角色转变，成功转型，不仅明辨是非，知才善用，而且也做到了知错必改，使自己的人格逐渐完善。这便是孙权的过人之处，也是他取得成功的根本。

在孙权重用的人才当中，张昭由于常常直接指出孙权的过错，因而与孙权的关系很有戏剧性。

张昭是东吴两朝老臣，他在孙权面前从来是直言不讳的，因此获得孙权的信任，但也因此产生了矛盾。

有一次，远在辽东的公孙渊派人递降表，孙权一看，高兴极了，马上派张弥、许晏两人去授公孙渊为燕王。

张昭听了，马上阻止说："公孙渊背叛了魏国，怕因此受到征讨，所以才远道来求我们援助的，归顺不是他的本意。如果公孙渊改变了主意，打算重新获得魏国的谅解，就会杀人灭口，这两个使臣肯定回不来了。那样的话，不是白白送了他两人的性命而叫天下人耻笑吗？"

孙权说出了自己这样做的理由，但都被张昭一一加以驳斥。这样反复了几次，张昭态度一次比一次坚决，言辞非常激烈。

孙权说不过张昭，觉得面子上过不去，就变了脸，拔出宝剑怒气冲冲地说："吴国的士人入宫则拜见我，出宫则拜见您。我对您的倚重也到了无以复加的程度，可是您却多次在大庭广众之下让我难堪，我真担心有一天会因为不能容忍而杀死了您。"

听了这些，张昭既没慌张又没退缩，他非常镇定地说："我

333

革世致新
务实立德

■ 孙权拔剑石刻

剑　古代兵器之一，属于"短兵"。素有"百兵之君"的美称。古代的剑由金属制成，是长条形，前端尖，后端安有短柄，两边有刃的一种兵器。剑为具有锋刃之尖长兵器，而其大小长短，端视人体为标准，所以须量人而定。中国在商代开始有制剑的史料记载，一般呈柳叶或锐三角形，初为铜制。

■ 孙权雕像

之所以明知道您并不按我说的做，还满腔热忱地来规劝您，是因为奉诏辅佐您啊！"说完，泣不成声。

孙权见状也感到伤心，把宝剑扔在地下，和张昭相对而泣。但孙权很固执，因此没有采纳张昭的意见，仍旧派张弥和许晏到了辽东。

张昭见孙权不听劝告，非常恼火，回府以后，就称病不理国事。孙权对他这样做感到很生气，干脆派人用土堵住了他的府门，表示永远不再用他为官。

张昭看孙权把他家门堵了，非常气愤，他也不示弱，索性在院里用土把里面的门也封住了，表示永远不出门为孙权办事。

张弥、许晏按照孙权的意图，来到辽东，公孙渊果真变了卦，把他们俩给杀了。孙权万万没想到真让张昭言中了，他很惭愧，觉得对不住张昭，就派人运走了堵在张昭门口的土，又几次向张昭赔礼道歉，可张昭不理，孙权后来又派人前去，却都吃了闭门羹。

怎么办呢？孙权灵机一动，派人放火烧张昭府上的大门。他想，大火一着起来，张昭还不往外跑？到那时，自己不就看见他了吗？

孙权觉得自己主意不错。可是，张昭看见孙权放火烧门，索性坐在屋里不动，等着大火把他烧死。

孙权一看这招不灵，便大惊失色，真怕火着起来把张昭烧死。于是，赶紧下令灭火。孙权在门口暗暗责备自己，恨自己办错了事，伤了这位股肱之臣的心。

张昭的儿子看再僵持下去也太不像话了，就连劝带拉，硬逼着父亲去见孙权。孙权一看张昭终于出了门，就诚恳地请他到宫中一叙。

张昭来到宫里，孙权向张昭承认了错误，并表示今后要尊重他的意见，搞好君臣关系。张昭见孙权这样诚心诚意，满肚子的闷气顿时一扫而光，就又竭尽全力地协助孙权治理国家。

孙权眼界开阔，胸怀宽广，有容人雅量，同时知错能改，不失为一代谦谦君子。

阅读链接

孙权在位31年，去世时年70岁，葬于钟山之南的小山上，这座山于是改名为"孙陵岗"，就是现在的梅花山。

孙权墓是中国著名历史古迹，史称"蒋陵"，又名"吴王坟"，在南京市钟山南麓，是南京地区最早的六朝陵墓。孙陵岗还葬有孙权的夫人步氏和后妻潘氏，宣明太子孙登也葬在孙陵附近。如今的孙权墓遗址在明孝陵的梅花岗内，现仅存一小型墓冢，不见碑表。仅存一通石碑，一座石桥，一通注释牌，一座石像。

周处改过终成新人

笃实宽厚美德具有塑造人格的力量，它可以使一个人重新焕发出尚德和务实的精神。孙吴时期周处就是在笃实宽厚美德的感召下浪子回头，改过自新的。周处，幼时丧父，不满20岁，其体力就超过常

周处像

人，喜好跑马打猎，随心所欲。由于他放荡不羁，纵情肆欲，为祸乡里，所以人们都十分厌恶他，把他看成是一大祸患。

有一次，周处家乡阳羡一带连年遭水灾，据说是因为河里有一条蛟龙在那里兴风作浪，致使水患不断。此外，在阳羡南山上还有一只白额猛虎，经常下山危害人和牲畜。

阳羡一带的人们把河里的水患、山上的虎患和人间的周处称作当地的

三大祸患。大家编成一首民间的歌谣：

■ 周处除三害

河里有水患，山上有虎患，

周处在人间，凑成三大患。

三患不消除，百姓咋安然。

不过在这"三害"之中，最使百姓感到头痛的还是周处。有一次，周处在外面走，看见人们都闷闷不乐。他找了一个老年人问："今年年成挺不错，为什么大伙那样愁眉苦脸呢？"

老人没好气地回答："三害还没有除掉，怎样高兴得起来！"

周处第一次听到"三害"这个名称，就问："你指的是哪三害？"

> **蛟龙** 蛟是古代传说中能发水的一种龙，龙则是中国传说中的一种善变化、能兴云雨、利万物的神异动物。虽然它们都有强大的力量，却一正一邪，本质不同。本文所说的蛟龙，大概是扬子鳄之类的大型水族。由于当时人们对此认识不足，因而将水中的某些巨兽称为蛟龙。

蛟龙雕刻

老人说："南山的白额虎，河里的蛟，加上你，不就是三害吗？"周处吃了一惊。他想，原来乡间百姓都把他当作虎、蛟一般的大害了。他沉吟了一会，说："这样吧，既然大家都为'三害'苦恼，我把它们除掉。"周处虽然立下了发愤改过的决心，但是，他又怕得不到人们的理解和信任，于是去向乡里的尊长请教。

尊长对周处说："乡里的人们把你和南山上的猛虎、河里的蛟龙称为三害，你如果能除去这三害，那就是为大家做了件大好事，到时人们怎么能不信任你呢？"

周处听了尊长的话，觉得很有道理。他想，既然自己被人们深恶痛绝，自己就应当以实际行动为民除害，以取得人们的信任。

过了一天，周处果然带着弓箭，背着利剑，进山找虎去了。周处到了密林深处，只听见一阵虎啸，从远处过来一只白额猛虎。周处闪在一边，躲在大树背面，拈弓搭箭，"嗖"的一下，射中猛虎前额，结果了它的性命。

周处下山告诉村里的人，几个猎户上山把死虎扛下山来。大家都高兴地向周处祝贺，周处说："别忙，还有河里的蛟呢！"

又过了一天，周处换了紧身衣，带了弓箭刀剑跳进水里去找蛟了。那条蛟隐藏在水深处，发现有人下水，想跳上来咬。周处早就准备好了，在蛟身上猛刺一刀。那蛟受了重伤，就往江的下游逃窜。

周处一见蛟没有死，紧紧在后面盯住它，蛟往上浮，他就往水面游；蛟往下沉，他就往水底钻。就这样一会儿沉，一会儿浮，一直追踪到几十里以外。

三天三夜过去了，周处还没有回来。大家议论纷纷，认为这下子周处和蛟一定两败俱伤，都死在河底里了。本来，大家以为周处能杀死猛虎、大蛟，已经不错了；这回"三害"都死，大家喜出望外。

没想到到了第四天，周处竟安然无恙地回家来了。人们大为惊奇。原来，大蛟受伤以后，被周处一路追击，最后流血过多，动弹不得，终于被周处杀死。

周处回到家里，知道他离家3天后，人们以为他死去都挺高兴。这件事使他深刻地认识到，自己平时的行为被人们痛恨到什么程度了。

周处痛下决心，离开家乡到吴郡找老师学习。那时候吴郡有两个很有名望的人，一个叫陆机，一个叫陆云。周处去找他们家，陆机出门去了，只有陆云在家。

周处把自己如何杀虎斩蛟的经过及人们欢庆的情况原原本本地告诉了陆云。然后十分痛苦地说："阳羡的三害我已除去了两害，可乡里人还在庆幸我的死去，我心里很是难过。"接着又说，"我一心想改正以前的错误，可白白耽误了这么多年，恐

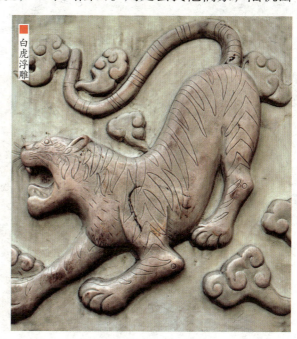
白虎浮雕

怕已经来不及了。"

陆云说："乡里人憎恨的是你过去的行为。现在你虽然把猛虎、蛟龙这两害除掉了，但人们还希望你把过去的错误也彻底改掉啊！三害全除，才是皆大欢喜呢！"

陆云见周处有所领悟，但脸上仍有难色，就又热情地鼓励他："古人重视朝闻夕改，'知过之谓智，改过之谓勇'，你既然有杀虎斩蛟的勇气，又何愁自己不能改过自新呢？"

在陆云的鼓励下，周处回到家乡以后，发愤上进，好学不倦，同时，注重节操，加强道德修养。一年后，他终于赢得了人们的信任。州府也见他是个有志有勇的人物而争着聘用他。后来他还驰骋沙场，成为了英勇善战的将领。

周处勇于正视自己的错误，并能从善如流，真诚改过，终于成为好人的故事被后人传为佳话。

至善至美的崇高道德

阅读链接

周处著有《默语》30篇及《风土记》，也曾撰集吴国历史。其中《风土记》最为著名，它是记述地方风俗的名著，今人查考端午、七夕、重阳等习俗，所依据的便是这一部《风土记》。

此书是记述地方风俗的名著，是迄今为止中国较早记述地方习俗和风土民情的著作，比另一部同类性质的地方性岁时节令专著，南北朝的《荆楚岁时记》要早好多年。据有关考证，《风土记》也应该是宜兴历史上第一部记录地方风物的书，可惜现今大部分已散佚。

唐宋时期，中华民族笃实宽厚的传统得到进一步继承和发扬，并渗透到社会政治生活和文化生活中，从而深深地影响当时每一个人，对人们的气质、性格和精神产生了巨大影响。

在唐宋时期官员中，唐代的娄师德、李勉，宋代的吕端、欧阳修、王安石，他们的笃实宽厚美德，在当时树立了良好的道德风范。在唐宋时期文坛上，唐代的李白、杜甫、柳宗元、刘禹锡，宋代的陆游、辛弃疾，都是笃实宽厚传统美德的优秀继承者，彰显了宽人以德的胸襟和气度。

发扬光大

宽人律己

娄师德的宽厚品德

中华民族笃实宽厚的传统发展至唐代，已经渗透到社会政治生活和文化生活当中，对人们的气质、性格和精神都产生了巨大影响。唐代大臣、名将娄师德，就是一个将笃实宽厚传统美德发扬光大的人。

娄师德，自幼才思敏捷，20岁便以进士及第授江都县尉。677年，为了抵御来自吐蕃的威胁，娄师德毅然从戎，指挥唐军八战八捷，成为唐代抵抗吐

■ 娄师德（630—699年），字宗仁，郑州人，唐朝大臣、名将。唐高宗、武则天两代大臣。高宗上元初，朝廷召募"猛士"御、抵御吐蕃，娄师德以文臣应募，从军西讨，屡有战功，他前后在边疆驻扎了30余年。他为官清廉，虽官至纳言，但生活仍很清贫。他的忍让在历史上是非常出名的。699年8月，娄师德去世，终年70岁。朝廷追赠他为凉州都督，谥曰贞。

蕃入侵的著名将领，深得武则天的赏识。

娄师德方口厚唇，为人宽厚，深沉有度量，即使被人冒犯他也不计较。一次他与内史李昭德一同入朝，娄师德因身体肥胖而行动缓慢，李昭德好几次停下来等他，他还是赶不上。

李昭德生气发怒，说："你这个只配种地的臭家伙。"

娄师德听了也不发火，笑道："我就是个种过地的人，如果我不是种地的人，还有谁是呢？"

■ 娄师德头像雕塑

娄师德才能非常，得到武则天的赏识，招来很多人的嫉妒，所以他谨慎自律，也要求家人不要张扬，凡事收敛。

娄师德有个弟弟被任命为代州刺史。临上任辞行时，娄师德对弟弟说："我现在得到陛下的赏识，已经有很多人在陛下面前诋毁我了，所以你这次在外做官一定要事事忍让。只要你稍稍有点过分了，人家就会嫉妒我们。"

他的弟弟跪下说："从今以后，即使有人把口水吐到我脸上我也不敢还嘴，把口水擦去就是了。我以此来自勉，绝不让哥哥操心。"

娄师德说："这恰恰是我最担心的。人家拿口水唾你，是人家对你发怒了。如果你把口水擦了，说明

进士及第　进士是科举考试的最高功名。及第指科举考试应试中选。科举殿试时录取分为三甲：一甲三名，赐"进士及第"的称号，第一名称"状元"或"鼎元"，第二名称"榜眼"，第三名称"探花"；二甲若干名，赐"进士出身"的称号；三甲若干名，赐"同进士出身"的称号。

■ 狄仁杰（630—700年），字怀英，唐代并州太原人，武周时期杰出的政治家。他曾担任国家最高司法职务掌管刑法的大理丞，判决了大量的积压案件，以不畏权贵著称。他在身居宰相之位后，辅国安邦，可谓推动唐朝走向繁荣的重要功臣之一。他以民为忧，后人称之为"唐室砥柱"，是中国历史上以廉洁勤政著称的清官。

你不满。不满而擦掉，人家就更加发怒。所以唾沫不能擦，要让它自己干掉，并以笑来承受，这样才是处世的充盈之道！"

这个"唾面自干"的故事，表明娄师德即使受了侮辱，也善于容忍而不加反抗。这是品德修养达到一定境界的表现。

有一次，娄师德遇到一个无知的街头混混，指名道姓地辱骂他，他就装着没有听到。

有人转告娄师德，娄师德却说："那是骂别人的。"那人又说："他明明喊你的名字在骂！"

娄师德说："天下难道没有同姓同名的人吗？"

这时，又有一个人感到不平，也替娄师德说话。娄师德说："他们骂我而你向我叙述，就等于再骂我一次。"

娄师德除了上述的优点外，还善于举荐人才。唐代著名政治家狄仁杰当宰相之前，娄师德就曾多次在武则天面前竭力推荐他。

一次，武则天单独召见娄师德，和他谈论政事。谈话中，武则天问娄师德有没有可以担任辅政大臣的人才。娄师德听后，未多考虑，极力推荐了狄仁杰。事后，武则天果然采纳了娄师德的意见，将狄仁杰从外地召回京城和娄师德一起同任宰相。

狄仁杰任宰相后并不知道是娄师德举荐的。相反，他认为娄师德不过是个普通武将，很是瞧不起，不时言语冲撞。时间长了，引起了武则天的注意。

一天，武则天在便殿和狄仁杰闲谈。闲谈中，武则天有意问狄仁杰："娄师德的品德好不好？"

狄仁杰说："他带兵守边时，有过战功，至于他的品德好还是不好，我不太清楚。"

武则天接着又问："他能发现和举荐出色的人才吗？"

狄仁杰说："这方面的事情，我还不曾听说过。"

听到这儿，武则天哈哈大笑，对狄仁杰说："你还不知吧？你能当上宰相，正是由于他的举荐哪！"接着又说，"依我看，没有比娄师德做得更好的人了。"随即令侍从取来文件箱，拿出10多篇娄师德的奏折给狄仁杰看。

狄仁杰一看惊惧得汗透衣衫，连忙向武则天认错。原来这些奏折都是娄师德力荐朝廷重用狄仁杰的。每折都是有语皆真，无情不切。

狄仁杰感到十分惭愧，感叹地说："娄公的德行真是像高山一样

狄仁杰墓

伟大啊！我竟一直被娄大人默默推荐而不自知，反而一直自以为是。娄公却从来没有半点骄矜的表现，我比娄公差远了！"

狄仁杰和武则天闲谈后，回到家里，立即换成轻衣小帽，径直来到娄府，见到娄师德，一躬到地，当面向他赔礼道歉。

娄师德说："我认为你刚直不阿，所言不偏，能为国安民，因此我推荐你，必能匡复唐室，当时我没有考虑到自己。"

狄仁杰说："如果不是圣上所言，我哪里知道这些啊！"

娄师德也很高兴，吩咐人备酒，款待狄仁杰。

狄仁杰经此一事，对娄师德的胸怀和德品佩服得五体投地。自此之后，狄仁杰主动接近娄师德，很快两人的关系密切起来，共同辅佐武则天管理国务。

不久，北方的契丹国出兵犯境，攻陷了一些州郡。这时狄仁杰和娄师德一同率兵出征，抵御敌兵。他俩互相配合，分路出击，杀退了敌军，收复了失去的州郡，使边境居民重新过上了安居乐业的生活。

娄师德为人严于律己、宽以待人，为官胸怀广阔、以德治世。其厚德载物，海纳百川的胸襟和气度，表明他具有高尚的品德修养，充分彰显了人格的可贵。

至善至美的崇高道德

阅读链接

娄师德不徇私情，严守法度。一次，到梁州去考察屯田，知道了他的一个同姓乡邻在那里做屯田官，犯了死罪。夜里，同乡偷偷来见娄师德，请他说情。

娄师德说："犯了国法，就是我的亲儿子，也不能放过，何况你？你做官却不干净，不知道后果吗？"

第二天，娄师德对都督说："我听说有一个人犯了国法，说是我的同乡。我小时同他父亲一起放过牛。请都督不要因此而失法度。"后来，娄师德给那个同乡拿了一盘饼，让他做个饱死鬼。

李勉待友肝胆相照

如果说李白和杜甫之间是以相同的际遇和诗情结为挚友，那么李勉则为朋友尽心竭力，可谓肝胆相照。同样体现出笃实宽厚美德中的交友之道。

李勉是唐代宗室，曾祖李元懿为唐高祖李渊第十三子，当过开封尉、刺史、节度观察使，最后还当过两年宰相。他一生中最喜好的就是与有才干、有知识的人结交。他甘为朋友两肋插刀的故事留传至今。

李勉画像

李勉年轻的时候，由于家境贫穷，在客居梁、宋等地读书时，曾和一名太学生同住一个旅舍。两人的关系很好，平日里常常一起谈诗作赋。

有一天，这位太学生突然生

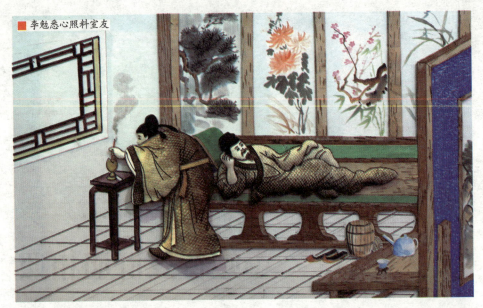
■ 李勉悉心照料室友

病，卧床不起。李勉连忙为他请来郎中，并且按照郎中的吩咐帮他煎药，照看着他按时服药。一连好多天，李勉细心照顾着病人的起居饮食等日常生活。

可是，这位太学生的病不但没有好转，反而一天天地恶化下去了。看着日渐虚弱的朋友，李勉非常着急，经常到附近的百姓家里寻找民间药方，并且常常一个人跑到山上去挖药店里买不到的草药。

一天傍晚，李勉挖药回来，先到朋友的房间，看见朋友气色似乎好了一些。他心中一阵欢喜，关切地凑到床前问："哥哥，感觉可好一些？"

太学生说："我想，我剩下的时间不多了，这可能是回光返照，临终前兄弟还有一事相求。"

李勉连忙安慰道："哥哥别胡思乱想，今天你的气色不是好多了吗？只要静心休养，不久就会好的。哥哥不必客气，有事请讲。"

太学生说："把我床下的小木箱拿出来，帮我打开。"

李勉按照他的吩咐，从床下拿出了小木箱打开。

太学生指着里小木箱的一个包袱说："这些日子，多亏你无微不至的照顾。这是100两银子，本是赶考用的盘缠，现在用不着了。我死后，麻烦你用部分银子替我筹办棺木，将我安葬，其余的都奉送给你，算我的一点心意，请千万要收下，不然的话，兄弟我到九泉之下也不会安宁的。"

李勉为了使朋友安心，只好答应收下银子。

第二天清晨，太学生真的去世了。李勉忍着失友的悲痛，遵嘱给亡友举哀，买了棺木、衣衾等物，把他好好安葬了。剩下了许多银子，李勉一点也没有动用，而是仔细包好，悄悄地随亡友一起入土。

不久，太学生的遗属来找李勉，李勉便和他们一起去给亡友迁葬。遗属发现了陪葬的银子，都很吃惊。李勉就把过程的来龙去脉说给朋友的遗属，遗属了解到银子的来历后，都被李勉不贵钱财而重情义的高尚品行所感动。

后来，李勉当了大官，结交了一位勤肯能干的密县县尉王晬，掌治安捕盗之事。由于王晬在工作中犯了错误，皇帝下诏要予以重处。

李勉认为自己的朋友王晬没有错处，便暗暗寻查此事，了解到王晬是被人陷害。李勉便上奏皇帝请求赦免王晬，结果王晬被赦免，而他自己却被指控执行圣旨不力，被召回京师。

九泉之下 指地底最深处。古代劳动者从打井的经验中获知：当掘到地下深处时就会有泉源。地下水从黄土里渗出来，常常带有黄色，所以古人就把很深的地下叫作"黄泉"。古时有种迷信，认为人死后要到阴曹地府去，阴曹地府在很深的地下，于是就把"九"字和"泉"字相搭配，成为"九泉"。

发扬光大

宽人律己

■ 李勉像

不久，王晔特来向李勉道谢，跪下就要给李勉磕头。李勉忙扶起王晔说："何必如此，大家都是朋友，当为知己者死，我做的这又算得什么。"

后来，他们的关系就更密切了。王晔也不辜负李勉对自己的厚望。他上任龙门县令后，为官清正，声誉很好。

李勉在任节度使时，听说李巡、张参两人很有才学，便请他们进幕府任判官。李巡和张参都是名士，李逸待他们始终十分有礼，三人都互相以朋友相称，关系和睦。每有宴饮，李勉都请李巡、张参两人参加。

不久，李巡和张参先后去世，李勉仍然很怀念他们，宴请客人时总给他们空着座位，摆着酒杯和筷子，就像他们俩活着一样。

即使在很欢乐的宴会上，李勉看到空座，也不免神色凄恻，回想起往日和两人的深挚友谊和学问切磋，想起两人对自己的帮助，心中便充满了伤感和怀念的感情。

李勉对朋友的态度为众人所知，许多人都以是李勉的朋友而自豪。俗话说：近朱者赤，近墨者黑。李勉以自己的风格和性格来影响别人，同样从朋友那里也得到了许多珍贵的东西。

阅读链接

李勉在官场为政简肃，曾经智斗污吏鱼朝恩。宦官鱼朝恩为观军容使，知国子监事，每到国子监视学，京兆府中上下预备数百人的酒食，鱼朝恩还是不甚满意。

李勉任京兆尹兼御史大夫时，鱼朝恩来到了国子监视学。京兆府吏提前请备饭，李勉说："军容使到国子视学，我如果前往太学迎候，军容使应该准备优厚的主人礼。我辱为京兆尹，军容使如果光顾我京兆府廷，我岂敢不准备饭菜呢？"

结果，鱼朝恩碰了个软钉子，从此再也不到太学骚扰了。

李杜友情千古传佳话

　　唐代文人普遍尚儒，对笃实宽厚传统美德有深刻的理解，在人际交往上也往往不同常人。唐代最著名的诗人李白和杜甫做到了儒家所强调的"将心比心""以心换心"，因而他们之间的友情，在中国文学史上成为了久久为人传诵的佳话。

　　李白，唐代浪漫主义诗人，被后人誉为"诗仙"。他的诗歌总体风格清新俊逸，既反映了时代的繁荣景象，也揭露了统治阶级的荒淫和腐败，表现出蔑视权贵，反抗传统束缚，追求自由和理想的积极精神。

　　杜甫，唐代现实主义诗人。杜甫忧国忧民，人格高尚，他被世人尊为"诗圣"，他的诗被称为"诗史"。

　　744年春夏之交，李白与杜甫在

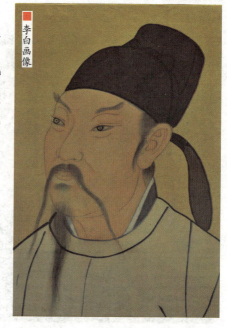

李白画像

至善至美的崇高道德

瑶草 是传说中的仙草，服用后会长生不老，能医治百病，是一种神奇的植物。灵芝就是古代传说中的一种瑶草。灵芝又称"灵芝草""仙草""瑞草"，是多孔菌科植物赤芝或紫芝的全株。按《本草纲目》记载：灵芝益心气，补中，增智慧，久服轻身不老，延年。

洛阳初次相遇，当时李白44岁，杜甫33岁；李白已经名满天下，杜甫还默默无闻。他们虽然有年龄上的差异和诗坛地位的高低，但一点也没有影响两人成为知音。

初次见面，杜甫就被李白的风采吸引住了。李白对杜甫的青年有为也很欣赏。当时，他们俩都对现实不满，因此一见如故。两人的志趣相同，时常在一起吟诗作赋，自得其乐，度过了一段难忘的日子。

那时候，社会上有一种求仙访道的风气。李白与杜甫相约结伴而行去寻找瑶草。两人渡过波涛汹涌的黄河，尽管路途艰险，但他们互助互爱，常常吟诗作句，以苦为乐。

他们一起赴王屋山寻访道士华盖君，欲学长生之道。可是华盖君已经去世了，他们凄凉地望着寥廓的四野，尽管彼此心中有无尽怅然与失望，但他们互相劝慰对方，最后原路回去。

■ 杜甫与李白蜡像

这年秋天，李白和杜甫与另一诗人高适遇在一起了。这三个朋友经常在洛阳城里的酒楼饮酒赋诗，各叙心中的愤懑，也谈论着当时的国事，讽刺唐玄宗李隆基的醉心声色。渐渐地，杜甫和李白更加了解对方，他们之间的关系更加密切了。

在这段时间里，两人时常喝酒论文，李白的诗歌造诣对杜甫的诗歌创作产生一定的影响。如杜甫《登兖州城楼》诗中，"浮云连海岱，平野入青徐"与李白诗句"秋波落泗水，海色明徂徕""青山横北郭，白水绕东城"句式相似，视野比以前更开阔了。两个同样喜爱诗歌创作的人在一起谈诗论文，肯定会互相切磋。

■ 杜甫画像

第二年秋天，杜甫和李白又在兖州相遇。他们白天携手同行，寄情于山水之乐。晚上，常常一边饮酒，一边仔细讨论文学上的问题，有时喝得大醉，同床酣睡。

他们两人共同度过一段美好的日子，彼此都从对方身上学到了许多宝贵的东西，诗歌创作上也有了很大的进步。

在兖州相遇不久，李白和杜甫又分别了，怀着恋恋不舍的心情踏上人生的新路。多情的杜甫在这以后一直处于对李白的思念之中，不管流落何地，都能写

兖州　古九州之一，即今山东省兖州市。"兖州"一词的出现始于春秋时期以后。春秋战国时期，百家争鸣，著书立说，把禹时的九州冠以称谓，兖州即其一。古九州的"州"是指水中可居之地。"兖"古称"沇"，《史记·夏本纪》"兖州"称"沇州"。

出刻骨铭心的诗句。李白也在思念，但他步履放达、交游广泛，杜甫的名字很少再在他的诗中出现。

其实，天下的至情并不以平衡为条件。即使李白不再思念，杜甫也做出了单方面的美好承诺。李白对他无所求，他对李白也无所求。

杜甫赠李白及怀念李白的诗，是写得最为动人的，几乎每一篇均堪称名作。"醉眠秋共被，携手日同行"，这是杜甫写两人在一起时亲如兄弟的情形；"剧谈怜野逸，嗜酒见天真"，这是杜甫写李白喝酒时可爱的样子。

杜甫诗中描绘李白的地方更多，在后人心目中李白的形象如此鲜活，一个最直接的来源就是杜甫的诗歌。如《寄李十二白二十韵》中有"笔落惊风雨，诗成泣鬼神"，这是称赞李白的诗气势磅礴，富有感染力。再如《饮中八仙歌》写道：

李白斗酒诗百篇，长安市上酒家眠。

天子呼来不上船，自称臣是酒中仙。

至善至美的崇高道德

李白雕塑

■ 杜甫雕塑

　　杜甫在诗中非常生动地呈现了李白那种天才式的高傲而放诞的性格。

　　真诚的友谊建立在"知音"的基础上，它不会因为友人遭遇世人的鄙弃而改变。在"安史之乱"中，唐肃宗李亨与他弟弟永王李璘因权力之争而兵戎相见，李白参与了李璘的军事行动，在李璘失败后成为阶下囚，继而流放夜郎。

　　在一般人看来，李白此时是一名罪犯，倒霉全是自找的。但杜甫仍然对李白保持着信任，并且充满同情。他在《天末怀李白》诗中写道：

> 凉风起天末，君子意如何？
>
> 鸿雁几时到？江湖秋水多！
>
> 文章憎命达，魑魅喜人过。
>
> 应共冤魂语，投诗赠汨罗。

安史之乱 是唐代所发生的一场政治叛乱，也是唐王朝由盛而衰的转折点，此后唐代进入藩镇割据的局面。由于发起叛乱者以安禄山与史思明为主，故称"安史之乱"。又因其爆发于唐玄宗天宝年间，也称"天宝之乱"。它对后世政治、经济、文化、对外关系的发展等均产生极为深远而巨大的影响。

这里"文章憎命达",意思说有才华的人总是命运多舛；"魑魅喜人过",意思说心思恶毒的小人总是喜欢利用别人的过失加以陷害,对李白的遭遇有十分清醒的理解。

李白和杜甫个性不同,艺术风格也有明显的差异。李白狂放不羁,富于幻想,如偶尔飘零于尘世的仙人。杜甫相比于李白则显得淳厚谨重,心思完全在现实生活中。而令人感到格外可贵的是,这完全不妨碍他们彼此理解,相互器重。

李白被称为"诗仙",杜甫被称为"诗圣"。仙出世,李白一生都在作浪漫的想象飞行；圣入世,杜甫一生都在现实的荆棘与泥水中行走跋涉。

两人都以他们超凡的诗才和博大的襟怀,撑起唐代诗坛一片"高不可及"的瑰丽天空；都以其高贵的人格和真挚的友情,谱出文学史上一段知音的千古佳话。

至善至美的崇高道德

阅读链接

据说李白有一次上宰相府,自报家门,说自己是"海上钓鳌客李白"。

宰相笑问："先生临沧海钓巨鳌,以何物为钩线？"

李白说："以明月为钩,虹霓为线。"

宰相又问："用什么做钓饵呢？"

李白高声道："就用天下最无义气的士大夫做钓饵。"

宰相听后,如闻仙人长啸,不禁毛骨悚然。

宋代大文豪苏东坡评价说"戏万乘若僚友,视俦列如草芥",这一番气壮山河、威慑群小的钓鱼高论,把李白的侠肝义胆、高情逸致表达得淋漓尽致。

柳刘成为生死之交

　　"柳刘"，是指柳宗元和刘禹锡。在群星丽天的中唐文坛，柳宗元和刘禹锡是交相辉映的双子星座。他们一样的才情，共同的理想，相似的运遇，让两人终其一生以道相勉，以情相慰，以心相许，成为生死之交。

　　793年，20岁的柳宗元和21岁的刘禹锡同登进士第，人生轨迹有了第一次交汇。

　　出身于河东望族的柳宗元博古通今，精明敏捷，贞元初期即以童子而有奇名。长于江南的刘禹锡也饱读诗书，出入经史，器宇轩昂，广有才名。

　　柳宗元和刘禹锡这两个当时最年少的才子，在一起走马

柳宗元彩像

柳宗元肖像

长安，题名雁塔，宴饮曲江的春风得意的日子里，惺惺相惜，结同年之谊。在此后的10年间，柳刘两人虽聚少离多，但经历却惊人的相似：都承受了丧父之痛，都以博学宏辞在朝中做过校刊典籍的官员，也都曾在京畿附近任过县职。

803年，柳宗元从蓝田尉、刘禹锡从渭南主簿任上同时调回朝中，任职监察御史台，成为朝朝相处的僚友。

在雅重诗文的政坛，柳刘两人无疑是最为出色的青年才俊。才名为他们赢得了时誉，也成为他们进身的阶梯。朝廷要人争相揽之于门下，同辈之人也趋之若鹜。

"致君尧舜上，再使风俗淳"，这是千百年来士人的普遍理想，柳刘年轻的心渴望着建功立业，匡扶时弊。而当时的唐王朝在经历了"安史之乱"后，已是风雨飘摇，百病丛生。

唐德宗李适去世以后，王叔文、王伾等人拥立唐顺宗李诵，并在其支持下针对积弊大刀阔斧地革新朝政，史称"永贞新政"。新政使得百姓相聚，欢呼大喜。

由于王叔文的力荐，刘禹锡和柳宗元分别从八品御史擢任正六品的屯田员外郎和礼部员外郎。他们出入禁中，参与机要，联络内外，引导舆论，成为改革集团的核心人物，史称"二王、刘、柳"。

永贞新政 805年，翰林学士王叔文与同为学士的王伾，一起联结刘禹锡、柳宗元等有识之士，进行一系列政治改革。这场改革实际上即以翰林学士王叔文为代表的文人集团与当时握有军政大权的宦官集团的一场政治斗争。表现出这一时期文人集团极不寻常的政治抱负。

当此之时，柳宗元和刘禹锡激情澎湃，踌躇满志，以为"天将降大任于斯人也"。而对于政治形势的严峻和政治斗争的风险却缺乏认识，或不以为意。

果然，风云突变。就在唐宪宗李纯即位的第三天，一批才高名重的革新派人士被斥出朝，贬为远州司马，史称"二王、八司马"，其中刘禹锡贬朗州，柳宗元贬永州。这一别就是11年。在这些凄风苦雨的日子里，刘禹锡贬和柳宗元书信往还，相互安慰，以自己的心温暖着朋友的心。

时过境迁，气候稍暖，在一些同情他们的大臣的努力下，朝廷发出了召回刘柳等仍然贬谪在外的五司马的诏令。江湘逐客终于等来了北归的春讯。

柳宗元和刘禹锡又见长安，又见故人。抚今思夕，不禁感慨万千。而最令人叹息的是，去时红颜少年，归来鬓已星星。回想逝去的时光，不禁生出一种

■ 柳宗元祠

柳宗元画像

只争朝夕的紧迫感。

这次归来，他们有云开雾散的感觉，对建功立业也有着许多希冀。心情的愉悦激起了他们的游兴。在倾城看花的日子里，刘禹锡和柳宗元也来到了玄都观。看到一院桃花，想起春风得意的衮衮诸公，刘禹锡触景生情，写下了那首著名的《元和十年，自朗州承召至京，戏赠看花诸君子》：

紫陌红尘拂面来，无人不道看花回。
玄都观里桃千树，尽是刘郎去后栽。

虽然以桃花花品不高而轻蔑之，是刘禹锡一贯的审美取向，但诗中表现的戏谑、嘲讽之意，也是十分明显的。

事态的发展完全出乎他们意料。只在长安待了一个月，他们又再次一道出京为刺史，这一去更加遥远。柳宗元去的是柳州，刘禹锡去的则是最为蛮荒险恶的播州，也就是今天的遵义。

惊闻此事，柳宗元悲从中来，泪下如雨，不是为自己，而是为朋友。他深知，跋山涉水，一路颠簸地前往播州，刘禹锡风烛残年的母亲断然是有去无回。而撇下老母无人奉养，刘禹锡也一样难逃不孝的恶名。

柳宗元悲愤于这种积毁销骨的迫害，不忍见朋友穷愁无措，断然决定上疏，请求自往播州，换刘禹锡去柳州，即使因此获罪也在所不惜。多亏重臣裴度从中周旋，柳宗元去了柳州。

挚友相携出了长安，一路南行，来到衡阳。分手在即，经历了几个月来的大喜大悲，重又置身荒烟故道，柳宗元潸然泪下，赋诗《衡阳与梦得分路赠别》，为自己，也为朋友叹息。

十年憔悴到秦京，谁料翻为岭外行。
伏波故道风烟在，翁仲遗墟草树平。
直以慵疏招物议，休将文字占时名。
今朝不用临河别，垂泪千行便濯缨。

本是少年得志，却偏偏仕途偃蹇，功业无成。看大雁北飞，感归程无望。听哀猿悲鸣，觉愁肠寸断。面对同样伤恸的友人，刘禹锡以《再授连州至衡阳酬柳柳州赠别》诗作深情作答：

去国十年同赴召，渡湘千里又分歧。重临事异黄丞相，三黜名惭柳士师。归目并随回雁尽，愁肠正遇断猿时。桂江东过连山下，相望长吟有所思。

友人情深义重的答诗，让柳宗元心潮起伏。他们今日一别，山高水远，前路茫茫，相见何时！如能归隐田园，比邻而居，那将是一种什么样的幸福啊！

柳宗元依依不舍，一气写下了《重

翁仲 原本指的是匈奴的祭天神像，大约在秦汉时期就被汉人引入关内，当作宫殿的装饰物。初为铜制，号称"金人""铜人""金狄""长狄""遐狄"，但后来却专指陵墓前面及神道两侧的文武官员石像，成为2000年来上层社会墓葬及祭祀活动重要的代表物件。

361

发扬光大

宽人律己

■ 刘禹锡塑像

■ 刘禹锡墓

别梦得》和《三赠刘员外》：

重别梦得

二十年来万事同，今朝岐路忽西东。

皇恩若许归田去，晚岁当为邻舍翁。

三赠刘员外

信书成自误，经事渐知非。

今日临岐别，何年待汝归。

朋友的每一句话都像是从自己心底涌出，刘禹锡百感交集，遂有《重答柳柳州》，《答柳子厚》作答：

重答柳柳州

弱冠同怀长者忧，临岐回想尽悠悠。

耦耕若便遗身老，黄发相看万事休。

答柳子厚

年方伯玉早，恨比四愁多。

会待修车骑，相随出尉罗。

至善至美的崇高道德

柳宗元以安邦之才出刺荒州，尽职尽责，颇有惠政。闲暇时，两人依旧相互关怀，诗文唱和。柳宗元留下的100多首诗中，题赠刘禹锡的就有10多首。

他们出任刺史的第四年，刘禹锡痛失慈母。柳宗元3次派人往连州致祭，致书殷殷相劝，并约定待刘禹锡扶柩归乡至衡阳时亲往吊唁。但就在这时，刘禹锡又见到了从柳州来递送讣告的信使。

刘禹锡展读友人辞情哀苦的遗书，痛不欲生。柳宗元书中托以抚孤之事。因此，就在旅途中，刘禹锡含悲忍痛，安排柳宗元的后事。他驰书韩愈，托其为共同的朋友撰写墓志铭，接着又向死者生前好友分送讣告。

刘禹锡一回到洛阳，立即去柳州吊唁，并写下《祭柳员外文》。

363

发扬光大

宽人律己

■ 柳宗元祠堂

柳宗元雕像

8个月后，柳宗元归葬万年先人墓侧，刘禹锡携亡友遗孤前去祭奠，又写下《重祭柳员外文》。从此，他不负重托，视友人子如同己子，抚养成人，并呕心沥血编辑柳宗元诗文集，传之于世。

此后的20多年，刘禹锡辗转四川、安徽任刺史。虽然最终又回到朝中，出任翰林学士、太子宾客、检校礼部尚书等显职，但他早已是意兴阑珊。而对友人的怀念，并未随时光的流逝烟消云散。

柳宗元和刘禹锡之间的友情，体现了儒家"五伦"中所说的友谊，有如夜空中的明月，有如黑暗中的烛光，一直照亮着古代文坛与政坛的一片天空。

至善至美的崇高道德

阅读链接

柳宗元被贬官来到柳州任刺史，为柳州黎民百姓办了很多好事，如重修孔庙、兴办学堂书院、破除巫神迷信、开凿饮用水井、释放抵债奴婢、植树造林等，促进了柳州地方文明的发展，在历史上产生了深远的影响。

作为柳州历史上名垂青史的好官，柳宗元就像一根风中的残烛，燃烧自己，照亮荒芜。他付出的精力和做出的贡献，是令人怀念，不能遗忘的。柳州的百姓非常怀念他，给他立祠，千百年来一直祭祀他。有关他的传说广为流传。

吕端宰相肚里能撑船

中华民族笃实宽厚的传统发展至宋代，依然在人格的培养上发挥着巨大作用。北宋时期著名官员吕端，为人宽厚忠恕，颇有气量，被世人誉为"宰相肚里能撑船"；处事坚持原则，被宋太宗赵光义赞为"大事不糊涂"。堪称这一时期的典型。

吕端，是一个很有气量的人。他在相位的时候，曾经遭到奸臣陷害，被削官还乡为民。他得旨后二话没说，便和书童背上行囊，挑上书籍，离开京城向家乡走去了。

吕端在路上行走数日，回到自家门口时，见家中正在设宴摆席大办喜事，原来是为老

宋朝吕端画像

弟结婚设宴，有不少当地官吏和豪绅赴宴。这些人见吕相爷回来了，又是大礼参拜，又是再上厚礼，直弄得吕端哭笑不得。

吕端见此情景，只好当众言明真相："我吕端现在已被革职还乡为民了！"

谁曾想到，吕端的实言出口，竟使得那些势利眼的官吏和豪绅们个个脸色突变，有的目瞪口呆，有的斜眼相视，有的甚至拿起所送礼品离坐而走了。正在这时，村外传来了马蹄声声，原来是皇上派御史来给吕端下旨。

吕端全家跪在地上静听，大家的心怦怦地跳着，有各种各样的猜想。唯有吕端本人心中有数，猜出十之八九。

只听御史宣旨道："吕端回朝复任宰相，钦此！"

刚刚散去的那些豪绅，闻听吕端又官复原职了，个个面红耳赤，张目结舌，心中着实难堪。只好重新相聚，拉下脸皮，回到吕府重新送礼贺喜，支吾其词，听不清说了何等言语。

吕端对于这些势利眼们的行为，表面上无动于衷，可心中暗自发

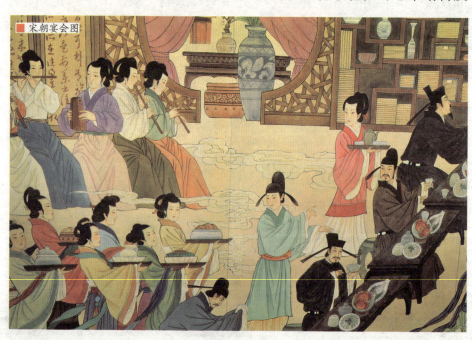

宋朝宴会图

至善至美的崇高道德

笑。在这些官吏当中，有本县的七品知县。他坐着轿子走后复返，忙跪在吕端面前，一边像捣蒜锤似的给吕端叩头，一边自己打自己的嘴巴："相父，我不是人，大人不怪小人过。"

■ 宋太宗画像

吕端的书童很是生气，上前揪住那知县说："大胆狗官，竟敢戏弄我家相爷，摘去你的乌纱帽！"

书童此举，吓坏了那个知县，他双手紧捂头上的乌纱帽。吕端这时上前拉住书童道："不要这样！"

书童很生气地说："相爷，像他这样的势利眼，不能饶恕！"

吕端对书童说："此言差矣！他知道自己做错了事，我们就应高兴，不必惩罚他了。我们何必强迫别人做他自己不想做的事情呢？"

听了吕端的话，那位知县感到非常内疚，忙说道："相爷呀！相爷，你可真是宰相肚里能撑船哪！来，相爷，兄弟的喜事咱们重新操办，我给新娘抬轿子去。"

吕端闻听此言，心想，我倒看看知县做何游戏。谁知那知县真的让新娘坐上花轿，亲自和三班衙役们抬着轿子，吹吹打打地沿村转了一圈，弄得吕端大笑，笑这些势利眼们的所作所为。

御史 史，是古代一种官名。先秦时期，天子、诸侯、大夫、邑宰皆置，是负责记录的史官、秘书官。唐代有侍御史、殿中侍御史、监察御史。宋代与唐代同。国君置御史，自秦代开始，御史专门为监察性质的官职，一直延续至清代。

■ 宋太宗赵炅画像

枢密使 唐代后期始置，以宦官充任，五代时期改由士人充任，后又逐渐被武臣所掌握，办事机构也日益完善，枢密使把军政大权握于一己之手以便宜从事，职掌范围扩大到了极限。宋代枢密使制又发生了变化，其任职者由五代时期的武将逐渐转为以文官担任，职权范围逐步缩小。

从那以后，"宰相肚里能撑船"这句话就传开了，一直传至今天。

吕端"大事不糊涂"，是宋太宗多年体察吕端后对其处世为人的一种无可辩驳的评价，而且也确实反映了吕端的人品和才干的真实情况。

有一年，朝中大臣李惟清被宋太宗从掌管全国军事的枢密使位子上换下来，去当负责监察百官的御史中丞，虽然是平调，但实际权力发生了变化，他认为是吕端在中间使坏，于是就趁吕端有病在家休息，没有上朝的机会告了吕端一个恶状。

事情传到吕端耳中后，吕端不以为然，既没有去对皇帝表白，也没有去找李惟清算账，而是淡淡地说："我这一辈子行得正、坐得直，没有做什么对不起人的事，又怎么会怕什么风言风语呢？"

对吕端这种不与人计较的坦然心态，当时的很多人认为他"糊涂"。

在吕端刚刚担任参知政事的时候，一个小官由于平时听多了吕端"糊涂"的传闻，对他很不服气。有一次吕端从文武百官前面经过，这个小官以很不屑的口吻说："这个人竟也当了副宰相了？"

吕端的随行人员觉得很不公平，要问那个人的姓名，看看是干什么的。

吕端制止说："不要问，你问他，他说了我也就知道了，而我一知道，对这种公然侮辱我的人便会终生不能忘。着意地去报复对我来说是肯定不会的，但以后如果有什么事涉及他，撞到我手里，想做到公正对待也一定很难。所以，还是不知道的好。"

吕端这种"君子不念恶"的举动，反映他自我修养的高尚境界。但在世人眼中，自然又被看成了"糊涂"。就在众人都认为吕端是个糊涂人时，宋太宗却认为这都是一些小事，吕端只不过是小事上糊涂罢了，遇有"大事不糊涂"。

那还是宋太宗在世的时候，宋太宗的身体有病，就安排了后事，立赵恒为太子，以备将来由他继位，执掌宋朝天下，并且让吕端负责太子的学习和生活起居等项事宜。

宋太宗病情严重的时候，又下诏说："朝中大事要先交给吕端处理，然后再上报给我。"这一道谕旨，无疑是宋太宗对吕端的更大信任和重用。而吕端也确实没有辜负皇上的重托。

在当时，朝中有一些内侍和大臣，对皇上去世后由谁来继位发生分歧，甚至演变成一场宫廷斗争。

朝中有个内侍叫王继恩，怕太子继位后对他不利，就起了歹心。他联络参知政事李昌龄，殿前都指挥使李继勋、知制诰胡旦等人，谋划另立太子，以便让他们认为合适的人继承王位。

宋太宗去世后，皇后命王继恩召见吕端。吕端已经觉察到了可能有什么变故，就叫手下把王继恩锁在自己府中，派人加以看管，不许他出入，然后自己急奔朝廷。

吕端到朝廷后，皇后对他说："现在皇上不在世了，按说立太子就是为了让他继承王位，这也是合乎情理，顺理成章的事情，看看现在应该怎么办才好呢？"

吕端听罢皇后的话，就毫不犹豫地说："先帝立太子就是为了今天，现在先帝走了，我们怎么能做违背先帝之命的事情呢，对于事关国家前途命运的大事，不能有什么异议。”

皇后听了吕端的话，就让太子赵恒继承了皇位，就是宋真宗。

宋真宗第一次登殿时，垂帘接见朝臣。当吕端率众臣前来殿中觐见时，众臣宁可站在殿下也不拜。

这时，皇后问吕端：“众臣因何不拜？”

吕端说：“请把帘子卷起来，让皇上坐在正位上，让我们看清楚了再拜。”

皇后就让宋真宗照吕端所说，卷了帘子，坐到正位上去了。吕端看清楚了皇位上坐的确实是真宗无误后，才率群臣跪拜，并且山呼万岁。接着，宋真宗对阴谋另立太子的那几个奸佞，一一做了处置。宋真宗的地位更加稳固了。

吕端果然是大事不糊涂，在太子继位、新皇帝坐正位等问题上，时刻保持着清醒的头脑。由此，他也赢得了宋真宗的极大信赖。

吕端一生经历了北宋时期的三代帝王，在40年的宦海生涯中几乎没有受到什么冲击，最后得以善终，这与他“宰相肚里能撑船”的胸襟是分不开的。更重要的是，他在大局、大节问题上毫不糊涂，从来都是心明眼亮。

至善至美的崇高道德

阅读链接

吕端在相位上也就是几年的时间，他就主动奏请圣上将相位让给了寇准，由寇准接任宰相，吕端自己又做了参知政事，而这是一个有相职无相权的谋事官职。后来，寇准也做了参知政事，按理说吕端在前，寇准在后，其名次排列是没有什么可争议的。可是吕端偏偏奏明圣上要求把自己列在寇准之后，并得到了恩准。

吕端不计名利地位，遇事顾全大局，处事以清廉简洁为原则，在当时传为佳话。

厚德载物

明清时期发扬了传统儒学的积极因素，促进了儒学的发展，也促使笃实宽厚的民族精神焕发生机，使之更加贴近生活，指导着人们的思维方式和行为模式。

这一时期，继承和发扬了笃实宽厚传统美德，涌现出很多具体的人和事，比如明代杨翥的邻里和睦、吕留良的以德自律、徐光启的务实进取、唐寅的谦虚谨慎，还有清代顾贞观的注重友情等。

在他们的身上，显示出儒家厚德载物这一思想精神对人性的升华，标志着人类文明进步到了一个相当的程度。

杨翥宽厚睦四邻

杨翥石刻像

明禮部尚書謚清介楊公翥
仲舉知人
久敬善友
晚達攀龍
天禄礼厚

明代继承和发扬了笃实宽厚传统美德，涌现出许多感人的故事。其中杨翥以宽厚的胸怀促进邻里和睦，被传为佳话。

杨翥，字仲举，明朝人。少年时，父母双亡，跟随兄长当戍守兵士，又在学馆当先生，后经杨士奇推荐，任翰林院检讨，升迁为礼部尚书。他为官清正廉明，体恤民意，为人笃实敦厚，宽容忍让，为当时推举，后世称道。

杨翥处处关心他人，顾及别人利益，能设身处地替邻居着想。明景帝朱祁钰未登皇帝大位时，杨翥是太子宫中的官吏。他住在京城，平时因事外出，却从来不坐轿子，只是骑一头毛驴。

杨翥的邻居是一位老头，快60岁的时候生了个儿子，老来得子，夫妻自然非常高兴。但这个孩子一听到杨翥的驴子叫就哭个不停，搞得全家人都不得安宁。老人没有办法，只好去向杨翥反映情况，建议杨翥外出还是坐轿子为好。

■ 杨翥画像

杨翥问邻居老人："您为什么想要让我坐轿子，而不想让我骑毛驴呢？"

邻居老人说："我家孩子怕您的驴叫，每次听到驴的叫声，他都哭闹不停。孩子出生时间不长，他太小了，我担心孩子被吓坏了。真要这样了，那我也不想活了！"

杨翥的儿子，当时在旁边听见了，不满意地插嘴对邻居老人说："你养你的孩子，我父亲骑自己的驴子，原本挨不着的事儿，怎么能限制我们骑毛驴呢？"

杨翥马上阻止儿子插嘴，然后他和颜悦色地对老人说："好吧，我知道了，我明天就让驴子不叫了，您就放心吧！"

邻居老人走后，杨翥的儿子不服气地问："你能让驴子不叫吗？驴子不叫，它还是驴子吗？"

杨翥笑着说："呵呵，我还真能让驴子不叫。"

轿 一种靠人扛或畜载而行，供人乘坐的交通工具，曾在东西方各国广泛流行。就其结构而言，轿子是安装在两根杠上可移动的床、坐椅、坐兜或睡椅，有篷或无篷。轿子最早是由车演化而来。轿子在中国大约有四千多年的历史。据史书记载，轿子的原始雏形产生于夏朝初期。因其所处时代、地区、形制的不同而有不同的名称。如肩舆、兜子、眠轿、暖轿等。

■ 杨翥宽厚待邻

到了第二天早晨，杨翥便让仆人把驴子牵到集市上卖掉了，从此外出，均改为步行。

有一年夏天，有一段时间阴雨不停，积水把邻居家的院墙冲坏了，出现了一个洞口，雨水从洞口流到了杨翥家院子里，致使杨翥家如同发水一般，遭受水灾之苦。

杨翥的仆人每天打扫庭院，见大量雨水流了进来，院子没法收拾，就打算同邻居评理。

杨翥说："毕竟还是下雨天少，晴天多，何必引起争吵呢？"

仆人说："现在满院子都是水，几乎连下脚的地方都没有，也根本没法收拾。"

杨翥劝仆人说："先这样吧，毕竟总是下雨的时候少，晴天的时候多。"

由于杨翥的宽厚忍让，这件事情也就这样过去了。

杨翥做修撰的时候，住在京城。他的一个邻居丢失了一只鸡，指骂说是被杨家偷去了。杨翥的仆人气愤不过，把此事告诉了杨翥，想请他去找邻居理论。

杨翥说："此处又不是我们一家姓杨，怎知是骂的我们？随他骂去吧！"

久而久之，邻居们都被杨翥的宽容忍让所感动，纷纷到他家请罪。有一年，一伙贼人密谋欲抢杨翥家的财产，邻居得知此事后，主动组织起来帮杨家守夜防贼，使杨家免去了这场灾难。

邻里贵在和睦相处，但矛盾总会存在。杨翥不在意邻家雨水之害，也不在意邻居失鸡的点姓叫骂，总是假装糊涂和有意忍让。这看似容易，其实很难，正因为如此，才看出杨翥的德行和度量。

杨翥具有宽容和谦让的高尚品质，这是一种难能可贵的人生境界。事实上，杨翥在生活中常常遇到人际矛盾，但他为人处世宽宏大量，气度不凡，不计较小事，表现了他的超人的洒脱。他的宽宏忠厚，受到了世人的广泛赞誉。

375

精神升华

厚德载物

阅读链接

明清时期的金水河，主要作用是供宫廷用水和防护城垣，即所谓"金城汤池，深沟高垒"。除此之外，朝廷为了人们方便通行，就在金水河上建好了桥。

金水桥建成后，皇帝下诏书命令："金水河桥成，诏宣有德行者试步。"意思是推选有德行的人，最先从桥上走过。

明代宗这一建议，得到众多廷臣的拥护，廷臣公推杨翥，为第一个试步过桥人。这显然是一件无上光荣的事。这个故事肯定了杨翥宽以待人，严于律己的高尚德行。

吕留良题联自警

　　严于律己，务实立德，一直是笃实宽厚传统美德的重要内容之一。明末清初著名学者吕留良就是一个典型。

　　吕留良，明末清初著名思想家，时文评论家和出版家。他幼时即颖悟绝人，读书3遍就能不忘，8岁能文，10岁就与士子往来。顺治时应试为诸生，后隐居不出。康熙时期拒应清代朝廷的鸿博之征，后削发为僧。

　　吕留良有个朋友叫倪鸿宝，两个人都是读书人，在学问上分不出高低，都有点名气。

　　一天，倪鸿宝来访。在客厅里，吕留良和他一边品着茶，一边纵谈古今，气氛十分热烈。谈着谈着，倪鸿宝眼睛扫到了客厅墙上的一副对联：

吕留良画像

囊无半卷书，唯有虞廷十六字；
目空天下士，只让尼山一个人。

意思是说：我什么书都不去看，只有虞廷16个字；在读书人里我谁都瞧不起，只有孔丘一人，我让他一筹。

倪鸿宝琢磨着这副对联，在心里笑了笑，脸上露出不以为然的神色。他知道，所谓"虞廷十六字"，指的是《尚书·大禹谟》中的"人心惟危，道心惟微，惟精惟一，允执厥中"。尼山，指的孔子。

倪鸿宝心里暗想：吕留良以圣贤自居，口气太大，太狂妄了，哪有什么"允执厥中"的味道呢？倪鸿宝回到家里，叹息一番，针锋相对地写了一联：

孝若曾子参，方足当一字可；
才如周公旦，容不得半点骄。

意思是说：一个人孝如曾子参，只不过是做到了为人道德的一个方面；才能如周公旦，也不应有半点骄傲。

不久，吕留良回访倪鸿宝，一到书房，就看到了这副对联。他知道，曾子参是孔子的学生，以孝顺父母出名；周公旦是周武王的弟弟，有名的贤相。很显然，这副对联是针对自己客厅里那副对联写的，一时

精神升华

厚德载物

倪鸿宝（1593—1644），原名倪元璐，明末官员、书法家。字汝玉，一作玉汝，号鸿宝，浙江上虞人。1622年进士，历官至户、礼两部尚书。李自成入京时，他自缢而死。书、画俱工，他所画山水，山皆峻增兀岈，林木则苍莽葱郁，皴法喜用大、小斧劈，总不屑描头画角，以取媚于人。

明代倪鸿宝的《玉梅图》

觉得很尴尬，举止言谈都有些失态。

这一切倪鸿宝都看在眼里。为了缓和气氛，倪鸿宝赶忙让座让茶，讲了很多客套话。

吕留良心里不得劲儿，坐了不多久，便借故告辞了。吕留良回到家里，仔细一想，倪鸿宝讲的确实有道理，是自己太骄傲了，实在是不应该的。于是，立即撕下原来那副对联，重新写了一副客厅联：

效梅傲霜休傲友；
学竹虚心莫虚情。

意思是说：做人应该像梅一样在白雪面前骄傲地绽放自己的美丽，但在亲朋好友面前不要骄傲；要学习竹子的虚心才能历经风霜而不倒，但千万不能虚情假意。

从此以后，吕留良和倪鸿宝的交往就更密切了。

联品可看人品。吕留良和倪鸿宝的两副对联，表现了两人不同的品格和胸襟。而吕留良能够以对联自警，体现了他闻过则改，见贤思齐的儒家风范。

阅读链接

在浙江省桐乡市崇福镇中山公园的吕园内，有一座吕晚村纪念亭，此亭静静地矗立在吕园中央的绿树丛中，仿佛在向游人默默讲述当年吕留良的抗清之举。

吕晚村纪念亭正中基座上，竖有高约两米，宽0.7米，厚0.2米的纪念石碑，碑的正面刻"先贤吕晚村先生纪念碑"10个大字，由中国教育界先驱蔡元培亲笔题写并撰联，碑的背面刻有介绍吕氏生平简要事迹的碑文。吕晚村纪念亭的存在，表达了后人对这位中华精英的崇高敬仰和深深怀念。

顾贞观赋词救挚友

在笃实宽厚传统美德中，友情常常发挥出惊人的力量。清代文学家顾贞观就在友情力量的驱使下，做出了令世人震惊的大义之举。

顾贞观和清初著名诗人吴兆骞同为江南才子，一个填词，一个作诗，在清代初期的文坛上崭露头角，名气大震。早在青年时代，他们就诗酒交往，过从甚密，或蠡湖泛舟，春郊驰马；或围棋击筑，谈诗论文，志趣相投，肝胆相照。

1657年，吴兆骞参加江南乡试，考中举人。当时不断有人揭发考场弊端，引起顺治帝震怒，决定

顾贞观画像

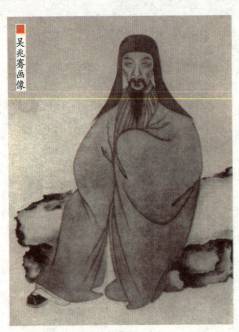
吴兆骞画像

钦定试期，亲加复试。

吴兆骞和其他所有中举者一起被押往北京复试。在考场上，除考官罗列监视外，还在堂上摆着桎梏等刑具，堂下排列着举刀持棍的武士，而且每个举子身边还有两个护军夹立监视。

在这种气氛下，吴兆骞虽有才华，也受到环境的影响未能终卷，结果以舞弊定案，被杖责40大板，送至8000里外的宁古塔去戍边。当时的宁古塔，几乎不是人间，几乎就没有人能够从那里出来。

顾贞观为好友蒙受不白之冤感到悲伤。当顾贞观接到吴兆骞从戍边寄来的信，得知他戍边的苦况，不禁凄伤流泪。

1671年冬，在北国一个寒夜，吴兆骞万万没有想到，在流放10多年的荒蛮之地见到了好友顾贞观，两人抱头痛哭。当下，顾贞观对吴兆骞许下诺言：5年之内，一定帮助好友重归江南故里。

顾贞观回到北京后，多方奔走，倾心相救遇难之友，不惜放下所有做人的尊严，为赎金集资叩拜侯门，但事情却没有进展。

1676年冬，顾贞观寓居北京千佛寺，于冰雪中感念良友的惨苦无告，作《金缕曲》二首。《金缕曲·季子平安否》写道：

季子平安否？便归来，平生万事，那堪回首！
行路悠悠谁慰藉，母老家贫子幼。记不起，从前杯酒。
魑魅搏人应见惯，总输他，覆雨翻云手，冰与雪，周旋久。

至善至美的崇高道德

泪痕莫滴牛衣透，数天涯，依然骨肉，几家能够？

比似红颜多命薄，更不如今还有。只绝塞，苦寒难受。

廿载包胥承一诺，盼乌头马角终相救。置此札，君怀袖。

《金缕曲·我亦飘零久》写道：

我亦飘零久！十年来，深恩负尽，死生师友。

宿昔齐名非忝窃，只看杜陵消瘦。曾不减，夜郎僝愁。

薄命长辞知己别，问人生，到此凄凉否？千万恨，为君剖。

兄生辛未吾丁丑，共些时，冰霜摧折，早衰蒲柳。

诗赋从今须少作，留取心魄相守。但愿得，河清人寿！

归日急翻行戍稿，把空名料理传身后。言不尽，观顿首。

　　词中的那份对至爱亲朋的侠肝义胆，感动了纳兰性德。顾贞观作此词不久，结识了当朝相国纳兰明珠的儿子纳兰性德。22岁的纳兰性德是一个人品和文品都不错的人，但他对顾贞观提出解救朋友的要求却觉得事关重大，很是为难。顾贞观这时拿出了《金缕曲》给他看。

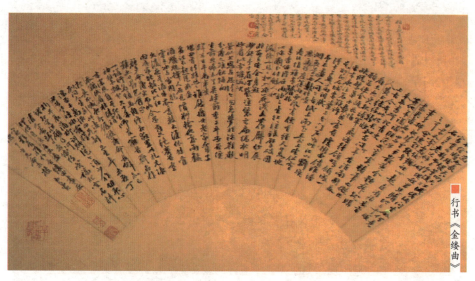

行书《金缕曲》

纳兰性德一读之下，竟是泪倾如雨。他对顾贞观说："不欲成此举者，非人也！给我10年时间，我把这事当作自己的事来办。"

顾贞观一听急了，几乎喊着说："10年？他还有几年好活？5年为期，好吗？"纳兰性德含泪点头应允了。

后来，至情至义的纳兰性德果然信守诺言，与其父襄助重金，终于在1681年使吴兆骞活着回关内。

51岁的吴兆骞入关后，人们看到的是一个形容枯槁、发须皤然的老翁，在宁古塔的凄苦生活，使他过早地衰老了。纳兰性德把吴兆骞留在家中担任授读，可惜他54岁时就因病逝世了。

顾贞观写给吴兆骞的二阕《金缕曲》，因为纳兰性德在祭吴兆骞的文中曾说，"金缕一章，声与泣随，我誓返子，实由此词"，所以被人传诵为"赎命词"，成为清词中的压卷之作。

顾贞观与吴兆骞之间的惊世友情，是以性命相托的生死之情，也是情深义重的朋友的一种形态。由于它体现的是友情的极致，温暖淳厚，诚朴恬淡，绵绵悠长，因而成为人间友情佳话，至今仍被人们所传颂。

至善至美的崇高道德

阅读链接

在宁古塔众多的流人中，文学造诣最高，名气最大的是吴兆骞。他54年的生命中，在宁古塔生活了22年，这个"塞外绝域"的山山水水，风土民情深深地留在了他的记忆中。他将自己戍居塞外的不同思绪，写成著名诗词集《秋笳集》和《归来草堂尺牍》流传于后世，让今天的人们有幸了解当时的东北和宁古塔。

仁者乐山，智者乐水。流放在宁古塔的文人，时而相聚饮酒赋诗，时而又寻密探幽，登临山水。他们寄情于山水之间，是被流放人的苦中之乐。

勤俭廉政

民族的共同价值取向

古代廉政思想博大精深，它的基本内涵是：廉洁是官员的品德，施政是官员的能力。尧舜禹及召公所践行的"为民父母"的公仆精神，从根本上昭示了"廉政"这一命题的思想。

至春秋战国时期，孔子、老子、墨子等人提出了从政道德方面的要求，也涌现了一批著名的廉吏，如季文子、孙叔敖、晏婴、西门豹等，成为了这一时期廉政思想和廉政建设的主要代表人物。也使"廉政"思想在5000年思想史中，进一步发展成为民本、德治、勤政、节用等施政理念。

廉政源流

公仆意识

廉政思想的萌芽状态

　　古代廉政思想，是在先秦时期萌芽和兴起的。这一时期包括原始社会、夏、商、周、春秋和战国几个阶段。

　　在原始社会，由于生产力水平极端低下，人们只有依靠集体力量共同劳动才能维持生存，因而在氏族内部财产公有，平均分配，没有私有制、阶级和剥削，也无国家与法律，人们的社会地位平等。

■ 原始人生活场景

正如《礼记·礼运》记载：

大道之行也，天下为公，选贤与能，讲信修睦。

意思是说：在大道施行的时候，天下是人们所共有的，把有贤德、有才能的人选出来给大家办事，人人讲求诚信，崇尚和睦。

原始社会晚期，氏族和部落首领没有什么特权和君主独尊的意识，相反地，"为民父母"的原始公仆意识是相当强烈的。这种公仆意识的产生，就是中国廉政思想的最初萌芽。

《孟子·梁惠王上》记载："为民父母，行政，不免于率兽而食人，恶在其为民父母也！"意思是说：身为百姓的父母官，施行政事，假如等同于率领野兽来吃人，这又怎能算是百姓的父母！

氏族和部落首领不仅广泛地听取民众的意见，而且还以戒言或名言的形式去诲人律己。

轩辕黄帝在《诲颛顼》中写道："爰有大圜在上，大矩在下，汝能法之，为民父母。"意思是说：有皇天在上，大地在下，你能够效法它们，可以做人民的父母官了。

尧在《尧戒》中写道："战战栗栗，日谨一日，人莫踬于山，而踬于垤。"意思是说：做事应该兢兢业业，每日都要谨慎从事。否则，人不会被高山绊

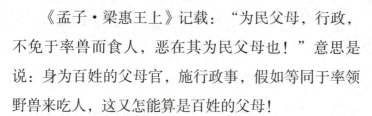

尧 上古五帝之一，史称"唐尧"。他是原始社会末期的部落联盟长。他得到帝位以后，便在唐县伏城一带建立了第一个都城，后来迁都平阳。他当政时期，天下安宁，世风祥和，因此，人们将帝尧的时代视为农耕文化出现飞跃进步的时代。

倒，却会被小土堆绊倒。

廉政的先决条件是廉吏，因此对官员的选择至关重要。在这方面，氏族和部落首领们认为：继承人必须有极好的德行，足以做百官和庶民的楷模；继承人必须能经受住各种艰难困苦的考验而不后退，因日后他是千万臣民的公仆，而不是高压于人上的至尊；继承人必须有智慧，谋事周到，能提出非常正确的施政意见。

尧对选择继承人十分严肃认真，也十分严格。尧曾经询问四方诸侯之长："你们之中谁能顺应天命，我把天子之位让给他。"

四方诸侯之长回答是："我们的德行卑下，不配登上天子的大位。"随即向尧推荐舜。

尧问舜的德行如何，诸侯们回答说："他是乐官瞽叟的儿子。他父亲心术不正，他的母亲善于撒谎，他的弟弟十分傲慢，虞舜却能和他们和睦相处，并以自己的孝行感化他们，都使他们改恶从善了。"

舜即位后，也曾经召集四方部落首领商议选任一批公职人员。有人推荐皋陶，舜告诫他说："只有公正廉明才能使人心服。"

有人推举伯夷做主持典礼的官员，舜采纳了这个建议，但他同时叮嘱伯夷说："要清明正直。"舜还对那些其他新任命的公职人员说："你们要小心谨慎啊！要时刻记住上天交付给我的事业，要竭尽全力辅助好。"

舜时代提出从政者要有9种品德："简而廉，刚而塞，强而义，乱而敬，扰而毅，直而温，宽而栗，柔而立，愿而恭。"

意思是说：平易近人又坚持原则，做事主动坚决又有节制，能力强又能协调好关系，处事公平而持重，耐心随顺又极其果敢，严于律己又宽以待人，行事谨慎如履薄冰，办事方式柔和而又立场坚定，与人为善又严肃负责。

依照这些品德，舜不仅要求自己公正廉明，还每3年考核一次这些公职人员的政绩。经过3次考核后，清正廉明的就升迁，否则就降级。由于舜加强了廉政建设，百官尽力，百姓满意，于是一切事业都振兴起来了。

禹继承了舜的帝位后，也表白了自己的廉政理念。他说："民无食也，则我弗能使也，功成而不利于民，我弗能劝也。"意思是说：老百姓家里没有吃的东西，我就无法支使他们；事情做成了，却对老百姓没有好处，我就无法激励他们。

尧舜禹均能时时刻刻自检自律，可谓是积极的自我监督。同时，他们以自己的行政理念来倡导勤俭廉明之风，促使了廉政思想的萌芽。

廉政思想真正兴起，是在奴隶制时期。自从建立了第一个奴隶制国家夏王朝后，加上商、周、春秋和战国时期，这是历史上的奴隶制时期。

在夏、商、周时期，奴隶主阶级一方面为了维护自身的根本利益和长效管理，开始寻求实现长治久安的有效途径；另一方面，随着奴隶制国家机器的逐步

伯夷 炎帝神农氏的第十四世孙，大约生活在公元前2300年前后。伯夷曾担任颛顼帝的大祭司，后为第一代太岳。太岳即华山，因炎帝之裔崇拜天神，以为山高接天，可通天神，故称之"太岳"。后因祭祀天神缘故，产生了太岳这一官职。

■ 尧帝禅让

发展完善，管理效能的日益强化，奴隶主阶级不得不对被管理者的行为进行必要的限制。

奴隶主阶级已经认识到了"民不畏死"，对待人民的反抗，必须加强国家政权自身的建设，其中就包括廉政建设。这样，奴隶主阶级中的一些有识之士，开始陆续提出了一些有关廉政建设的思想主张，廉政思想便在当时的政治思想领域内开始逐步兴起。

至春秋战国时期，各诸侯国争霸战争连年不断，加剧了各国之间的政治斗争。同时，新兴的地主阶级开始登上了历史政治舞台，对各国的奴隶主贵族政权成了强有力的挑战。在这种背景下，奴隶主阶级进一步加强了廉政建设。

这一时期的廉政思想，主要表现在以下两个方面：一是以奴隶制国家政权整体作为规范对象，主张在一定程度上调整改善管理政策；二是以从事政治活动的管理者个体作为规范对象。

伴随着春秋战国时期社会大变动和文化大繁荣，廉政文化得到了进一步发展，使廉政思想有了更加广阔的发展空间。

至善至美的崇高道德

阅读链接

尧在禅位于舜之前，决定先对其考察一番。尧把自己的两个女儿娥皇、女英嫁给舜，从两个女儿那里考察他的德行，看他是否能理好家政；派舜负责推行德教，看看臣民是否都乐意听从他的教诲；让舜在明堂的四门，负责接待四方前来朝见的诸侯；让舜独自去山麓的森林中，经受大自然的考验。

经过3年各种各样的考察，尧觉得舜这个人各方面都很成熟可靠，而且能够建树业绩，于是决定将帝位禅让于舜。尧退位避居，28年后去世，人们深挚地怀念他。

召公首先成为廉洁官吏

尧舜禹的"为民父母"的公仆意识，在周代的召公身上得到了鲜明的体现。

召公，周武王姬发的弟弟。因他的采邑在召，故称"召公"，又称"邵公""召康公""太保召公"。召地位于现在的陕西省岐山县西南。

公元前1100年，周武王在灭商3年后去世，他的儿子姬诵即位，这就是周成王，是西周王朝的第二代国王。因当时周成王年仅13岁，便由周公和召公两人辅政。

周公和召公两个人以陕即今河南省陕

■召公 姓姬名奭，周文王的儿子，武王的弟弟。曾辅助周武王灭商，被封于燕，是后来燕国始祖。因最初采邑在召，故称召公。周成王时，他出任太保，与周公旦分陕而治，陕原以东的地方归周公旦管理，陕原以西的地方归他管理。他支持周公旦摄政当国，支持周公平定叛乱。他的后代中有人继承了召公的称号，还辅佐了周厉王。

嵩山 位于河南省西部,灵宝市、陕县南部,向东延伸的余脉称为邙山。古代将嵩山与函谷关并称为"嵩函"之塞,是山峰险陡,深谷如函的形象表达。相传召公曾经来到嵩山为百姓寻找水源,栖息在甘棠树下,留下了传颂千古的"甘棠风范"。

县张汴原为界,分陕而治,召公主西。周公、召公分陕而治的界石,又称为"分陕石柱",它是中国古代历史上最早的界碑。

召公以人为本,爱民如子,俭以奉身,正道直行,仁厚威重,政肃民清,从侯爵伯爵到老百姓,每一个人都有适应的职位,没有失业的,人人安居乐业。

召公为官清廉,勤政爱民,以纣为戒,免除暴政,轻徭薄赋。所辖区域,政治清明,社会安定,百姓安居乐业,民风淳朴。

召公还常常不辞辛苦,下乡巡视察看,在田间地头处理民间事务,了解百姓疾苦,奖励农桑,山岭留下了他的足迹,村寨常现他的身影。凡遇民间诉讼,他都仔细察明,秉公决断。

■ 召公雕塑

那时黄河经常泛滥,气候干旱成灾。召公就在甘棠树下和百姓一起寻找救灾大计,共谋抗旱方略。鼓励青壮年奋力自救,攀山越岭,寻找水源。

一天,召公来到嵩山一带,太阳落山,为了不打扰百姓,他就在甘棠树下,搭一草棚住下。地方官吏要让百姓腾出房屋让他歇息,召公马上制止,他说:"不劳我一身,而劳百姓,这不是仁政。"

因此，召公就在山野的棠树下休息，摘吃棠梨果子解渴充饥，并告诫地方官吏："这甘棠树真好，浓荫郁郁葱葱，果实甜酸可口，百姓劳作累了，可以歇息解渴，要让百姓好好保护它，不要乱砍滥伐，把它做柴薪。"

百姓闻听此事，盛赞召公体恤民情，广施惠政，深得民心，并编成《甘棠》等诗来歌颂召公。

■ 周公庙内的召公像

《诗经》里有《甘棠》诗一首，其诗写道：

蔽芾甘棠，勿剪勿伐，召伯所茇。
蔽芾甘棠，勿剪勿败，召公所憩。
蔽芾甘棠，勿剪勿拜，召伯所说。

意思是说：棠荫茂盛树荫长，千万别砍伤，召公曾用它做房。棠荫茂盛树荫长，千万别砍劈，召公曾在此休息。棠荫茂盛树荫长，千万别动手，召公曾在此逗留。

这首诗虽然没有华丽的词语，只有朴素的情感，但这是老百姓发自心声的歌谣，更是老百姓对召公深深的思念。小小甘棠，默不作声，因沐浴了召公清风，成了勤政爱民的象征。由此可见，得民心者永恒。

《诗经》是汉族文学史上最早的诗歌总集，先秦称为《诗》，共305首，取其为儒家经典、沿用至今。《诗经》中诗篇所涉及的地域，主要是黄河流域，西起陕西和甘肃东部，北至河北西南，东至山东，南及江汉流域。

■ 召公庙

至善至美的崇高道德

姬钊 即周康王，周成王之子。姬钊与其父姬诵统治期间，社会安定、百姓和睦，被誉为成康之治。姬钊继位时，召公为他举行了隆重的登基仪式。召公又做了一篇文章，告诫姬钊要节俭寡欲，勤理国事，守住祖先的基业。

《甘棠》入选《诗经》绝非偶然。《诗经》是纯粹的民歌，劳动人民口传口唱的歌，可见一个人真正地为人民做了好事，真正的为政清廉，人民是不会忘记他的。一种伟大的精神是要依靠生息着的民众的拥戴，是依靠社会主流的支撑与包容而继往开来的。精神本来是无形的，而融汇与吸纳的形式和流程，却是可见的。

周成王在去世前，恐怕太子姬钊不能胜任，于是，就命召公率领诸侯辅佐，姬钊就是后来的周康王。姬钊登基时，召公率诸侯带着太子姬钊来到先王庙祭典。召公又做文章告诫姬钊："先祖成就王业不易，一定要勤政为民，专志诚信，节俭廉洁，不可有过高的欲望。"

姬钊继位后，向诸侯宣告先王之德，遵先辈所行，清正廉明，励精图治。所以，天下太平，百姓安居乐业，一切刑罚放在一边，40年派不上用场。这些与召公的辅佐是分不开的。

召公去世于康王时期，那时，周王朝已相当稳固了。召公历经周武王、周成王、周康王三朝，他为维护周王朝政权所作的努力，经受了时间的考验，这是对他的政绩的最好说明。

召公没有留下巨著鸿篇，也没有留下警世名言，甚至没有能够留下只言片语。然而，他却把自己留给了皇皇3000年历史，留给了一代一代生息繁衍的中华民族的子孙。

人们为了感念召公的恩德，集资在陕州即现在的三门峡市陕州风景区内建"召公祠"，栽甘棠树，使召公载誉天下，留传百代。后来，"召公棠"这一典故，用来称颂惠政及管理者的惠施惠行。

召公勤政爱民的"甘棠风范"，为官清廉的美德被人们世代流传。后人评价召公功绩说："所幸周之有召公，若汉之有萧何，镇国家，抚百姓，给馈响，不绝粮道，方有周公三年之征，久战克胜。"

召公为政，具有既正己身复能正人，问政阡陌，爱民如子，劳己不劳民，为公不为私的精神。这种精神是后世清风之源，而召公则为天下廉吏之祖。

阅读链接

当年周武王伐纣灭商以后，封召公为右相，召公便在现在的陕西省宝鸡市扶风县召公镇开设公馆，栽植甘棠树。他在馆内聚集子仆、兵士、当地百姓讲学论道，习周公之礼，论学问之道，开创了周代"学在官府"的教育模式。

召公有一大爱好就是喜欢栽植菊花，众人知其爱好多助他栽植，在当地逐渐形成菊花园。每到秋季，菊花一开，金黄一片，观赏者络绎不绝，当地逐渐形成了一个小集镇。后来，人们就把此地的名字叫"召公""召村"或"菊村"。

季文子的廉洁勤俭作风

　　先秦时期，除了孔子、老子、墨子等思想家对廉政的论述与实践，还有诸侯国许多贤臣廉吏，在自己思想实践中，践行了他们对廉政的理解与认识。春秋时期鲁国贵族、著名外交家季文子就是其中之一。

季文子铜像

　　季文子在鲁国久执国政，历经鲁宣公、鲁成公、鲁襄公三君，是对鲁国发展具有重要影响的人物。

　　季文子的父亲季友和他的二哥庆父、三哥叔牙是历史上有名的季孙氏、孟孙氏、叔孙氏"三桓"势力的老祖。"三桓"名声不好，可季文子的廉政清明以及他的"三思而后行"的思想，却得到后世的肯定。

　　鲁宣公执政期间，季文子当了宰相。他除去了制造内乱的东门襄仲，驱逐了他的儿子公孙归父，使国内有了一个较稳定的环境；他推行"初税亩"，开始按占有田亩多少征税，迈出了从奴隶赋税制向封建赋税制过渡的一步；他请求晋国出兵，并和晋在鞍邑打败了齐，收回了被齐侵夺的隆邑；他建立鞍邑之战胜利纪念馆，以此让公室不忘国耻，树立胜利的信念。

■ 孟献子画像

季文子在政治上取得了很大的成绩，而他对自身修养的要求则更为后人重视。他以廉洁俭朴的形象在诸侯列国中形成了很好的口碑，被诸侯列国奉为廉吏楷模。

季文子崇尚俭朴，以节俭为立身的根本。他穿衣只求朴素整洁，除了朝服以外没有几件像样的衣服。每次外出，所乘坐的车马也极其简单。与此同时，季文子还要求家人也过俭朴的生活，家中没有穿丝绸衣服的妾，厩中没有喂粮食的马。这在钟鸣鼎食之家，确实极为少见。

有一次，季文子家中来了一位贵宾，这位贵宾非常赏识季文子的才华，见他案头的文具过于陈旧，特地为季文子送上一套非常考究的文具。

季文子见人家一片诚意，因而对客人风趣地说道："您看我居室中哪样东西能和您这礼物相比呢？我一向用惯了旧物件，要是一下子用上您这东西，恐怕文思会大减的。我看您还是留着自己用吧！"

初税亩 是春秋时期鲁国在公元前594年实行的按亩征税的田赋制度，规定不论公私田，一律按亩收税。它是私有土地合法化的开始，从律法的角度肯定了土地的私有制，使中国历史从奴隶社会向封建社会的发展迈出了关键的一步。

■ 季文子雕像

就这样，季文子硬是让他把礼品收了回去。

季文子以鲁国执政的身份而大兴节俭之道，为鲁国政治带来了一股清新的风气，并在客观上起到了表率的作用。

鲁国政治家孟献子有个儿子叫仲孙它，经常出入季文子这位长辈家中。仲孙它血气方刚，看到季文子这样节俭，很不理解他为何过这样的日子，并认为这有损于鲁国形象。

有一次，仲孙它带着疑惑的神情质疑季文子说："您身为上卿，德高望重，但我听说您在家里不准妻妾穿丝绸衣服，也不用粮食喂马，您自己也不注重容貌服饰，这样不是显得太寒酸，让别国的人笑话您吗？这样做也有损于我们国家的体面，人家会说鲁国的上卿过的是一种什么样的日子啊？您为什么不改变一下这种生活方式呢？这样于己于国都有好处，何乐而不为呢？"

季文子听后淡然一笑，对仲孙它严肃地说："我也希望把家里布置得豪华典雅，但是看看我们国家的百姓，还有许多人吃着粗糙得难以下咽的食物，穿着破旧不堪的衣服，还有人正在受冻挨饿，想到这些，我怎能忍心去为自己添置家产呢？如果平民百姓都粗

上卿 古代官名。春秋时期，周朝及诸侯国都有卿，是高级长官，分为上、中、下3级，即上卿、中卿和下卿。战国时作为爵位的称谓，一般授予劳苦功高的大臣或贵族。相当于丞相即宰相的位置，并且得到王侯、皇帝的青睐。

茶粗衣，而我则装扮妻妾，精粮养马，这哪里还有为官的良心！况且，我听说一个国家的富强与光荣，只能通过臣民的高洁品行表现出来，并不是以他们拥有美艳的妻妾和良骥骏马来评定的。既然如此，我就不能接受你的建议。"

这一番话，说得仲孙它满脸羞愧之色，只得红着脸走开了。

季文子把此事告诉了孟献子。孟献子不仅是个很正直的官员，也是个不简单的父亲，他把儿子仲孙它在家关了7天让他面壁思过。

仲孙它终于迷途知返，认识到了自己的错误，效法季文子，积极改过。从此以后，他十分注重生活的简朴，妻妾只穿用普通布做成的衣服，家里的马匹也只是用谷糠、杂草来喂养。

季文子听闻仲孙它改过之事，赞赏地说："犯了

孟献子 春秋中期鲁国外交家，政治家。他一生侍奉过鲁宣公、鲁成公、鲁襄公三代，三朝为相50年。他执政时期，为政清廉。他说过一句政治名言："有车马可乘的人家，不贪图鸡、猪的利息，豪门贵族不去追求牛羊的收入，大国之卿不可养聚敛财富的家臣。"孟献子的这段廉政宣言，后来被选入儒家的经典《大学》之中。

廉政源流

公仆意识

■ 鲁国赋税改革官员蜡像

错误能及时改正的人，就可以成为人上之人了。"后来提拔他为上大夫。

在"礼崩乐坏"的春秋时期，身处政治斗争旋涡之中的季文子为什么能够做到清廉节俭？关键在于他办事总是"三思而后行"。凡事总要做到有备无患，这是季文子稳妥周全的行事风格。

季文子有一次打算要出使晋国，在准备好聘礼之后，又让随从准备些丧事之礼以应急。随从都不理解其中的原因，季文子就解释给他们说："备而不用是古人留下的善言名句。如有急需而却没准备，那情况就太难堪了，多预备点没什么害处。"

同样在节俭这一问题上，季文子也是一思再思。他认为，节俭是爱民的出发点，力行节俭，才是国家治理的正确途径。廉洁和节俭不仅仅是个人生活作风问题，也蕴含着政治生活中的大道理。

孔子听到弟子谈论季文子的事迹后说："对于季文子这样的人来说，想两次也就可以了。"

孔子的意思是说，季文子审慎多思与行事缜密，对这样一个人，再要求他慎思，只怕会过犹不及。

慎思之，明辨之，是儒家一贯主张。孔子对季文子的"三思而后行"是持积极而肯定的态度的。孔子在设坛讲学的过程中，曾以季文子、子产等享誉一时的人物为例，给弟子们阐述做人为官之道，希望弟子通过他们自己的努力，建立像季文子等人那样的品行和功业，进而实现他们的政治抱负。

公元前568年，季文子因病逝世，鲁襄公前往吊唁，发现随葬品都是些案头、橱中破旧的东西，不禁问道："家中难道不舍得拿出些值钱的东西陪葬吗？"

季文子家人听罢摇头答道："家中实在没有一件金、玉等贵重物品。"

鲁襄公不解地问道："为什么不购置一些来呢？"

季文子的管家听罢，含着泪说："国君，我家主人一生节俭，还常为国事而解私囊，家中一点点积蓄也没有。如若不信，这里有账可查。"管家向国君奉上季文子家的账簿。

鲁襄公边看边点头，随行的不少官员亲眼看见这样的情形，也都大为震撼。此事传至百姓中，人们都夸赞季文子品德高尚。季文子作为堂堂三朝元老不但没有什么积蓄，甚至连丧葬用品都准备不齐，这确实让人感叹不已。

季文子廉洁节俭，得到了后世极高的评价。西汉时期史学家司马迁借用"君子"的话称他既"忠"又"廉"，"忠"说的是他对鲁国政治与外交的贡献，"廉"则是对他生活作风的褒扬。

季文子作为朝廷重臣，能够注重个人修养，廉洁勤俭，不仅在鲁国的内政外交中发挥了重要作用，更为后世树立了廉吏的楷模，受到后人不断的赞誉和尊崇。他的"三思而后行"的思想，也一直影响着后世。

阅读链接

季文子去世后，没有葬在季氏私邑的费地，而是葬在离鄁国只有3000米的神峰山。鄁国是夏代少康给他小儿子姒曲烈的封国，因鄁、鲁关系密切，季文子一直担心鄁国的安全，因此葬在了神峰山。这里背负鲁国群山，面向鲁南平原，山上清泉长流，山前泇水环绕，是一风水宝地。

鄁国人为了怀念他，特别把埋葬季文子的神峰山命名为"鲁卿山"，后人们又称鲁卿山为"文峰山"，在其墓地前又建立季文子庙，并将文峰山东鄁城西面的泇水支流河叫"季文子河"。

西门豹除恶俗兴水利

在先秦时期的廉吏中，西门豹是个地位相对较低的地方官员，但他的为政举措，别出心裁，政绩显著，完全可以和季文子、孙叔敖、晏婴等人的勤俭廉政精神相媲美。

西门豹，战国时期魏国人，故里在今山西运城盐湖区安邑一带。

西门豹半身像

他是魏文侯时期著名的政治家、水利家，为治理邺县立下赫赫功勋，使之成为当时魏国的东北重镇。

公元前445年，魏文侯作为魏国的第一代君主登位。此时的魏国，已初步建立了君主集权的国家制度。但魏国的旧势力仍然相当猖獗，疆土纷争依然经常发生。

魏国的邺县靠近漳河，毗邻赵国，是军事战略要地。但漳河连年泛滥，两岸百姓深受其害，以致邺县非但不能起到外御强敌的作用，反而成为魏国的肘腋之患。因此，魏文侯总想委派一名得力的官吏去管理邺地。

西门豹因其胆识超群，明达干练，并积极参与李悝的政治改革运动而深得魏文侯的信任。于是在大臣翟璜等的推荐下，魏文侯决定任命西门豹为邺令。

■ 魏文侯画像

赴任前夕，西门豹深知自己此次身兼重负，又知道自己平时脾气比较急躁，易动肝火，特地找了一根柔软而富有韧性的熟皮带佩在腰间，时时提醒自己欲速则不达，遇事应缓而静思，克服性子急躁的毛病。从此，一位举止稳健、精力充沛的地方官吏出现在漳河两岸。

西门豹身着便服，不露声色地来到邺地民间，召集当地一些乡邑老者，问他们有关老百姓痛苦的事情。原来，在当地民间流行着一种古老的恶俗：每年为河伯娶妇，将年轻貌美的女子活活淹死，结果不仅不能避灾息祸，反而造成城中空无人迹的景象。

不屈服于旧习惯势力的西门豹来了个将计就计。以惊人的胆识和谋略，用"以其人之道，还治其人之

李悝（前455—前395年），战国初期魏国著名政治家、法学家。曾任魏文侯相，主持变法。李悝变法是变法之始，引发了古代历史上第一次轰轰烈烈的全国性变法，为奴隶制向封建制的过渡铺平了道路。后来的商鞅变法、吴起变法等，无不受到李悝变法的影响。

身"的计策，揭穿了"为河伯娶妇"的鬼把戏，智惩巫婆和三老。同时又用事实教育百姓移风易俗，改造自然，从根本上制止了三患之中的人为之害。

从此以后，在邺地没人再敢提为河伯娶妇的事，也没有人再相信为河伯娶妇就能消灾了。

西门豹深刻认识到，倘若只治人为之害，而水患不除，邺县的面貌则不能彻底改观。因此，西门豹毅然决定率领民众开渠筑堤，引漳灌田。

邺地位于太行山东部的冲积平原，自西向东流经邺地汇入黄河的漳河，一到雨季就会因泄洪不畅，水位暴涨，经常泛滥成灾，造成田园冲毁、人畜死亡的惨痛景象。

如何治理这条多灾多难的漳河，变祸水为福水，成为西门豹破除"为河伯娶妇"的迷信恶俗之后要做的又一件大事，事关百姓幸福和农业生产的发展。

西门豹先后多次请当时的一批能工巧匠出谋划策，然后又身先士卒，带领大家溯流而上，饮风沙、蹚泥泞、观地势、察水脉，披星戴月，备尝艰辛。在

三老 是古代掌教化的乡官。战国时期魏国有三老。通常作为一种职务的名称，即具备正直、刚毅、柔克3种德行的长者。推举这种长者来担任。一般来说权力、任务类似族长之类，只是族长的对象是一个宗族，三老往往是地域性质。

那些长途跋涉的日子里，他常常是渴饮沟渠水，饥餐农家粥，身体力行，事必躬亲。

西门豹徒步勘察了漳河两岸的村落，殚精竭虑、呕心沥血，一幅治理漳河的宏图，也渐渐地成竹在胸了：沿漳河开挖12条水渠，引流分洪，蓄水灌溉。

在生产力还十分落后的战国初期，要想同时开挖12条水渠，其工程之艰巨是可想而知的。一时百姓心存疑虑，以至于怨声四起。西门豹又走村串户，谆谆诱导，反复强调开渠的利与益，他坚信，现在挖渠引水，父老乡亲会因此受些苦难，但他们将来一定会明白的。

由于西门豹总是晓之以理动之以情，不厌其烦地向人们解释，终于他的治水宏愿得到了越来越多的百姓的理解和支持，甚至出现了父母送子、妻子送夫上工地的感人情景。

在西门豹的率领下，一支浩浩荡荡的治水大军，在漳河两岸安营扎寨。顷刻间，彩旗猎猎，车水马龙，治水工地上呈现出一派热火朝天的劳动景象。

邺城遗址

漳河水渠

西门豹治水如治军，纪律严明，秋毫无犯，有功必赏，违法必究。他自己更是身先士卒，从不擅离工地，日夜辛劳在治水的第一线。即使到了夜深人静的时候，他还要打着火把到施工现场巡视，查看工程质量，若发现问题，便及时下令更改。

寒来暑往，斗转星移。在西门豹亲自督促下，邺地百姓经过数载埋头苦干，12条大水渠终于修成了。每条水渠不仅有调节水量的水门，而且还分别筑坝多处，便于日常取水。为了不妨碍交通，每条水渠上建起了桥梁。

治理好了漳河，农田得以旱涝保收，邺地产粮高于当时魏国的其他地区，逐渐富庶起来。百姓生活逐渐得到了改善，原先的穷乡僻壤开始呈现出一派兴旺景象，逃亡他乡的贫民也纷纷重返故土。

可以说，"漳河十二渠"既是古代劳动人民集体智慧的结晶，更凝结着邺令西门豹的心血。

"漳河十二渠"是春秋战国时期最著名的四大水利灌溉工程之一，也是黄河流域出现较早的灌溉工程，对后世治理水患、应用水利起到了积极作用。据史书记载，西门豹的引漳灌渠，直至汉代还在发挥利民效益。

西门豹除了治理漳河外，为官也十分清正廉明，而且执法严明。在当时，由于西门豹治漳河时有人反对，而且总有些法令会得罪一些权贵，自然更遭人嫉恨，也不断有人在魏文侯面前说他的坏话，巴不得魏文侯将西门豹革职罢官。为了查明事实真相，魏文侯决定亲自到邺地视察。

魏文侯到了邺地，看到沟渠交错，庄稼茂盛，但查看粮仓和府库时，果然如人所告：粮仓里不见颗粒粮食，府库里不见丝毫钱财，兵库里不见一矛一盾，衙门里也不见有人审理公务。

于是魏文侯责问西门豹："当初翟璜推荐你任邺令，希望你能有所作为，想不到你把邺地治理得这么乱，你若能说明其中原委倒也罢了，否则削官问斩！"

西门豹不慌不忙地答道："臣听说有作为的国君富民，图强霸的国君富武，只有亡国的国君才富府。我以为大王现在是想做一个富国强兵的君主，所以我实行蓄积于民的措施。这样说大王也许不信，请允许我登上城楼，擂响战鼓，大王所要的甲兵粟米可立即备好。"

魏文侯听了半信半疑，便由西门豹陪同一起登上了城楼。

当西门豹擂完第一通鼓时，只见邺城军民个个顶盔贯甲，挽弓荷箭，披挂而列。当第二通鼓声擂罢，一支有牛车装载、百姓肩挑背负的运粮大军已立即赶到城楼脚下。

魏文侯看了惊喜不已，对西门豹说："我现在明白了，请下令收兵吧！"

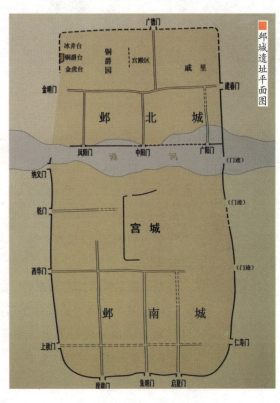

邺城遗址平面图

西门豹便摇了摇头，摆手道："不行，我与老百姓之间有约法规定，讲究信誉，绝非一日之功。现在既然已擂动出征的战鼓，却又接着下令收兵，今后邺地的军民就不会听命于我了。"

说到这里，西门豹斩钉截铁地向魏文侯请战："燕国经常侵扰魏国八城，臣请北击，收复失地。"

魏文侯同意了西门豹的请战要求。于是，西门豹带领将士北上攻击燕国，很快收复了被燕国侵占的土地。邺地也从此成为保卫魏国边境的一道坚固屏障。

总的来说，西门豹作为一个地方官吏，能够以大无畏的精神，智破迷信除恶习，带领百姓兴修水利，发展农业生产，巩固社会基础，确实值得后人景仰，人们都把他看作春秋战国时期一位不可多得的地方清官。

至善至美的崇高道德

阅读链接

西门豹为治理邺县建立了历史性的功勋，深受人民爱戴，人们为了纪念他，在河南安阳市安阳县安丰乡北丰村修建了西门豹祠，属于古邺城遗址的一部分。西门豹祠堂，历史上曾称为"西门豹祠""西门大夫庙""邺二大夫祠"等，今俗称"西门豹庙"。

为了表示对西门豹的敬仰，后世的人们还修祠在河北省临漳县建有邺令公园。公园的正门，按照汉代阙的风格建设，大门两侧是临漳古代历史上"铜雀飞云""百阳荷凤"等八景墙，还配建了许多辅助设施。

黄霸为政外宽内明

汉代初期推行教化治国，因而教化大行其道。在以教化为己任的官员中，黄霸可算是一位佼佼者。

黄霸，是西汉时期著名大臣。他性情温良懂得谦让，为政外宽内明，力劝耕桑，推行教化，治为当时第一。

黄霸自幼学习法律之学，有大志，喜欢做官，年轻时就成为乡里豪杰。汉武帝末年，他因纳钱以待诏的身份被赏官职，管理郡国钱粮的出入之数。后因为官廉正，又精明能干，足智多谋，富有领导才能，升任河南郡太守丞，成为辅助郡守县令的主要官吏。

黄霸善于观察，思维敏捷，又通晓法律，温和善良又能谦让，足智多谋，善于驾驭众人。他担任太守丞时，处事及议论都符合法律、人心，

黄霸画像

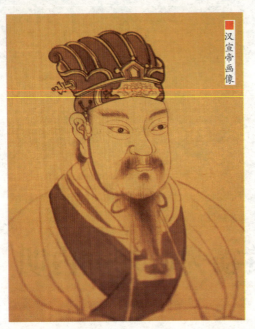
汉宣帝画像

太守非常信任他，吏民也都爱戴尊敬他。

汉宣帝即位时，听说黄霸执法公平，便征召黄霸担任廷尉正。黄霸在任上多次决断疑难官司，众廷尉都称赞黄霸公平。不久，宣帝又下诏以德行最优命其担任颍川太守。

在当时，颍川郡管辖20个县，有好几个县的居民聚集，围攻县府，郡太守逃往京城向汉宣帝求救，要求派武将镇压"刁民"。黄霸就是在这种情况下走马上任的。

黄霸不坐轿，不骑马，不鸣锣开道，而是微服私访，骑着骡子带一个管家进入了颍川地界。一路上，他看到逃荒要饭的百姓一拨又一拨，就和这些百姓聊起来，问他们为何背井离乡。

逃荒者说他们的土地被豪强恶霸掠夺去了，无田可种，不逃荒就得饿死。黄霸问为何不去县衙告状，逃荒者哭诉：进衙门告状，未开口先挨打，谁还敢去啊！

黄霸明白了，不是颍川"刁民"难弄，而是豪强恶霸作祟。于是他向汉宣帝写了一份奏章，火速发往京城，恳请皇上恩准在颍川开仓放粮，把颍川郡几万流亡农民安置好，这样皇上的新政新法令就能在颍川实行，颍川的"刁民"也就治理好了。

汉宣帝答应了这个合情合理的要求。所以，黄霸到颍川第一件事就是出安民告示，教化百姓，学习法令。并还派人到邻县和官道上贴告示，号召流亡农民回乡，凡回家开荒种田者发放粮食，发放种子，免税免劳役。

至善至美的崇高道德

为了赢得百姓的信任，黄霸带头脱掉官服官靴，下地拉犁耕地。他的做法一传十，十传百，外出逃荒的流亡农民纷纷回来了。

为了让流亡农民安心，不再外逃，黄霸责令各县县令安置逃荒者，有违者重罚，不听者革职，并到各县暗自察访，检查督促。

他训令各县：

> 流亡农民不想造反，也不想背井离乡去逃荒。各县应该明白，这些逃荒流亡农民既是劳动力，又是社会不稳定的因素，把这些流亡农民安置好了，也是你们尽心尽职的政绩。

黄霸到颍川上任，不光安抚平民百姓，还着力对官员进行教化，让他们心服口服。他把颍川郡20多个县令叫到大堂来，让他们一个个背诵汉宣帝的新政新法令"六条问事"，会背诵的就放走，不会背诵的留下来读。他说连皇上的新政新法都不懂，如何去治理百姓？这一

■ 黄霸教化官员

■ 汉代人劳动壁画砖

招比打20板子还疼。

有一个县令读"六条问事"读得浑身发抖跪在地上，磕头如捣蒜地说："大人，我认罪，我错了，请大人赏我一个全尸。"因为他的所作所为与"六条问事"条条沾上了边，如按法惩办，必死无疑。

黄霸认为，考察的目的应在防患于未然，而不是事发后的追究与处理。所以，那个县令和其他20多个县令个个心悦诚服。

所谓"六条问事"是考察地方官员的标准，内容包括不许"田宅逾制""背公向私""侵渔百姓""聚签货赂"等。黄霸到任后将这"六条问事"法令在大街小巷到处张贴，大张旗鼓地宣传，老百姓知道了，人人感恩皇上，让官吏自觉遵守。

为了培养和稳定官员，黄霸大力推行教化，让他们在职位上长期工作，并尽职尽责，从不轻易替代，以避免损伤长吏。

有一个姓许的县丞，年老体衰，患有耳病，督邮将此事告诉太守黄霸，并建议赶走他。

黄霸说："许县丞是廉洁的官吏，虽然年纪老，还能做接待迎送的工作，只是稍微耳聋，有什么妨碍呢？姑且好好帮助他，不要伤了贤者的心啊！"

有人问这么做的缘故，黄霸认为，频繁地更换长吏，送别旧人和迎接新人，以及有的奸诈官吏在交接之际藏匿簿书，盗窃公家的财务，致使耗费非常大，而这些耗费都是从百姓那里取得的。况且所更换的新官吏又不一定贤良，有的还不如旧官吏，只是相互增加乱子。

他说："大凡治理之道，不能太过苛求。"因此，坚持以教化的方式对待职官。

黄霸安抚了平民百姓，教化了官员，待经济上打下了一定基础后，又开始打击豪强地主、恶霸、地痞。凡证据确凿，便狠狠地打击，让他们补足拖欠朝廷的税款，返还强占百姓的土地、粮食、牲畜、房屋。

当然，黄霸也不忘教化他们，给他们出路，让其全家老小开荒种田，自食其力。其他豪强地主害怕了，便老老实实上缴税收，偷偷地返还强占来的土地，黄霸也就不再追究。

黄霸又鼓励农民种树、养猪、养鸡鸭、养蚕桑，并下令禁止用粮食喂马，把汉宣帝的休养生息政策逐一贯彻落实，使百姓安居乐业而感恩皇上。

这一方法也使那些顽固不化的豪强地主不敢轻举妄动，因为他们害怕背上反抗朝廷的罪名。

黄霸在颍川大刀阔斧、布施恩德，经过几年的精心治理，颍川出

汉代牧畜画像砖

现了"田者让畔、道不拾遗"的太平景象，实现了汉宣帝倡导的国家安治。而黄霸也因为他的外表宽厚而内心清明，得到了官吏和百姓的爱戴。

汉宣帝认为黄霸是良吏中政绩保存时间最长的优秀者，于是下诏称赞他：

> 颍川太守黄霸，宣布诏令，百姓向往教化，子孝、弟悌、妇贞、孙顺一天比一天增多，耕作者相让于田界，道不拾遗，看顾鳏寡之人，供养贫穷之人，有的监狱八年没有犯大罪的囚犯，吏民向往教化，品行道义兴起，可称得上是贤人君子了。

汉宣帝认为黄霸贤能，封爵关内侯，赐黄金100斤，俸禄2000石。黄霸却把100斤黄金捐献给颍川郡治理河道，自己分文不留。此后不久，汉宣帝征召黄霸担任太子太傅，后迁升为御史大夫。

黄霸的才能在于擅长管理百姓，东汉史学家班固评论说："自从汉朝建立以来，要讲治理百姓的官吏还是数黄霸第一。"

阅读链接

黄霸在做颍川太守时，曾经派过一位属吏深入到民间了解当地的民情。属吏出去后不敢在驿站停留，在道旁进食时，乌鸦抓走了他要吃的肉。这情形恰巧被想到太守府上讲述事情的人看到了。

属吏回来后拜见黄霸，黄霸欢迎并慰劳他说："你非常辛苦！在路旁进食却被乌鸦把肉叼走。"

属吏大惊，认为黄霸全部知道他的行踪，因而对太守所问的极小的事情都不敢隐瞒。

黄霸了解事情的细致到了这种程度，官吏百姓都不知道他用的是什么办法，全称赞他神通英明。

古代廉政思想发展至隋唐宋时期，已经形成了多措并举的执政理念。尤其是在三朝初期，君臣们都较为开明，倡俭倡廉成为他们的治国方略。

隋文帝提倡节俭，推行仁政，以至于出现了"开皇之治"。唐代政治家狄仁杰的为官德政，为世人所传颂，而开元初年的宰相卢怀慎同样受到了人们的称赞。北宋开国皇帝赵匡胤以节俭带动廉政，还出现了包拯这样的廉吏。他们的许多措施，对当时社会的繁荣昌盛产生过积极作用，也为后世树立了廉政形象。

俭以养廉

卢怀慎清正廉洁之风

历史上的盛世一般出现在开朝初期，执政者为了稳定新生政权，大力推行廉政建设，恢复国力，休养生息。唐代的开元盛世，就是由于廉吏们的执政精神，才带来了百业昌盛。开元年间的卢怀慎，也和狄仁杰一样，在中国廉政思想史上留下了重重的一笔。

卢怀慎，经历唐中宗、唐睿宗、唐玄宗三朝，一向注重官德，受到了时人的称赞。

卢怀慎画像

卢怀慎清廉谨慎，生活节俭朴素从不经营资产。他虽然贵为卿相，常常将所得的俸禄和赏赐随手周济亲朋好友。而他的妻子儿女的生活则难免饥寒，他们住的房子因年久失修而不蔽风雨，便拿着帘子遮挡。每天吃饭，不过蒸豆两碗、蔬菜数盘而已。

713年，卢怀慎奉命去东都洛阳主持选才授官，随身用具只有一个布袋。不认识他的人，根本看不出他是一个大官。

卢怀慎在担任黄门监兼吏部尚书期间，薛王李业的舅舅王仙童侵害百姓，御史台调查掌握了他的罪行，已经申报立案，这时李业出面为之请求赦免，于是诏命紫微省、黄门省进一步核实。

薛王舅舅王仙童暴虐百姓，卢怀慎与姚崇上奏说："王仙童罪状十分明白，如果御史都可以怀疑，那么其他人怎么还能够相信呢？"于是结案。

■卢从愿像画

这件事影响很大，对全国上下那些违法乱纪的人起到了极大的震慑和教育作用，使一些嚣张的贵戚收敛了许多。

卢怀慎在黄门监任上，曾经病了很长时间。他躺在一张薄薄的破竹席上，门上连个门帘也没有，遇到刮风下雨，只好用席子遮挡。

宋璟和卢从愿经常去探望他。卢怀慎平素很器重宋璟和卢从愿，看到他们俩来了，心里非常高兴，留他们待了很长时间，并叫家里人准备饭菜。结果端上来的只有两瓦盆蒸豆和几根青菜，此外什么也没有。

卢怀慎握着宋璟和卢从愿两个人的手说："你们两个人一定会当官治理国家，皇帝寻求人才和治理国家的策略很急迫。但是管理国家的时间长了，皇帝身

黄门监 古代官名。713年改门下省为黄门省，其长官侍中为黄门监，5年后均复原名。隋唐时期门下省与中书省同掌机要，共议国政，并负责审查诏令，签署章奏，有封驳之权。其长官称"侍中"，或称"黄门监"，皆因时而异。其下有黄门侍郎、给事中、散骑常侍、谏议大夫、起居郎等官。

■ 宋璟画像

边的大臣就会有所懈怠，这时就会有小人乘机接近讨好皇帝，你们两个人一定要记住。"

宋璟和卢从愿走后，卢怀慎又抱病写了一个报告，向皇帝推荐了宋璟、卢从愿、李杰和李朝隐几个优秀人才，希望皇帝重用他们。后来，这几个人都在为官过程中发挥了一定的积极作用。

卢怀慎去世，家人在安葬他的时候，因为他平时没有积蓄，所以只好叫一个老仆人做了一锅粥给帮助办理丧事的人吃。

四门博士张星看到这种情况，就上书给唐玄宗李隆基说："卢怀慎忠诚清廉，始终以正直之道处世，对他不给予优厚的赏赐，就不能劝人从善。"

唐玄宗当时将要前往东都洛阳，看了张星的报告，很受感动，立即颁发诏书，予以褒扬。

诏书中说：

已故检校黄门监卢怀慎乃国家之宝，朝廷的济世之才，善于出谋划策，学问德行堪称楷模。和公孙弘辅佐汉室齐等，与季文子弼相鲁国相同。节操与古人相傍，勤俭诚实可以作为榜样。他冰清玉洁，家里没有金银宝物，清贫度日。

唐玄宗（685—762年），即李隆基。唐睿宗李旦第三子，母亲窦德妃。唐玄宗也称唐明皇。谥号"至道大圣大明孝皇帝"，庙号玄宗。在位期间，唐玄宗的一系列有效措施使唐朝的政治、经济、文化都得到新的发展，超过了他的先祖唐太宗，开创了中国历史上强盛繁荣、流芳百世的"开元盛世"。

至善至美的崇高道德

我顾念以往岁月，更感深切哀悼。应该像抚恤凌统的遗孤一样抚恤他的遗孤，像表扬晏婴的德行一样表扬他的德行。应该赏赐绢帛一百匹，粮食二百石。

唐玄宗回京师后，有一次打猎，来到一片破旧的房舍之间，发现有一户人家简陋的院子里，似乎正在举行什么仪式，便派人骑马前去询问。

派去的人回来报告说："那里在举行卢怀慎的周年祭礼，正在吃斋饭。"

唐玄宗决定赏赐给卢家细绢帛，并因此停止了打猎。在回来的路上经过卢怀慎的墓时，石碑尚未竖立，唐玄宗停马注视，潸然泪下。

唐玄宗回到皇宫，看了卢怀慎在病中写给他的报告，对他更加惋惜。诏命中书舍人苏颋为其撰碑文，并在碑上御笔亲书。不久，又追赠卢怀慎为荆州大都督，谥号为"文成"。

卢怀慎以清正廉洁精神自律，给当时的百官留下了深刻的印象，并成为一时风尚。此后百业昌盛、文化繁荣，有"开元盛世"的大唐成为屹立于世界的强国就不足为怪了。

阅读链接

开元元年（713年），卢怀慎与魏知古一同到东都洛阳主持铨选事务。不久，唐玄宗将卢怀慎召回长安，任命他为宰相，授为担任同中书门下三品。

开元二年（714年），卢怀慎代理黄门监。当时，薛王李业的舅父王仙童侵凌百姓，遭到御史弹劾。李业为他向皇帝求情，唐玄宗便命中书门下进行复审。卢怀慎与中书令姚崇奏道："王仙童的罪状清楚明白，御史的弹劾并无冤枉之处，不能对他放纵宽宥。"唐玄宗遂命结案，从此皇亲国戚都收敛气焰。

赵匡胤以节俭行廉政

北宋时期，儒家思想中的"廉"被封建士大夫奉为立身处世的根本，官员的为政思想道德追求也以"廉"为行为准则。当时能形成这样的道德风尚，是和开国皇帝赵匡胤的个人言行分不开的。

宋太祖赵匡胤不仅是大宋王朝的一代开国明君，还是一个倡导节俭并以身作则的皇帝。可以说，节俭成为他廉政建设中的重要内容。

■赵匡胤画像

赵匡胤当上皇帝后，并没有奢侈起来，而是深感廉政的重要。因此，他时刻以自身的节俭言行，来带动廉政建设向前发展，防微杜渐，力避腐败危及大宋王朝的基业。

每年七夕节，开封城里

非常热闹。在这个节日，赵匡胤常常送给自己的母亲和妻子几贯钱作为节日礼物，别的什么也没有。其实赵匡胤并不缺钱，当时开封的32个国库里装满了财物，但赵匡胤一点也不挥霍，生活一直很朴素。

赵匡胤平时穿的衣服都是很寻常之衣，上朝穿的衣服也是用普通绸布制作的皇袍，冠上没有珠宝玉饰。

有一次，赵匡胤把一件用麻做的衣服展示给身边的人看，说："这是我以前穿过的衣服。"

■ 赵匡胤雕塑

这时，赵匡胤的弟弟赵光义说："您的生活也太过于俭朴！"

赵匡胤严肃地说："你难道忘记了以前的艰苦生活了吗？"

此后，赵光义很好地延续了赵匡胤俭朴的生活作风，他即位后，成为宋太宗，仍然崇尚节俭的作风。

赵匡胤的御轿已经修理过好几次了，而且无装饰。皇后问他："陛下既已做了天子，怎么不乘坐一顶好的轿子，并用金银装饰一下呢？"

赵匡胤严肃地说："我以四海之富而富我，别说轿子，我管的金银就是装饰宫殿也用不完。但是天下的子民若都用金银装饰，则不能装饰一个纽扣。国家之财是天下百姓之财，我不能随便用。天子要以有余来

七夕节 农历七月初七。来自于牛郎与织女的传说，由于过往女子的命运只能嫁做人妇，相夫教子，因此不少女子都相信牛郎织女的传说，并希望以织女为榜样。所以每逢七月初七，她们都会献祭，祈求自己能够心灵手巧，获得美满姻缘。

■赵匡胤雕塑

皇亲国戚 皇亲：皇家的亲属。国戚：皇帝的外戚，即后妃的家族。泛指皇帝的家庭和亲戚。也比喻极有权势的人。

翠羽 本意为翠绿色的羽毛，如绿孔雀的羽毛，翠鸟的羽毛。孔雀的羽毛，因其色泽华丽富有翡翠的颜色，因此被作为历代皇室的供品。孔雀和翠鸟的羽毛，古代多用作饰物。

奉天下，以后你不要再说这种话了。"

此后，赵匡胤还是照样乘坐那顶修补过无数次的旧轿子。

赵匡胤不仅自己过布衣蔬食的俭朴生活，对他的子女也提倡节俭。赵匡胤的三女儿永庆公主喜欢穿漂亮的衣服。赵匡胤就对她说："你生长在富贵之家，现在的地位和生活已经够优越了，你应当珍惜这种幸福生活，不能身在福中不知福。怎么能带头铺张浪费呢？"

公主听了惭愧万分，忙跪拜称谢。

永庆公主出嫁后，经常出入宫中来看望父母。她的衣着比较讲究，穿一身昂贵的贴绣铺翠的短衣。这样的服饰在当时对于一位皇家公主来说，并不算过分。赵匡胤看到了，便对女儿说："自今以后，你不要穿这种衣服了。"

永庆公主辩解说："这能用多少翠羽呢？"

赵匡胤说："你穿这种衣服，浪费是一方面，皇亲国戚等贵族一定争相仿效。这样一来，京城中的翠羽便要涨价，小民为了逐利，辗转贸易，岂不使许多人舍本逐末吗？"

听了这番道理，永庆公主眼见这件属于自己的礼服被当成祸国殃民的东西，只好把它扔进了仓库。

有一次，永庆公主来到宫中，看到皇帝的轿子一点都不华贵，就劝赵匡胤用黄金装饰一下。

赵匡胤不但没有接受，反而非常生气地说："我拥有四海之富，宫殿可以用金银作装饰，这些随时可以办到。但我是为天下守财，岂可妄用？古称以一人治天下，不以天下奉一人。况且用来奉养自己，倒是快乐了，那么，使天下人怎么看呢？"

永庆公主又一次受到了节俭教育，此后的衣着打扮就朴素起来。赵匡胤看在眼里，心里很欣慰。

赵匡胤做了皇帝后，打了很多胜仗，却从未搞过一次大庆。从建隆元年至乾德和开宝年间，3次更改年号，从未搞过一次庆典。虽然当时的大宋国泰民安，社会和谐，赵匡胤却从未自诩过天下太平，他始终励精图治，开拓进取。

北宋平定了后蜀之后，后蜀的亡国之君孟昶到了开封，进献给赵匡胤一个精美绝伦的尿壶，上面装饰着七彩珠宝，名贵无比。

赵匡胤看到这个精美的尿壶后，把它摔到地上，让侍卫把它砸碎，并声色俱厉地对孟昶说："一个尿壶竟然如此奢华，那你用什么东西来贮藏食物？你如此骄奢淫逸，怎能不亡国？"

赵匡胤对两旁的大臣说："人人都应吸取这个教训，千万不要有奢靡的行为。"这件事，让满朝文武深受教育。

423

廉政于行 俭以养廉

■ 赵匡胤坐像

江南的吴越王来开封朝拜赵匡胤，献上一条罕见的犀角腰带。赵匡胤婉言拒绝了，并说："朕已有3条宝带了，这条还是你留着用吧！"

吴越王提出想看看这3条宝带，赵匡胤说："这3条宝带，一条是汴河，一条是惠民河，一条是五丈河。"

赵匡胤的节俭言行，有力地推动了廉政建设，流风所及，使朝廷大臣很受感动。宋代初期大臣中也有不少生活俭朴的典范，如宰相范质遵循规矩，慎重名器，保守清廉节操，成为节俭的典型。

皇帝、宰相都如此简朴，对当时的社会产生了极大影响，很多人自然也不敢过于奢侈了。当时的州县官去上任，大多穿着草鞋拄杖而行，骑驴已经算是奢侈的事情了。整个社会形成了崇尚节俭的良好风气。

赵匡胤居安思危、崇尚节俭，他以自身的行动，树立了廉政建设的典型，奠定了大宋基业，也使他成为了一个以身作则、倡导节俭的好皇帝。

至善至美的崇高道德

阅读链接

赵匡胤年轻时武艺超群，但他有武无德、不务正业，整天泡在赌场上吆五喝六，和赌徒们一起鬼混，输多赢少。父母和亲戚好友的规劝，他左耳进右耳出，根本不当回事。

一个盛夏的夜晚，赵匡胤在赌场上输得分文皆无，灰溜溜地走出来，昼夜狂赌使他口干舌燥，又饥又渴，正好路过一片西瓜地，便蹑手蹑脚、猫着腰进去偷瓜吃。结果让一老瓜农狠狠地教训了一顿，从此改邪归正，专心习文练武，最后成就了一番大业。

范仲淹教子勤俭持家

　　勤俭廉政是克己奉公的具体体现之一。北宋时期著名的政治家、军事家、思想家和文学家范仲淹的勤俭廉政思想，不仅在于他"忧乐观"的价值核心，更在于教子勤俭持家垂范后世。

　　范仲淹，苏州吴县人。他小的时候，家境非常贫苦，十多岁才上

范仲淹画像

学，读书很专心。年轻时就有远大的志向，常常把治理国家作为自己应尽的责任。他发奋苦读，有时晚上疲倦了，就用冷水洗脸。为了节省开支，他常常自己煮些粥，等它凝成冻子以后，用刀划成4块，早上吃两块，晚上吃两块，这就是一天的主食。

　　范仲淹后来到应天府南都学舍求学，同窗好友看他生活很清

■ 范仲淹像

苦，就从家拿来许多好吃的东西，几天后好友发现这些好吃的他一点也没动，就非常生气。范仲淹却说："我多年吃粥成了习惯，如果骤然吃起这么好的美味佳肴来，恐怕以后就再也不想吃粥了。"

就这样，范仲淹历经艰苦，刻苦学习，最后官至参知政事，但在他的生活中始终保持勤俭的作风。

范仲淹身为朝廷要员，却不忘家教，对孩子们要求得非常严格。

某年中秋节晚上，范仲淹的小儿子范纯粹问："爹，今天过节，咱们家怎么不吃好的呀！"

范纯仁对弟弟小声说："弟弟，爹爹有规矩，咱家不来重要客人，是不吃好东西的。"

范仲淹看着刚满5岁的小儿子范纯粹，感慨地说："唉，我小时候，你们的奶奶领着我逃难到了山东。后来上学，因为家里穷，每天只能喝两顿稀粥。刚开始做官的年月里，我的俸禄少，尽管我和你们的母亲省吃俭用，也没让你奶奶吃过什么好东西。后来我的俸禄多了，你们的奶奶又早已离开了人间。你们的奶奶真是苦了一辈子呀！"

说到这里，范仲淹的心里很难过。他看着孩子们，除了范纯粹仰着小脸听父亲说话，范纯仁、范纯

参知政事 原来是临时差遣名目，唐太宗时以李洎为黄门侍郎、参知政事，参知政事开始正式作为宰相官名。宋代，则演变成常设官职。参知政事协助宰相处理中枢事务有两种方式：一是几位参知政事并无具体分工，通盘协助宰相处理各方面政务；二是几位参知政事有了具体分工，各负责某一方面政务。

礼都低着头，显出十分悲痛的样子。

范仲淹接着说："可是，你们兄弟几个，从小就没有吃过苦。现在我最担心的是，你们会不会丢掉咱们范家勤俭的家风。"

几个孩子听了这话，都低头思索，默默无语。也许就在此刻，"勤俭家风"的概念已经铭记在他们的脑海。

范纯仁娶妻时，心想，结婚是大事，况且父亲又是个大官，会有多少人要来贺喜。但如果大操大办，父亲能同意吗？于是，他把打算购买的许多贵重物品，列了一张清单，请求父亲批准。

范仲淹拿着清单，越看眉头皱得越紧，他摇了摇头，生气地对儿子说："太过分了！哪能为婚事这么浪费？你这个清单，我得划去多半！"

范纯仁听了，就像被兜头泼了一盆冷水，心里很不是滋味。

范仲淹走到儿子身边，语重心长地说："孩子呀，不是爹舍不得为你花钱，如果你过惯了荣华富贵的日子，就吃不了一点儿苦了。"

经过爹爹的教诲，范纯仁终于冷静下来了，让爹爹为他修改了清

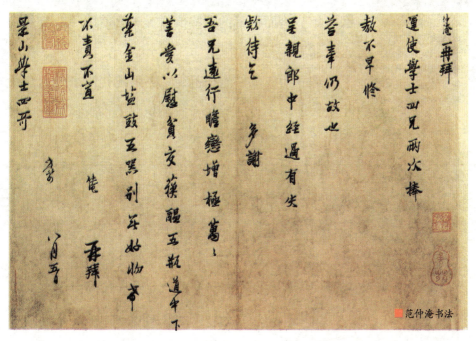

范仲淹书法

单，最后办了一个很简单的婚礼。

范纯仁结婚后，他的妻子用罗绮做一个大大的幔帐，甚是华美。范仲淹听到这件事，把范纯仁、范纯礼叫来，对他们说："我们家向来清俭，用罗绮为幔，岂不是乱了我们的家法？如果你们继续这样做，我一定要在院子里把它烧掉。"

范纯仁和范纯礼想起爹爹平时的教诲，急忙说："爹爹，请您不要担心，我们一定会保持咱们的家风。"

范仲淹说："这很好！这样我死以后也就瞑目了。"

范仲淹为子女能保持勤俭的家风而感到欣慰。同时他又感到自己年纪大了，而且身体也越来越差，那么多年节俭而积蓄的那些俸禄又怎么使用呢？范仲淹坐在那里，反复地思考。

这一天，范仲淹把范纯仁、范纯礼叫来说："我年纪大了，不过这些年来我还积存了不少钱财，你们看应该怎么办呢？"

范纯仁和范纯礼低头思想，没有表态，其实他们是想听听父亲的意见。

"怎么，留给你们几个分掉？"范仲淹问两个儿子。

"不！我们不要。"两个儿子异口同声地说。

范纯仁脑子里一转，出主意说："爹爹，你在边

■ 范仲淹雕像

至善至美的崇高道德

俸禄 中国古代朝廷按规定给予各级官吏的报酬，主要形式有土地、实物、钱币等。中国古代俸禄制度的发展可分为3个时期。商周时期因官职同爵位相一致，并且世代相袭，俸禄实际上是封地内的经济收入。即俸禄表现为土地形式。春秋末期至唐初主要以实物作为官吏的俸禄。唐初以后，主要以金银钱币作为官吏的俸禄。

防时曾把钱财送给了穷苦的兵士；在应州和邠州时，又善施给了那里的百姓。如果你还像过去那样，把积存的俸禄用来周济他人，不是很好吗？"

范仲淹听了范纯仁的话，心中暗暗高兴。他说："是啊！我就是想这么做。我做官几十年，虽然泛爱乐善，广施于人，但对咱们老家的族人还没有办过什么事情。我想把这些剩余的俸禄在吴县买上千亩良田，作为义庄，养济族人，使范姓之民日有食，岁有衣，嫁娶凶葬都有些补贴。你们看怎么样？"

两个儿子说："爹爹说得极是，我们完全赞同。"

范仲淹又说："这件事我已考虑了很久，还准备在族人中收一名义子，代我管理义庄。"

范仲淹停了一会儿，又告诫孩子："将来你们做了官，要保持好咱们的家风，千万不能只顾自己享乐，要先忧天下人，要为国家和百姓多做些事情。"

到了晚年，范仲淹和当时的隐士林逋多有来往，很多人猜测他似有退隐之意。

这时，有人劝范仲淹的二儿子范纯仁给老人家安排一个栖身之地。范纯仁就找到范纯礼，商量要在河南府给父亲建造一处宅第和花园，一来可以作为父亲晚年欢愉之所；二来也算做儿子的一片孝心。

范仲淹听了摇着头说："不成！不成！"

范纯礼说："爹爹，河南

范仲淹塑像

府建了那么多，我们怎么就不能建？"

范仲淹语重心长地说："孩子，一个人假若有了道义上的快乐，即使是赤身露体地躺在漫天野地里，心里也是高兴的，何况我还有房子住。我早就说过：士当先天下之忧而忧，后天下之乐而乐。我怎么能无忧无虑地一个人去享清福呢？我现在担忧的是那些身居高位的人不愿从高位上退下来，担心自己退下来以后没有好的居住条件。关于建造宅第的事，你们永远不要再提了。"

1052年春，范仲淹又调往颍州，就是现在的安徽阜阳。在往颍州上任的途中病逝，终年64岁。当时人们无不为这个爱国爱民的清官而悲哀，都赞叹范仲淹的高尚情操。

范仲淹一生非常俭朴，为后人所称颂。他的千古绝句更叫人荡气回肠。

先天下之忧而忧，后天下之乐而乐。

其实，这千古名句正是范仲淹一生为人做官的真实写照。

阅读链接

范仲淹担任邠州地方官时，有一天闲暇无事，带同僚属下登上高楼，设置酒宴，还没有举杯饮酒，就看到有几个披麻戴孝的人在营造下葬的器具。他不但没有气愤，还急忙派人去询问他们是什么原因。

原来，有一个客居在邠州的读书人死了，准备埋葬在近郊，但是棺材、墓穴和其他送葬器物都还没有着落。

范仲淹听后露出哀伤的神情，立即撤去酒席，并给丧家一笔可观的钱，让他们办完丧事。参加宴会的客人中间有的为此感动得流下了眼泪。

包拯除弊铁面无私

宋太祖赵匡胤以自己的亲身实践，开启了北宋时期勤俭廉政之风。而这种执政精神，被宋仁宗赵祯时的包拯发扬光大了。

包拯，北宋时期政治家。他不畏权贵，不徇私情，清正廉洁，成为宋仁宗一朝著名的清官，而且历史上赫赫有名。

包拯家道贫寒，少有大

■ 包拯（999—1062年），字希仁，北宋庐州人，天圣进士。奉使契丹还，历任三司户部判官，京东、陕西、河北路转运使。入朝担任三司户部副使，请求朝廷准许解盐通商买卖。改知谏院，多次论劾权幸大臣。授龙图阁直学士、河北都转运使，移知瀛、扬诸州，再召入朝，历权知开封府、权御史中丞、三司使等职。嘉祐六年即1061年，任枢密副使，后卒于位，谥号"孝肃"。因不畏权贵，不徇私情，清正廉洁，其事迹被后人改编为小说、戏剧，清官包公形象及"包青天"的故事家喻户晓，历久不衰。

■ 包公蜡像

志，读书勤勉，28岁考取进士，任大理寺评事，开始走上仕途。包拯为官时，正是北宋王朝"积贫积弱"、危机重重的时代。面对每况愈下的形势，包拯极力主张举贤任能，澄清吏治。

包拯上书宋仁宗："明听纳，辨朋党，惜人才，不主先人之说。"他还主张罢斥"持禄取容、妒忌贤能"的庸才，甚至起用被贬的"窜逐之臣"，使其"自奋图报"。这些主张大多为宋仁宗所采纳。

包拯还多次弹劾贪官污吏，身居宰相高位而碌碌无为的宋庠、搜刮百姓的诸道转运使加按察使王逵、鱼肉百姓的宋仁宗爱妃的伯父张尧佐，都被包拯连连参本。包拯据理抗争，使其该罢职的罢职，该处罚的处罚。

包拯一直念念不忘改善国家的财政，他认为节约开支的关键在于精简官僚机构，减少"冗吏""冗兵"。为此，他建议宋仁宗停止不急需的工程建筑，

义勇 宋代称乡兵为"义勇"。乡兵也称"民兵"，由居民自动组织或朝廷组成的不脱产的武装力量，是按户籍丁壮比例抽选或募集土人组成的地方民众武装，不脱离生产。宋代设置各种番号的乡兵，其中除遍行全国的保甲外，其他番号的乡兵都是地区性的。

废除额外征收的苛捐杂税。主张训练义勇，减少戍兵。这样既减少了开支，又充实了边防。

宋仁宗曾经实行食盐官营专卖制度，出现了很多的弊端。包拯为此专门实地考察民情，并及时上奏朝廷，请求废止官营专卖制度，让商贩们自由经营，朝廷可以收税增加收入，这样就可以双方获利，百姓也方便。

1045年，包拯奉命出使辽国，在途中，他发现负责迎送外交使者的三番官员常借机在沿途勒索百姓和地方的官员，边界的人民不堪重负，叫苦不迭。

包拯赶忙上奏皇帝，请求缩短三番官员在边界停留时间，严禁吃请送礼。宋仁宗采纳了包拯建议，下诏实行，很快，边界人民的负担便减轻了很多。

包拯面对北宋危机四伏的形势，凭着一颗为民的心时刻留心民间疾苦，体现了他为国为民的高尚情怀。在1048年，包拯担任三司户部副使时，常常不辞辛劳，深入下层体察民情救民于水火之中。

他在给宋仁宗的奏议中有这样一段话：

包拯审案场景

包公审案

江、淮、两浙、京东、河北累年来，旱涝相继，物价涌贵，民食艰阻，两浙一路灾疫尤甚。

若不速令救济，必致流亡，强壮者起为盗贼，老弱者转死沟壑。因此生事，为患不细。

奏议出自对王室一片忠心，但也可见他体恤百姓之良苦用心。

江南地区有一次发生了旱灾，百姓们饥饿得难以生活。包拯了解到情况后，立即下令开仓放粮救济，以解燃眉之急。

按照当时的惯例，开仓放粮是件大事，必须事先请示皇帝等批准以后才能打开粮仓救济百姓。但将文书送到京城再等批下来，要等上几个月的时间，到时百姓不知要饿死多少人。包拯一边派人急奏朝廷，一边就果断地开始放粮了，终于使很多百姓免于灾难。

还有一次，江淮大地的人民大范围受灾，百姓已缺粮断炊，而地方的官吏们为了虚报政绩、讨好上级，以利升迁，便隐瞒了灾情，置人民生命于不顾。不仅如此，还反过来逼迫百姓们交粮卖米。

包拯了解灾情后，就给皇帝上疏，要求立即纠正不法官员误国害民的行为，并予以严惩。皇帝采纳了他的建议。从此，包拯被江淮人民称为"再生父母"。

包拯在巡视山西时，发现漳河两岸的邢、洛、赵三州万顷肥沃农田却被当成军马牧场使用，不准种粮食。但是，军粮却从外地远道运来，费时费力又耗费国财。

包拯立即上疏请求归还耕地，宋仁宗很快也下了诏书。结果，粮食、马料都得到了解决。

包拯在边境上"置场和市"，设立了收税的贸易市场，发展边境少数民族的贸易。他把人民看作立国之本，并与国家安危联系起来，确实是颇有见地的。

由于包拯政功卓著，宋仁宗调任包拯为开封府尹。包拯作为首都开封府的最高长官，一如既往地为民谋福去害，从来不因为权贵当道而后退半步。

开封是达官显贵聚居之京都，社会情况十分复

■ 包公塑像

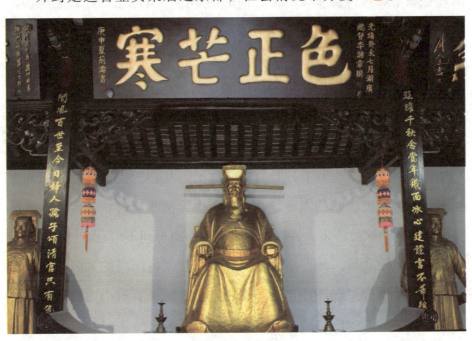

开封府衙大堂

杂，仗势欺人、倚权犯命、践踏法制、为非作歹者屡见不鲜。包拯任开封府尹狠抓社会治安，雷厉风行。

包拯敢于碰硬，纵然是朝廷显贵也违法必究。黄河的支流惠民河从开封城中穿过，很多权贵便在河的两岸占地营造宅院，营建园林，致使河道阻塞，雨季水患多发，给京城的百姓带来了灾难。

包拯经过实地调查后，立即调集人力，拆除了全部非法建筑。对于伪造地契、弄虚作假、拒不拆除的立即严惩，并上报朝廷，撤其官职。包拯铁面无私，雷厉风行，在很短的时间里，便从根本上清除了这一人为造成的水患。

包拯还进一步改革了开封府的官衙旧习气，为民谋福。按照北宋法律，到衙门里告状的人不能直接到官吏面前递交诉状，要由下属门牌司来转达，这使许多百姓受到刁难勒索，敢怒而不敢言。

包拯到任之后，马上撤去了门牌司，让人将衙门的大门敞开，允许百姓直接到公案前陈述递状，从根本上杜绝了官府小吏们对百姓的盘剥。

当时连妇女和小孩都知道包拯的名字，人们亲切地称他为"包待制"，还送给他一个绰号"阎王爷"，以示敬重。

包拯虽为高官，从不为自己办寿辰。可是，当他到了花甲之年，文武百官却破例要为他庆寿，黎民百姓也一定要为他办生日。包拯吩咐儿子包贵在他60岁寿辰那天，候在衙门口接待来客，一律以白开水相待，寿礼一概拒收。

包拯为官30余年，一世清贫，衣食简单朴素，始终"如布衣时"。生前，他告诫子孙：

后世有做官的，若贪赃枉法，不准放回老家，死后不准葬于祖坟，不听从我的告诫，就不是我的子孙。希望把我的训示刻在碑上，竖于堂屋东壁，以昭后世。

包拯去世后，宋仁宗亲自率领百官吊唁，还派专使护送灵柩回到合肥，安葬在合肥城东的大兴集。现在的包公祠有一副对联："理冤狱，关节不通，自是阎罗气象；赈灾黎，慈善无量，依然菩萨心肠。"总结了包拯无私爱民的品格。

阅读链接

包拯在端州任知州时，深入民间，亲自查看砚洞，了解砚工疾苦。当时贵为"文房四宝"之冠的端州砚，砚石产于河底深穴，质地坚实，温润如玉，但难以寻采。一块名贵的砚料千雕万凿成为端砚，少则一月，多则半载，不知要耗费砚工多少心血。历任州官不顾百姓死活，只知搜刮端砚，朝贡朝廷，取悦权贵。

包拯熟知其中的弊端，他愤然疾书，请求减免额外加派，终得上司应允。他本人虽酷爱端砚，但直至离任也一个不取。

司马光一贯廉洁自守

北宋时期人才辈出，为民执政的廉吏不乏其人。除了铁面无私、革除时弊的包拯外，还有司马光这样清正为官、廉洁自守的人。

司马光，北宋史学家和文学家。历仕宋仁宗、宋英宗、宋神宗、宋哲宗4朝。他除了编写巨著《资治通鉴》外，还有许多情操高尚、清正为官的故事，但鲜为人知。

司马光画像

司马光的父亲司马池为官清廉，勤政爱民，生活十分朴素。他家一贯粗茶淡饭，绝不奢华。即使招待高级官员，也只是用当地的山果、土产的蔬菜，而且也只限于三五道菜。父亲的俭朴影响了司马光的一生。

1038年，司马光考中了进士，朝廷要他在礼部任职。对于这个很有晋升前途的部门，司马光并不感兴趣，而是请求出任苏州通判。

■ 司马光雕塑

在宋代，通判是朝廷派遣的一种临时职务，并非地方正式官员，更无什么实权，一般人都不愿意去做。司马光却认为，能不能当一个好官，关键并不在于职位的高低。即使当朝一品，要是昏庸无道，素餐尸位，倒还不如做个兢兢业业、踏踏实实的七品县令。

司马光到了苏州，在黄场桥头附近，找了一座极普通的宅第住了下来。在那里，他看到周围的农民，住破屋，吃秕糠，穿烂衣，十分同情，准备一展身手，为人民谋福利。

正当司马光怀着远大的抱负，准备大展宏图之时，他的母亲不幸病逝了。按照封建礼教，他必须辞官回家服丧3年。

在此期间，北方党项族人李元昊称帝，建立了西夏国，并同宋王朝发生了战争。宋仁宗为了加强军事防御力量，要求两浙添置弓手，增设指挥使等官职。司马光认为这样做，并没有什么好处。于是草拟《论两浙不宜添置弓手状》，从各方面阐述添置弓手增设武官的弊端。

司马光服丧结束后，签书武成军判官，不久又改宣德郎、将作监主簿，权知丰城县事。在短短的时间

县令 在周朝时称县正，春秋时称宰、尹、公等。秦汉时，县拥有万户以上者称"县令"，不满万户者称为"县长"。宋朝时期常派遣朝官为县的长官，称"知县事"，简称知县。元代县的主官改称县尹，明、清以知县为一县的正式长官，正七品，俗称"七品芝麻官"。

■ 司马光像

里，就取得"政声赫然，民称之"的政绩。

后来，司马光又调任国子学直讲，任馆阁校勘，同知太常礼院，龙图阁直学士等职。

随着司马光职位的升迁，有不少人想通过他捞些个人好处。为避免此类"人情"，司马光在自家客厅内贴了一张告示，以示造访者。

告示写道：

凡来者若发现我本人有什么过失，想给予批评和规劝，请用信件交给我的书童转我，我一定仔细阅读，认真反思，坚决改正；

若为升官、发财、谋肥缺，或打算减轻罪名、处罚，请一律将状子交到衙门，我可以和朝廷及中书省众官员公议后告知；

若属一般来访，请在晤谈中，休提以上事宜。

司马光有一位老友从河北到了当时的京城开封，以父母无钱安葬，弟妹嫂侄需要抚恤为由，开口就向司马光要万钱。

对此司马光回信一封说："我司马光一贯小心谨慎，简朴为官，一分一毫也不敢妄取于人，食不敢常

直讲　古代官名。辅助博士讲授经学。唐代国子学、四门学有直讲，掌辅佐博士、助教，讲授经书。宋代，国子监有讲书，994年改直讲，以京朝官充任。后来又规定名额、年龄、学识、行为等，以为生徒模范。1080年改太学博士。

有肉，衣不敢纯衣帛，视地而后敢行，顿足然后敢立，连亲属故旧都拿不出钱来帮助，哪来的钱给您啊!"

司马光同礼部尚书张存三之女结婚后，常常不进卧室，独身在书房里过夜，而且头枕木枕。夫人十分不解。

司马光说："我怕自己只图享受，忘了国家的忧患；只图当官，忘了百姓的疾苦。便让木匠用原木给我做了枕头，它一滚动，我就会醒来。然后静坐，想想当天哪些事情没有办好，以便第二天补救。"

夫人听了十分感动，说："既然夫君为国分忧，我情愿守一辈子空房!"

这就是后来《宋史》上有名的司马光"头悬警枕，忧国忧民"的故事。

司马光做官几十年，只在洛阳有田三顷。司马光的夫人张氏伴随他46年，夫人去世后，家里没钱办丧事，儿子司马康和亲戚主张借些钱，把丧事办得排场一点。

可是司马光不同意，并且教训儿子处世立身应以节俭为可贵，不能动不动就借贷。最后，还是他把自己这块地典当出去，才草草办了丧事。

在司马光看来，节俭不仅是一种生活态度，更是一种美德，奢侈也不只是陋习，更是一项罪恶。做人当以俭为本、以俭为美、以俭为上；为官要正世风、政风、民风，当先正家风。

司马光曾给儿子写

■司马光塑像

信说："我们家本来就是清寒的，清白的家风代代相传。至于我本人，从来不喜欢豪华奢侈。小时候，大人给一件华美的服装，就不愿意穿；考中进士后，别人戴花，自己也不愿意戴；只是出于对皇上的尊崇，才不得不勉强插戴一枝。我认为，平时穿的能够御寒、吃的能够饱腹，也就行了。但是，许多人却嘲笑我寒酸。对此，我从未后悔过。"

司马光居官多年，却清正自守、克己奉公，其对物质生活的态度，令人感叹。他曾经在一篇文章中这样写道："由俭入奢易，由奢入俭难。"司马光一生正是按此来要求自己的。

至善至美的崇高道德

阅读链接

司马光在老年的时候，日子过得比较紧。

有一次，家里没有钱用，他吩咐一位老兵把他相伴多年的坐骑——一匹老马牵到市场上卖掉。老兵临走时，司马光叮咛道："这匹马曾犯有肺病，要是有人买马，你要据实告诉人家。"

老兵私下笑司马光迂腐，然而，他却没能理解司马光对人诚实的用心。司马光竟然如此真诚，这在一般人看来，简直是不可思议的。透过这个小故事，我们可以窥知司马光的品德和涵养。

明清时期，古代廉政制度建设已臻大成，近于完备，显示出古代廉政文化的发达。与此同时，封建社会结构性衰败不可遏制的暴露，也促使廉政内容多是维系君主专制，抵制官场贪污腐败的阴暗。

这一时期，涌现了一批忠臣、诤臣和廉臣，如明代的海瑞和张居正，清代的于成龙和刘统勋，他们在为官理政乃至做人处世方面独树清风，体现了清风惠政的时代风范。虽然明清时期封建制度走向没落，但廉政建设留下的思想财富，具有继往开来的作用。

清正廉洁

海瑞刚正不阿做清官

　　明代中期以后，阶级矛盾和民族矛盾日益激化，至嘉靖、万历年间，明王朝危机四伏。这时候，出现了一些刚正不阿的封建士大夫、官僚，海瑞就是其中的一位代表。

海瑞画像

　　海瑞，是明代著名的清官，一生刚正不阿，不避权贵，犯颜直谏，两袖清风，人称"海青天"。海瑞从小丧父，家境贫寒，直至36岁才得以参加乡试，成为举人。其后任南平县教谕，主持教育工作。

　　有一天，延平府的督学官到南平县视察工作，海瑞和另外两名教官前去迎见。在当时的官场上，下级迎接上级，一般都是要跪拜的。因此，随行的两位教官都跪地相迎，可海瑞却站着，只行抱拳之礼，三人的姿势俨然是一个笔架。

这位督学官大为震怒，训斥海瑞不懂礼节。海瑞不卑不亢地说："按大明律法，我堂堂学官，为人师表，对您不能行跪拜大礼。"这位督学官虽然怒发冲冠，却拿海瑞没办法。从此，海瑞落下一个"笔架博士"的雅号。

过了几年，海瑞因为考核成绩优秀，被授予浙江严州府淳安县知县。这时他已经43岁了。

海瑞上任时，一不坐轿，二不乘船，只穿了一件普普通通的秀才衣

■海瑞雕像

子，带着书童海安，悄悄地进了淳安县界，沿着一条小路向前走去。

有一天，海瑞刚刚从街上回到县衙，管钱粮的李老夫子就笑呵呵地进来，把很厚的一沓礼单送上来，说道："请大人过目，这是全县乡绅听说大人的生日到了，送来的贺礼。"

海瑞一愣，但随即就明白了，这是那些乡绅向他行贿的一个借口，是想让他对他们多占的土地网开一面。他让家人把礼物全部接下，然后叫李老夫子传下话去，把所有乡绅都请到大堂前说话。

送礼的乡绅见海瑞收下了银子，还要请大家喝酒，都高兴地来了。

教谕 古代学官名。宋代京师小学和武学中设。元明清代县学均置，掌文庙祭祀、教育所属生员。明清时期县设县儒学，是一县之最高教育机关，内设教谕一人，另设训导数人。训导是指辅助教谕的助手，而嘱托则是约聘教员。

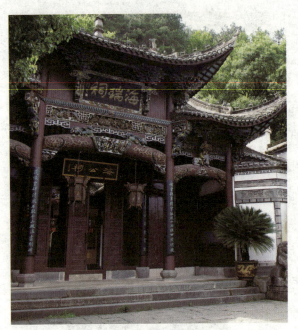

■海瑞祠堂

海瑞见人都到齐了，便从后堂出来，向大家抱拳一揖，笑着说道："海某来到淳安，深蒙各位厚爱，愧不敢当！不过，甭说明天不是我的生日，就是到了过生日的时候，我也绝不接受一文钱贺礼。各位送来的银子，今天当面奉还。至于清丈土地的事情，本县言出必行。如果有不逞之徒从中作梗，敢于作弊，本县言出法随，一定严惩不贷。"

海瑞说完，让家人当面点名，叫乡绅们一一上前领回了银子。众乡绅见海瑞当面退银，都瞠目结舌，半晌说不出话来，谁也不敢出面反对清丈土地。

第二天，海瑞亲自下乡，领人丈量土地，成为全国第一个查实土地数目，解决赋税合理负担问题的县令。贫苦百姓解除了额外负担，家家户户欢喜不尽。

海瑞清丈田亩之后，又着手整顿吏治，实行均徭，革除陋规。他整顿吏治，首先从自己的身上开刀。在当时，作为一个地方官员的收入，一笔是国家的薪俸，另外一笔是"常规"收入。

按照"常规"，地方官员到北京朝觐，所需的车马食宿费用和向京都大员讨好行贿的金钱，都要由本地的百姓摊掘。地方官员向出巡和路过的大官赠送财

总督 通常指一个国家的某片相对自主的区域中实际或名义上的最高行政长官。许多国家都有或曾经有总督这个职位。明代正统末期至景泰初期，除于谦、王骥先后以兵部尚书、南京兵部尚书总督京师、南京军务外，地方也多派总督。这些总督因事而设，事毕即撤。

礼、车船支应及招待费用，也要向百姓们摊派。这笔钱花多少就要摊多少，地方官员自然可以从中渔利，大发其财。

海瑞大胆地革除了这种"常规"，把每人每年要负担的这几项银子从平均5两减至2两。明确宣布自己不要这种"常规"银子，也不向过往官员赠送这种"常规"银子。海瑞在淳安任上曾经两次进京，只用了路费银48两，其他一概裁革。

丈量土地，削减"常规"银，这两项改革，不仅削掉了他自己的特权利益，而且损害了上级官员的利益。

当时有朋友劝告海瑞："你把这些都革掉了，就大祸临头了！"

海瑞说："充军流放，下狱杀头，都甘心忍受。无论如何，也不去做这种用刀在百姓身上剜肉的事情！"

由此可见海瑞为官清正，革除特权，不畏权贵，具有大公无私的品格和公正廉明的工作作风。

当时浙江总督胡宗宪的儿子仗势欺人、作威作福，到处敲诈勒索。一天路过淳安，认为驿吏怠慢，对他招待不周，便借机发作，指使手下人把驿吏倒挂着殴打。

■海瑞祠堂

此事报到海瑞那儿，海瑞故意揣摩片刻，便高声吼叫道："胡总督早就宣布，家眷经过的地方不许铺张，这个人随身带了许多珍宝，肯定是个冒牌货。"喝令衙役把他的东西没收充库，并火速驰报胡总督。

胡宗宪闻报，也只好顺水

推舟，不与海瑞为难。

鄢懋卿是权倾朝野的内阁首辅严嵩的心腹，持有先斩后奏"尚方宝剑"的都御史。他奉帝命出都巡视，所到之处地方官无不恭迎。有一次鄢懋卿路过淳安，大家深为忧虑，有人劝海瑞通融一下，以免大祸临头。但海瑞置个人生死于度外，硬是不肯屈服，不愿拿老百姓的血汗钱去讨好上司。

海瑞采取"以子之矛攻子之盾"的办法，派人给鄢懋卿送上一封信。信上的大意是：听说都御使吩咐沿途招待要简朴，我很高兴；又听说沿途接待十分奢侈，与您的吩咐完全不一样，令人忧虑。照你的吩咐办，怕怠慢您；铺张浪费招待您，肯定要花很多钱，淳安县小民穷，实在拿不出，您看怎么办？

言事不卑不亢，软中带硬，把难题交给鄢懋卿自己去解答。鄢懋卿知道海瑞刚正廉洁，一时也抓不住他把柄，怕到淳安自讨没趣，只好强按怒火改道而去。

海瑞常说："人应正直节俭。正直的人必会节俭，因为正直的人明事理。不节俭就很难正直，奢侈浪费与贪污腐化是很接近的。"

海瑞故居铜像

海瑞在生活上也十分俭朴，反对奢侈浪费。他没有额外的收入，只靠薪俸，过着很节俭的日子。每天粗茶淡饭，十分清苦。他还自己种菜，让家人上山打柴，樵薪自给。

海瑞对家人说："我的薪俸不高，家中人口又多，一定不可浪费。饭食清淡一些，不要经常买肉。"

有一天，因为海瑞的母亲过生

海瑞故居

延晖

日，他家仆人才破例一次买了2斤肉。总督胡宗宪听到后，大为惊奇。海瑞对不花钱的酒席饭菜，一口不动；一芥之物，不入私囊；一厘之钱，不送官长。

海瑞在淳安任职4年，他关心百姓疾苦，减免赋税，救济钱粮，平反冤狱，做了不少好事，把一个贫穷的小县治理得秩序井然，淳安父老纷纷称他为"海青天"。

1569年，海瑞就任应天府巡抚。这个职务权力很大，地位显赫，每次出巡，按朝廷规定，前有鼓乐引导，后有护卫，左右有旌旗官牌，三班六役，前呼后拥，十分威风。

海瑞看不惯这一套劳民伤财的制度，很想废除它。于是，就职当日就颁布"督抚条约"，详细规定应天府政治生活的方方面面。其要点是：巡抚出巡禁止各地迎送、禁止装修招待房舍；规定各级官员见巡抚应穿的衣服；禁止大吃大喝、制定饮食标准；禁止非礼之费，禁请托、禁给过往官员送礼；禁假公济私；禁苛派差役。

不久，海瑞出巡，第一个县，就是他十分熟悉的淳安。到了县界果然没有人迎接，住进驿馆，一切也都如旧时一样，没有添置新设备。海瑞对此感到很高兴。

■海瑞书法石碑

应天府 1356年，朱元璋亲自带兵分三路用10天时间攻破了集庆路，即今江苏南京，1368年8月，以南京为国都，改集庆路为应天府，是为明代京师。1403年诏改迁都北京顺天府，1421年正式迁都。另外，北宋时期置应天府在宋州，即今河南商丘，后为北宋陪都。

知县送海瑞来到驿馆正厅。海瑞曾多次来过这里。他习惯地站在堂前打量一下全室，然后坐在椅子上休息。陪同的人也都一一入座。

海瑞刚要让县令汇报情况，突然，他觉得椅子有些不对劲。他伸手摸了摸椅子坐垫，心里明白了。他站起身，走到卧室去看一看，卧室里的被褥，还有那椅子的椅垫都换成了崭新的绸缎。

海瑞很生气地质问知县："三令五申，你怎么明知故犯。我明明记得那旧的绸面并不破旧，为何更换？"

县令面带愧色。海瑞呵斥说："想让我住得舒服？想让我高兴？对不对？我不需要！我看到这些并不高兴！"

县令受到呵斥，他并不委屈，只感到海瑞清廉刚正名不虚传。他忙说："我立即让人们换下，仍恢复原貌。下官一定记住大人的叮嘱。"

海瑞经常微服察访，了解民情、乡情，解决实际问题，让当地百姓难以忘怀。

吴淞江本是太湖水入海的主要通道，白卯河一段因长年失修，河道淤塞，堤岸也有毁坏，影响湖水入海，致使江南过半的麦田泡在水里，灾民纷纷外逃，社会秩序混乱。海瑞在视察灾区之后，提出了"以工代赈"的计划。

根据这个计划，招募大量灾民参加白卯河的疏浚，动员绅士为赈灾捐钱献粮，朝廷把救济粮以工钱的形式发给治水的民工。计划公布后，灾民踊跃参加治水大军，逃荒在外的也返回故里，连应天府之外的农民也赶来了。

海瑞亲临工地，督促大小官员恪尽职守，并严厉惩处了贪污钱粮的官吏。几十万民工干劲十足，仅用56天就完成了吴淞白卯河疏浚工程。"要治吴淞江，需请海龙王"，这是江南人民对海瑞的赞誉。

明中后期，江南的土地兼并情况日益严重，大地主侵占农民的土地，却把赋税、徭役转嫁给农民，百姓苦不堪言。海瑞决心为国为民治一治侵田的歪风。

退田是棘手的，要扩大影响必须拿最大的地主开刀，以打开缺口。江南最大的地主要数松江华亭的退职宰相徐阶，此人家有良田40万亩，多数是从农民手中夺来的。目标选中，海瑞却为难了，因为徐阶是他的救命恩人。

当初，海瑞因给明嘉靖帝上《治安疏》，指责皇帝不理政事而被打入死牢，如果没有徐阶在皇帝面前苦口婆心为他说话，海瑞早已身首异处。为此，他翻来覆去几宿没有睡好，经过激烈的思想斗争，决定从个人恩怨中解脱出来，秉公执法。

海瑞写了《督抚条约》，叫人抄写后送交各府县张贴，既是打招呼，也表明了他对退田的决心。接着，又以私人的名义给徐阶写了一封信，申明"退田"之

■海瑞像

大义，要阁老好自为之。

徐阶退出了几千亩地，并把为非作歹占民田的儿子关在家里。海瑞自然不肯就此了结，再次写信给徐阶，严肃指出"必须再加清理"，占田的儿子应受惩罚。面对铁面无私的海瑞，徐阶招架不住了。于是，他的两个违法的儿子也被海瑞法办了。

经此一事，江南占田的地主接二连三地把田退了，兼并土地之风得到平抑。

海瑞去世前3天，兵部送来柴火银子，一算多了7两银子，他还让退回去。去世后，南京都察院金都御史王用汲去照顾海瑞，只见用布制成的帷帐和破烂的竹器，有些是贫寒的文人也不愿使用的，因而禁不住哭起来，凑钱为海瑞办理丧事。

海瑞的死讯传出，南京的百姓因此罢市。海瑞的灵柩用船运回家乡时，穿着孝服的人站满了两岸，白衣白帽者望不到尽头，祭奠哭拜的人百里不绝。

海瑞一生大公无私，励精图治，不畏权贵，为国为民，他的刚直不阿的精神，廉洁奉公的高尚品质，受到后人们的怀念、崇敬、爱戴和拥护。海瑞的事迹，构成了一个典型的清官形象并被广泛传颂。

阅读链接

一天，海瑞看见一个小孩在哭，一问才知小孩是卖油条的，早上卖完后靠在石头上睡觉，醒来时卖油条的钱不见了。海瑞周围观察了一下，让手下人借来一只盆子，倒上清水，让围观的人往里丢钱。大家见海大人如此吩咐，就都照着做。有一个人刚把铜钱丢到盆里，海瑞就命令手下把他抓起来。

人们很惊奇，海瑞解释说："你们瞧，他丢下铜钱后，水面浮起了一层油，这钱一定是他偷的。"

那人只好认罪，钱就是他偷的。

至善至美的崇高道德

张居正以天下为己任

明代嘉靖、万历年间，明王朝危机四伏，出现了以天下为己任的为官者，张居正就是肩负"举废饬弛，肩劳任怨"历史使命的代表性人物。

张居正，自幼聪明过人，15岁考中秀才，26岁中进士，46岁进入内阁，48岁至58岁任内阁首辅。张居正是明代著名政治家和改革家。他在政治、经济、文化、军事等方面进行了一系列改革。其中，他治吏张法、爱国利民的业绩，至今仍为国人所称颂。

张居正妙对府台

明代中期，吏治腐败。张居正以国家大业和

张居正画像

人民安定为本，针对混乱不堪的时弊，制定并推行了对各级官吏进行考核和管理的"立限考成法"，这是对明代吏治的重大改革。

张居正认为：

天下之事，不难于立法，而难于法之必行；不难于听言，而难于言之必效。

张居正主张不仅要对各级官员进行定期考察，而且对其所办的每件事都要规定完成期限，并进行考成，即所谓"立限考事""以事责人"。这就是张居正"立限考成法"的基本思想。

张居正根据"立限考成法"，对从朝廷至地方的各级官员进行严格控制。

1574年，张居正责令吏部尚书张翰和兵部尚书谭纶，把全国知县以上文武官员的姓名、籍贯、出身、资历等自然情况登记造册，由六部和都察院按簿登记，要求对所属官员承办的每件事，逐月进行检查，完成一件，注销一件，如不按时完成，必须如实申报，否则，以违制罪论处。这样，层层检查，层层负责，推进了办事效率的提高。

张居正在考核地方官时强调，要把那些秉公办事、实心为民的官员列为上考；将那些花言巧语、欺上瞒下的官员列为下考。

在考核中，张居正还善于将整顿吏治和为民做好事结合起来。既稳定了社会秩序，又提高了行政工作效率，形成了"朝廷命令，朝下疾如迅风"的良好政治局面。

至善至美的崇高道德

张居正认为，要使国家长治久安、减轻人民负担，首先必须从官员做起。他说，每个官员必须明确职守，对那些只吃皇粮不管事的冗官，要进行裁减，并宣布，各地不得擅自添设机构和人员。

1580年，张居正亲自下令撤除苏松地区私自添设管粮参政人员，并立即责成吏部认真核实上报各省擅自添设官员的人数。张居正对不谋其政的多余官员，坚决地进行裁减。1581年就一次裁革冗官达169名。在他当政期间所裁革的冗官，约占官吏总数十分之二三。

张居正一边裁革冗官，一边又广罗人才，把那些拥护改革、政绩卓著的官员，提拔重用。

一次，明神宗朱翊钧审阅关于山东昌邑知县孙凤鸣贪赃枉法的案卷，随即问张居正："孙凤鸣身为进士，为何这样放肆？"

张居正回答说："孙凤鸣就是凭借他的资历才敢这样妄为；以后用人，要先视其才，不必求资历。"

明神宗非常赞同张居正的意见。如此一来，张居正就以圣旨为令箭，大胆地起用人才。实践证明，凡被他起用的人才，都成为改革中

明神宗和张居正蜡像

的骨干。

张居正在整顿吏治的过程中，对各级官员凭借职权滥用驿站行为，也进行了整顿。当时驿站的使用混乱不堪，不仅官员滥用，而且常出现将勘合转借他人使用的现象。一些不法权贵，手持勘合到驿站，随意索求，享用奢靡，残害百姓，人民极为愤慨。

张居正为整顿一些官员借用职权之便大肆挥霍国家之财的享乐行为，对凡违反制度使用驿站的官员，一律严惩不贷。

据《明实录》和《国榷》记载，1580年，张居正处罚违制使用驿站人员达30人之多。其中革职7人，降级的22人，降职的1人。

张居正在执法上一视同仁。一次，张居正弟弟由京返乡，保定巡抚无原则地发给他一张勘合使用驿站。张居正得知此事，立即责令其弟将勘合上缴，同时对滥发勘合的保定巡抚进行了严厉的批评。

经过整顿，从根本上改变了滥用驿站的情况，保证了国家军事要务的畅通，为国家节省大量资金，减轻了人民负担。

在整治中，张居正强调把执法和尊君结合起来，以

驿站 古代供传递官府文书和军事情报的人或来往官员途中食宿、换马的场所。中国是世界上最早建立组织传递信息的国家之一。在明代，从京师到各省的交通要道都设有驿站，负责供应使用驿站官员的吃、住、夫役和交通工具，称为"驿递制度"或"驿站制度"。

■ 张居正画像

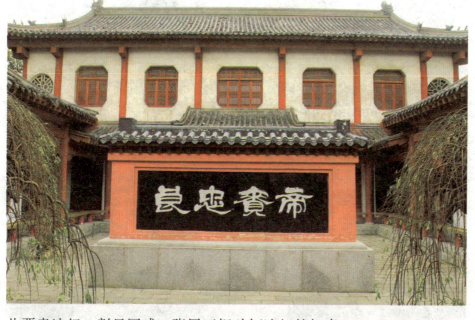

此严肃法纪，彰显国威。张居正把破坏法纪的权贵，视为祸国殃民的大患，予以坚决打击，从不手软。

当时横行在江陵一带的辽王朱宪，是张居正少年时代的好友。此人无恶不作，民愤极大，地方官和朝廷派去查办的人员都不敢惩治。张居正得知后，毅然决定审理此案。

张居正根据朱宪犯罪事实，秉公执法，毫不留情地把他废为庶民。同时对关于此事隐情不报和失职的官员，也给予了应有的惩处。这些严格执法、惩治恶官的行动，抑制了强豪的猖狂，顺应了人民的心愿，实为张法利国之创举。

在推行考成法，整顿吏治，国家财政开始好转之后，张居正又开始清丈全国土地。

当时的赋役制度不能适应封建商品经济渐趋活跃的新变化，导致了民不聊生，造成了政治经济危机。

■ 张居正故居帝赉忠良碑刻

勘合 古时符契文书上盖印信、分为两半，当事人双方各执一半，用时将二符契相并验对骑缝印信作为凭证。凡调遣军队、车驾出入皇城、官吏驰驿等均须勘合。明代用于边戍调遣，有调军勘合和军籍勘合。清代官吏使奉差出京沿途用驿站马匹，必须查验邮符，也称"勘合"。

■ 张居正故居

黄河 全长约5464千米，流域面积约79.5万平方千米，世界第五大长河、中国第二长河。黄河中上游以山地为主，中下游以平原、丘陵为主。由于河流中段流经中国黄土高原地区，因此夹带了大量的泥沙，所以它也被称为世界上含沙量最多的河流。但是在中国历史上，黄河及沿岸流域给人类文明带来了巨大的影响，是中华民族最主要发祥地，中国人称其为"母亲河"。

对此，张居正认为，只有使人民"足食"，才能做到"国富兵强"；只有改革赋税负担，才能使人民"足食"。而要改革赋役负担，减轻民生疾苦，必须从清丈土地开始。

1578年，张居正下令对全国各种类型的土地进行清丈。限3年完成。并规定凡是破坏清丈者，要"下诏切责"。清丈的结果是，把地主豪强隐漏的土地清查出来一部分。同时核实了贵族豪绅的税款，减轻了农民的负担。

在清丈土地的基础上，张居正又实行赋税制度的改革，于1518年在全国推行"一条鞭法"。

"一条鞭法"的基本内容：

赋役合并，摊丁入亩，按亩征收，计

亩征银，按照土地实际占有情况向国家交纳赋税。

"一条鞭法"虽然不可能彻底执行，但因为它减轻了无地农民的负担，简化了赋役名目和征收手续，使官吏不易与豪强地主通同作弊扰民，从而缓和了阶级矛盾，增强了国家经济实力，对于挽救社会危机起到了一定的积极作用。

1575年，黄河、淮河相继决口，水患严重、修治不力，张居正不忍坐视人民流离失所，决定治理黄河，为国造福，为民解忧。

张居正知道自己不是水利专家，缺乏治河的实际经验，便推荐水利专家潘季驯总理治河工程和漕运。潘季驯以科学推算为根据，一反传统方法，提出"以

漕运 是历史上一项重要的经济制度。历代封建王朝将征自田赋的部分粮食经水路解往京师或其他指定地点的运输方式。水路不通处辅以陆运，多用车载，故又合称"转漕"或"漕辇"。运送粮食的目的是供宫廷消费、百官俸禄、军饷支付和民食调剂。

■ 张居正体察民情

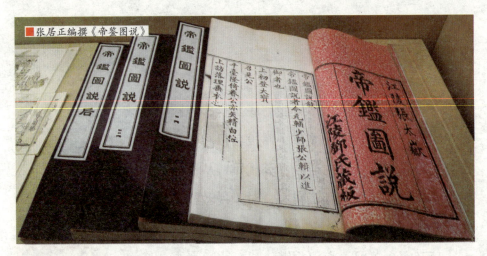
■张居正编撰《帝鉴图说》

堤束水，以水攻沙"的治河方针。由于张居正的支持，潘季驯的方案得以实施并取得成功。

于是，被淹没的土地田庐皆尽已出，数十年弃地转为农桑；而且畅通了运河，便利了漕运。通过治河，既减少了人民由于水患所遭受的损失和痛苦，也对当时国家的财政好转及经济发展，起到了一定的促进作用。

张居正能顺应民心，锐意改革，于国于民有利，因而受到了后人的称赞与肯定。作为一代名相，张居正以天下为己任，爱国为民、任劳任怨、举废饬弛、造福社稷的功绩将永存。

阅读链接

张居正做首辅时，像老师教学生一样，辅导年仅10岁的明神宗。他编了一本有图有文的历史故事书《帝鉴图说》，每天给明神宗讲解。

有一次，张居正讲完汉文帝在细柳劳军的故事，希望明神宗能够注意武备，明神宗连忙点头称是。又一次，张居正讲宋仁宗不喜欢珠玉的故事，明神宗就说做君王的应该把贤臣当作宝贝，而珠玉无有。张居正见10岁的孩子能说出这样的话，很是高兴。张居正对明神宗教育十分严格，明神宗也把张居正当作严师看待。

于成龙享誉清官第一

清代康熙皇帝自即位以来，励精图治，是一个有作为的皇帝，除了军事和经济措施外，廉政建设也是他稳定和巩固政权的重要一环。对于像于成龙这样的清官自然大加褒奖。

于成龙，居官20多年，以其政绩和廉洁蜚声朝野，康熙皇帝褒奖他"清官第一"。于成龙自幼过着耕读生活，受到较正规的儒家教育。他在1639年曾经参加过乡试并中副榜贡生，但因为父亲年迈需要照顾而没有出去做官。

于成龙塑像

1661年，年已44岁的于成龙，接受清代朝廷委任，到遥远边荒之地广西罗城为县令。当时罗城，由于长年战乱，环境和条件极差。于成龙上任前，亲朋好友都来相劝，让他不要到那"蛮烟瘴雨"之地去吃苦。

于成龙不为所动，变卖了部分家产，凑足路费百两，怀着"此行绝不以温饱为志，誓勿昧天理良心"的抱负，毅然登程。于成龙来到广西罗城后发现，县衙院内荒草丛生，中堂仅有3间草房，内宅的茅屋内没有墙壁，破陋不堪，有时大白天竟有野兽出没。

于成龙面对这些困难，没有退却，他用石块垒起"案几"，在堂前支锅做饭，夜里睡觉头枕刀枪。用茅草搭建官署房屋，用棘条树枝编屋门。室内设置也非常俭朴，桌子是用泥土堆的，床上铺的是几捆干草，而且办公、生活全在这一间茅草屋内。

在整治边荒的过程中，为了节省开销，于成龙出外考察时从不坐轿子，而是头戴斗笠，脚穿草鞋，有时冒着酷暑，有时踏着泥泞的道路，到乡间巡视。

为改变罗城面貌，于成龙努力招抚流亡，发展农业生产。他经常到田间查看，并与农夫农妇亲切攀谈，宣传耕作的道理，并采取一些有效的措施，诱导、鼓励人们发展生产。

百姓们见于成龙实心任事，却如此清苦，心中十分不忍。

一次，百姓见于成龙身体不好，就凑了些钱送去，他们跪在地上恳求于成龙收下："我们知道您辛苦，请收下这点盐米钱吧！"

于成龙说："我一个人在这里，要钱干什么？你们拿回去奉养父母，也就等于给我了。"

百姓们只好将钱拿回。

有一次，于成龙的大儿子从家乡来看他，他很高兴。可是在儿子临走时，他既没给钱，也没有给他带什么特产。当时厨房中正有一只咸鸭子，于成龙觉得这已经很丰厚了，于是就割了半只给了儿子。

百姓得知此事，感动得流下了热泪。有人编了这样一句民谣：

于公豆腐量太狭，公子临行割半鸭。

于成龙在罗城奋斗几年后，使罗城县面貌大为改观，百姓的生活很是富足。

1667年，于成龙升任四川合州知州。罗城百姓听到于成龙离去的消息，呼号："大人离去，我们没有主心骨了！"赴任之日，百姓们依依不舍，送出三四百里。

于成龙一到合州，首先免除官员的随从之费，自己仅有一匹病马，以家仆自随。当时的合州，地方的官员以土产馈赠上司的习惯几乎成了风气。

一次，知府下帖，让合州送鱼。于成龙不但不送鱼，反而向上呈文，备陈合州百姓困苦之状。知府自知理亏，不但没怪罪他，反而裁革了10余件对合州不合理的摊派。

1678年，于成龙因政绩显著，升福建按察使。赴闽之前他特意嘱咐手下人买了200斤萝卜放在船上。

■ 于成龙治理合州

■ 康熙画像

他的一位属下听到后十分奇怪，问道："大人为何买这么多萝卜？萝卜又不是什么值钱的东西。"

于成龙解释说："我们这一去，路上要走好几天水路，萝卜便宜，可当菜吃，不是水和菜都有了吗？"

属下听后感慨地对别人说："于大人太节俭了。要是为官的都能像于大人那样，很多事就好办了。"

于成龙船载萝卜上任，是对"一任清知府，十万雪花银""千里为官只为财"的颠覆，成为后世从政为官者的一面镜子。

于成龙到福建上任后，仍以清苦自励，不改初衷。过了一段时间，人们发现官署后院的槐树叶子一天比一天少。开始人们没有在意。后来，人们发现于成龙的仆人每日去摘树叶，便好奇地向他询问。

仆人说："于大人非常喜欢喝茶，只是苦于当时茶价昂贵，不舍得花太多的钱去买茶叶，就想了这个主意。"

同僚们知道这事后，有的笑于成龙"太会过"，也有人说他是"小气鬼"。可于成龙听到这些后，却认真地说："现在百姓生活相当艰苦，我们这些当官的，还真得学着'会过'，学着'小气'些！"

在当时，外国商人前来福建做贸易，有的人经常

按察使 古代官名。宋代仿唐代刺史制设立，主要任务是赴各道巡察，考核吏治。由宋代提点刑狱演变而来。明代中期后各地多设巡抚，按察使成为巡抚的属官。清代也设按察使，隶属于各省总督、巡抚，为正三品官。清代末期改称"提法使"。

给当地官府送礼。对此，于成龙一概谢绝，真正做到了两袖清风，一尘不染。

由于于成龙的清廉名扬天下，康熙皇帝特予褒奖，1682年，提升他为两江总督。

这个消息传出后，两江总督所管辖的大小官吏们便为迎接新总督忙开了。他们有的借机广收本地名产、特产，想等新官上任先奉上丰厚的见面礼，以此来博得新上司的好感；有的则忙着为新总督挑选豪华的府邸，想以此使自己和新总督的关系更亲近。

就在这些官吏们准备在新总督面前讨好争宠的时候，一天，突然有人报告：新任的总督于成龙已经到了总督府。

原来，在赴任之前，于成龙先请假回家葬母，然后雇了一辆驴车，与幼子同行，各怀钱数十文，沿途住小店不入公馆，悄无声息地到达江宁任所。于成龙做官从不带家属随任，这时因年已65岁，而且身体多病，所以，才带小儿子在身边侍奉。

新任总督一路没有前呼后拥的仪仗，也没有随从，只带着儿子，雇了一辆小毛驴车就上任。这一切，使那些整日花天酒地的贪官污吏们大为震惊。

于成龙上任后，第一件事是把所管辖范围的下属官吏传来，严肃地说："为官的，一定要带头奉公守法，勤恳办事，绝对不允许铺张浪费，追求奢靡。"他还告诫大家：如有违背上述规定的，一定认真追查，严惩不贷。

于成龙身为两江总督，以身作则，他的内室陈设十分简陋，除了破旧的案几，一个装朝服的竹箱，两个饭锅之外，其余的都是他的文卷书册。

于成龙自奉简陋，每天粗茶淡饭，所食只青菜一把。他身居高位，却要求自己以粗茶淡饭度日。在封建社会，总督一级的官员，一年到头丝毫不沾美味佳肴，实属难得。加上他府中有一幅《青菜图》，因此，江南人送给他一个外号"于青菜"。

在于成龙的影响下，江南民俗有很大改变，过去人们喜欢穿着艳丽，后来，上行下效摒弃了绸缎，都以穿布衣为荣。就连士大夫家里都不再攀比奢华，自动减少了车马家奴，府邸不那么辉煌了，婚嫁也不再吹吹打打了。

1684年，年近70岁的于成龙病故在两江总督任上。人们在整理于成龙的遗物时，发现他的私人财产少得令人难以置信。他的所有遗物是：床头旧竹箱一个，里面仅有一套粗丝衣服，一双靴子；床头上有盥洗用具一套；另外还有一只旧缸，缸中有少许粗米，少许盐；除此之外便只有书籍了。

人们见于成龙生活如此清苦，忍不住哭出声来。就连平时心惮于成龙的人，也都感动流涕。于成龙去世的消息一传出，江南百姓悲痛万分，商人罢市聚哭，家家绘像奠祭。

康熙皇帝闻知，十分感慨，提笔称他是"天下第一廉吏"，还追赐他一个"清端"的谥号。

于成龙为官清廉自守，多行善政，其节操至死不变，不仅受到了时人的爱戴和敬仰，也给为官者树立了廉吏的榜样。

阅读链接

于成龙任两江总督之前，曾经担任一段时间的直隶巡抚。这是明代中期设置的一个巡抚职位，大名县就在北直隶辖区之内。

在当时，大名县的县官遵循旧习，在中秋节前给于成龙送了一份中秋礼。但他没想到的是，遭到了于成龙的严词拒收。稍后，于成龙还特地颁布了《严禁馈赠檄》，通报了大名县县官的送礼行为，并明令所属官员，今后如果发现逢年私送者，决不宽恕。于成龙清廉自守的品格由此可见一斑。

刘统勋的文正廉洁

　　清代乾隆皇帝也是一代有为之君，他创造了"康乾盛世"局面，当然少不了刘统勋这样有古大臣之风的优秀臣工。

　　刘统勋为官数十载，自奉节俭，尽职尽责，清乾隆皇帝说他颇"有古大臣风"。"古大臣风"指的是具备德高才能，穷则独善其身，达则兼济天下"的人。有这种"风"的"古大臣"，是集忠臣、贤臣、

刘统勋画像

能臣、廉臣于一身之臣。乾隆此说，源于刘统勋做人为官之所为。

　　刘统勋于1724年中进士，选庶吉士，从此步入仕途。后来累官至刑部尚书，工部尚书，吏部尚书，尚书房总师傅，内阁大学士，翰林院掌院学士及军机大臣。

　　刘统勋自任官之日起，都是在朝廷内任职。但他却从不以此炫

耀，更不与他人在荣华富贵上攀比。即使身居要职也自奉极俭。刘统勋为官清廉，不仅表现在自奉俭节，而且还能在任何场合拒绝贿赂，真正做到了"立朝侃然"。

一次，一位带有厚礼的人深夜来访。门人告知刘统勋后，刘统勋深知其中之奥妙，因而拒不会客。

第二天早，刘统勋来到政事堂，传人让昨夜来访者入见，并以责怪的口气对他说："昏夜叩门，这不是贤者所为。你有何事禀告，可在众人面前说来，如果是我的过失，也可让我受益于你的劝诫。"

来者听罢支支吾吾，后来只好面带愧色退了出去。

刘统勋自我要求非常严格，要求他人也理直气壮。他在任都察院左都御史时，对那些贪赃枉法者从不宽容。

1753年，江南邵伯湖的减水闸及高邮的车逻坝决口，乾隆派刘统勋等前往检查决口的原因。

刘统勋书法

南河工程的总负责人是大学士两江总督高斌，他在雍正一朝就是江南河道总督，同时也是乾隆帝慧贤皇贵妃的父亲。此时这位治河能臣已是年逾古稀的老人。高斌虽然本人清廉不贪，但是其属员却放肆地侵吞治河专款、偷工减料、贻误工期，以至于酿成了决口的重大事故。

刘统勋经过深入调查了解真相，将情况如实向乾隆做了汇报。乾隆遂将高斌及其副手张师载以失察罪名革职。这件事对其他中饱私囊河工是个严正警示。

1756年，刘统勋取代被革职的富勒赫被派往治河工地勘测，主持完成加高堤坝的工程。一年后，他又前往徐州督修近城石坝。此时刘统勋已年近花甲。

在徐州，刘统勋事必躬亲，亲临治河工地，风餐露宿，保障了堤坝的质量与按时完工。

有一次刘统勋去杨桥工地视察，发现那里加固堤坝的工程已经逾期一个多月，仍然久拖未完。他询问误期的原因，有关人员解释说是由于柴火供应不上。

刘统勋听后，知道其中必有弊端，便微服私访，结果发现几百辆装满柴火的车辆就停在路边。忽然，刘统勋听到赶车人群里传来哭泣声，就马上前来询问。赶车人愁眉不展，唉声叹气地说："河员必须收取钱财才接受柴火，我们因没钱行贿，柴火即使运到工地也不能卸车。"

刘统勋立即回到工地，对有关河员进行严惩，并积极协调柴火车辆马上进场卸车，然后迅速发放。杨桥堤坝很快就完工了。

刘统勋在朝数十年，一直以清廉著称。乾隆皇帝也深知其人品性。然而，真正使乾隆皇帝感动，并真正了解刘统勋，却是在刘统勋病逝之后。

1773年11月的一天，刘统勋于黎明时坐轿入朝。行至东华门外，抬轿的人突然感觉轿子一侧偏重，很不对劲，就连忙掀起轿帘查看。一看之下，大吃一惊，只见刘统勋歪身轿内，已经去世了。

■ 清朝乾隆皇帝朝服画像

政事堂 唐代初期始有此名，设在门下省，后迁到尚书省。当时分列吏房、枢机房、兵房、户房、刑礼房五房，分理众事，供职者称为堂后官，都是吏员，地位极为重要。唐宋时期宰相的总办公处。元明清时期，不再设政事堂。

　　乾隆皇帝闻讯，急派尚书福隆安送药急救，但已不及。朝廷重臣死在上朝的途中，满朝大为震惊。乾隆皇帝十分悲痛，哭着对诸臣说："朕失一股肱！"并决定亲自去刘统勋家里吊唁。

　　刘统勋的家在礼士胡同。乾隆皇帝来到礼士胡同刘统勋家门外，但刘家门庭矮小，轿子抬不进去，只好将轿子顶盖拆下才抬进院子。待入室之后，又发现室内极其俭素，心中不免大恸。

　　回朝之后，乾隆皇帝对左右近臣说："刘统勋不愧真宰相，汝等宜法效之。"他让在朝的官员们向刘统勋学习。并追赠刘统勋为太傅，祀贤良祠，又赐予"文正"谥号。

　　清代礼制尤重"文"字和"正"字，唯有翰林出身或官至大学士者，方得谥"文"，而"正"字尤为难得。"文正"两字联璧，更非臣下所敢擅拟，非皇上特恩不得用。

　　清代，芸芸众生，衮衮诸公，得谥"文正"两字者，不过汤斌、刘统勋、朱珪、曹振镛、杜受田、曾国藩、李鸿藻、孙家鼐8人而已。可见"文正"两字旨在彰显名臣风范。

　　刘统勋一生为官，清正廉洁，秉公无私，在当时的官场之中可谓清风独标，实不枉"文正"二字。正所谓计天下利者，必得万世名。

阅读链接

　　刘统勋是乾隆皇帝的股肱之臣，乾隆凡事都愿与他一起研究解决。有一次，户部上奏说各省州、县管理钱粮库的官吏不尽职，乾隆本想罢免他们，就找刘统勋商议。刘统勋请求皇上容他回去思考后再给一个准确的答复。

　　第二天，刘统勋给乾隆提建议说，州、县官员是老百姓的父母官，只要他们能够为百姓效力，那么仓库之事自然可以解决，不必将他们尽行罢免。刘统勋的核心意思就是不要因噎废食。乾隆皇帝点头，很是认可刘统勋的看法。